板書で見る 社会

全単元・全時間の授業のすべて

小学校5年

澤井陽介・中田正弘 編著

東洋館
出版社

はじめに

本書は、平成17年の刊行以来、全国の先生方に愛読され続けている『小学校社会　板書で見る全単元・全時間の授業のすべて』の改訂版です。

平成29年に告示された学習指導要領は、これからの社会を生きる子供たちに必要な資質・能力を育むことをねらいとしています。そこで本書は次のように構成しています。

○巻頭の理論ページでは、「社会科における資質・能力の三つの柱（知識及び技能、思考力・判断力・表現力等、学びに向かう力・人間性等）」「主体的・対話的で深い学び」「社会的事象の見方・考え方」「単元の学習問題や毎時のめあて」「目標に準拠した学習評価」など、これからの授業づくりのキーワードについて、学習指導要領の趣旨を踏まえて解説。

○実践例のページでは、

①冒頭に理論ページの趣旨を踏まえた単元展開例を提案し、「単元の内容」として学習指導要領の内容のポイントを、「問題解決的な学習展開の工夫」として「見方・考え方を働かせる主体的・対話的で深い学び」のヒントをそれぞれ提示。

②毎時の学習展開例について、資料提示やめあての設定、調べたり話し合ったりする学習活動の工夫や学習のまとめの例などを指導順序とともに板書で「見える化」して提示。

特に本書の特徴は、タイトルのとおり「全時間」の板書例が示されていることです。社会科の授業において板書は、教師による資料提示や問いかけ、子供による資料の読み取りや考えなどが書かれ、問題解決に向けた大事な情報源となります。また、よい板書は45分の学習展開が手に取るように分かります。

こうした板書は、子供たちが学習の進展や深まりを自覚したり、学習を振り返ってさらに調べるべきことを考えるなど、主体的に学ぶために大切なものです。全ての教科等において板書を中心に授業が進められるわけではありませんが、社会科にとってはこれからも板書が大事な授業づくりの要素になります。

一方で、板書には特定のルールがあるわけではありません。板書は教師と子供、また子供同士の共同作品と言ってもよいでしょう。共同作品は、実際に指導する側の教師と学ぶ側の子供が力を合わせてつくるものです。したがって、「はじめに、この板書ありき」と考えて、教師による一方的な授業にならないように留意することも必要です。

本書の板書例は、社会の授業に堪能な先生方の執筆によるもので、とても参考になることと思います。ですから、本書の板書例を参考にして、目の前の子供たちの実態、各学校の指導計画、地域の教材などを十分に踏まえた板書や指導案を考えてみてください。

全国的に増えている若い先生方も「社会科を指導するのは難しい」と嘆く前に本書を読んで、社会科の授業づくりにチャレンジしてみてください。きっと子供たちが活躍できる授業のヒントがつかめることと思います。

令和２（2020）年３月吉日

澤井　陽介

本書活用のポイント

本書は、全単元の１時間ごとの板書のポイントや手順、学習活動の進め方や発問の様子などが、ひと目で分かるように構成しています。活用のポイントは次のとおりです。

テーマとねらい

まず、ページごとの「テーマ」は「ねらい」とリンクしており、まずそれを見て、「授業を進める上での『問い』や『学習活動』は何か」をチェックしましょう。

「本時の目標」は、新しい学習指導要領で示された３つの資質・能力と見方・考え方を盛り込んで構成し、「本時のゴールイメージ」となります。

本時の評価

新しい学習指導要領においては、３つの資質・能力の育成に資する問題解決学習を展開し、「単元のまとまり」を通じて評価します。そのため、毎時間評価を行うのではなく、単元計画のなかで評価を行う時間を意図的に設定することが大切です。

そこで、本書ではどの時間に、どのような視点で評価すればよいか、本時で着眼したい評価の観点を示しています。

本時の展開

「本時の展開」では、１時間の授業を大きく「つかむ」「調べる」「まとめる」という３つで構成しています。

そこでまず、どのような目的・タイミングで資料を提示するか、板書のポイントを示しています。

また、どのような発問で子供の意欲を喚起し、学習活動を展開していけばよいのかをＴ（教師）とＣ（子供）で表し、「本時の学習の大きな流れ」を捉えられるようにしています。

つかむ
出合う・問いをもつ

地球儀や世界地図を活用して、子供たちに興味をもたせよう

本時の目標

地球儀や世界地図を使って世界の様子について知る活動を通して、単元の学習問題をつくり、学習への見通しをもつことができるようにする。

本時の評価

・我が国の国土の様子について、地図帳や地球儀をもとに話し合い、学習問題を立てたり、見通しをもったりしている。【思①】

用意するもの

地球儀（グループに一つ程度）、世界地図（地図帳）、主な大陸と海洋についての掲示物及びワークシート、地球儀のイラスト（掲示用）

本時のめあて

地球儀や世界地図を見て話し合い、学習問題をつくろう。 1

地球儀
陸地や海の形、大きさを正しく表している。

世界地図
地球を平らに表している。陸地の大きさが違う。

2 気づいたこと

・日本は、海に囲まれた島である。
・日本の周囲は海に囲まれており、東側には太平洋が広がっている。
・世界には、多くの大陸や海があり、そこには数多くの国がある。

本時の展開 ▷▷▷

つかむ 出合う・問いをもつ

板書のポイント
前時のオリエンテーションでもふれているが、改めて地球儀と世界地図を使用する。ここでは、それぞれの特徴について説明するようにする。

＊本時のめあてを板書する。 1

Ｔ　地球儀には、これは陸地や海の形、大きさが正しく表されています。地球をそのまま小さくしたものです。

Ｔ　それに対して、世界地図は、ぱっと見ると世界全体の様子が分かるようになっています。しかし、北や南の方になるにつれて陸地の面積が大きくなってしまいます。

Ｔ　これらの２つを見て、気付くことはありますか。 2

調べる 情報を集める・読み取る・考える・話し合う

板書のポイント
世界の主な大陸と海洋についての掲示物を黒板に貼る。作業学習を取り入れて用語とその正しい位置をしっかりと学ぶことが大切である。

Ｔ　では、これを見てください。これは世界の主な大陸と海洋を表したものです。

Ｔ　空白になっているところを教科書や地図帳で調べて、書き込みましょう。 3

Ｔ　これらは、何という大陸や海洋ですか。

Ｃ　ユーラシア大陸です。

Ｃ　太平洋です。

Ｔ　世界は、このように主な６つの大陸と大きな３つの海洋からなっています。

世界の中の国土
030

学習活動の解説

次に、３つの展開ごとの学習活動を読み進め、次の点に留意して授業場面をイメージしましょう。

○資料提示やプリント類の配布のタイミング
○指示や発問など、子供への教師の働きかけ
○子供の発言を受けての教師の切り返しや寸評、板書するタイミング
○作業中の子供一人一人への指導・支援

1

わたしたちの国土
1 世界の中の国土

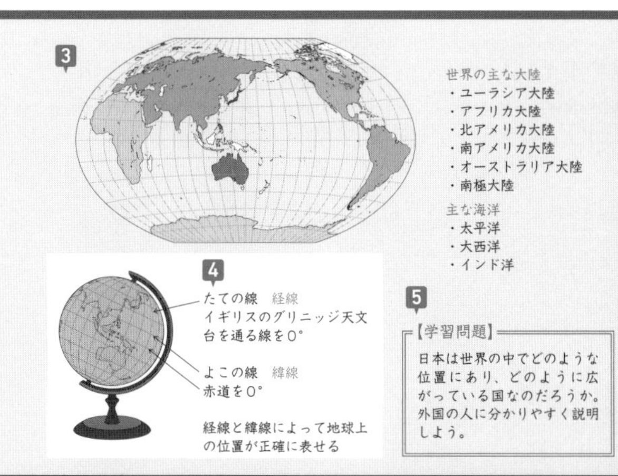
3
世界の主な大陸
・ユーラシア大陸
・アフリカ大陸
・北アメリカ大陸
・南アメリカ大陸
・オーストラリア大陸
・南極大陸
主な海洋
・太平洋
・大西洋
・インド洋
4
たての線 経線
イギリスのグリニッジ天文台を通る線を0°
よこの線 緯線
赤道を0°
経線と緯線によって地球上の位置が正確に表せる
5
【学習問題】
日本は世界の中でどのような位置にあり、どのように広がっている国なのだろうか。外国の人に分かりやすく説明しよう。

まとめる 整理する・生かす

板書のポイント
最後に、地球儀の使い方の技術的な指導を行い、それをもとに各自で地球儀を様々に使いながら、今後の学習問題について話し合う。

T では、地球儀の使い方について説明します(緯度・経度、距離の測り方など技術的なことについて説明を行う)。 4
＊グループ内で交代しながら地球儀を使って世界の様子を知る。
T では、調べたことをもとに学習問題をつくりましょう。 5
C 外国の人に日本を紹介するために、日本は世界の中でどんな位置にあって、どのように広がっている国なのか知りたいです。

学習のまとめの例

※ここでは、子どもたちに本時で学んだことを振り返らせながら、単元を通して学んでいきたい方向性が出せるようにする。
・世界にはどんな国があるのか調べてみたい。
・外国の方に日本の位置や広がりがはっきりと紹介できるように学んでいきたい。
・日本は小さな国だけど、どこからどこまでが日本なのか詳しく知りたい。

第1時
031

学習のまとめの例

ここでは、本時の学習のまとめとして出される子供の発言、ノートやワークシートの記述、振り返りの例を掲載しています。本時の学習のゴールの姿を子供の言葉で具体的に示すことにより、「子供がどのように変容すれば、本時の目標が実現できたのか」を見取れるようにしています。また、これらの内容をもとに、「子供たちの意識を、次時の学習にどうつないでいけばよいか」をイメージする着眼点ともなるものです。

板書内の解説

1 本単元の学習問題

まず、「学習問題」を見て、「単元全体を貫く学習問題は何か」をおさえるようにしましょう。

「学習問題」は、それを設定する時間や、その解決に向かう時間など、板書が必要な時間にのみ提示されます。

2 本時のめあて

次に、「めあて」を見て、「子供に、どのような学習のめあてをもたせれば、子供主体の学習が展開できるのか」を考えましょう。

また、「めあて」は、「～だろうか」という「問い」の形式と、「しよう」という「活動」の形式の双方があります。

どちらがよいということではなく、「何について考えさせたいのか」「調べさせたいのか」「対話させたいのか」など、本時において子供にしてほしいことに応じて使い分けます。

3 板書のポイント

本書の板書には、大きく分けて次の要素があります。

「本時のめあて」「よそう」「ぎもん」「分かったこと」「調べたこと」「気付いたこと」「話し合って考えたこと」「学習問題」「学習計画」「本時（学習）のまとめ」「ふりかえり」

このなかから本時で必要な要素を組み合わせて板書を構成しています。

また、本時の展開と板書の進行がひと目で分かるように、その順序に番号を振っています。

板書で見る全単元・全時間の授業のすべて
社会小学校 5年
もくじ

第５学年における
指導のポイント

第５学年で育成する資質・能力と
授業づくりのポイント

社会科で目指す資質・能力を子供たちに養う授業づくりを

1 第５学年の内容と単元づくり

第５学年では、学習指導要領に次の５つの内容が示されています。また、それぞれの内容は、いくつかの単元を想定できる内容に分けて示されています。

⑴　**我が国の国土と国民生活**
単元①：世界における我が国の国土、単元②：国土の地形や気候の概要
⑵　**我が国の農業や水産業における食料生産**
単元①：我が国の食料生産の概要、単元②③：食料生産に関わる人々
＊「食料生産に関わる人々」は、事例として、稲作の他、野菜、果物、畜産物、水産物の中から１つを選択するので、単元②③としています。
⑶　**我が国の工業生産**
単元①：我が国の工業生産の概要、単元②：工業生産に関わる人々、単元③：我が国の貿易や運輸）
⑷　**我が国の産業と情報との関わり**
単元①：放送、新聞などの産業、単元②：情報を活用する産業
⑸　**我が国の国土の自然環境と国民生活との関連**
単元①：国土の自然災害、単元②：森林の役割、単元③：公害の防止

上記の「単元：名称」としている事項は、学習指導要領の文言を端的に表しているものであり、必ずしも単元名ではありません。単元についてはこれ以外の内容構成も考えられますので、基本的には指導する教師が教材研究などを通して自分で考えればよいものです。単元名も同様です。

2 技能を身に付け能力を養う授業づくり

社会科の授業づくりでは、これまでも調べたり考えたりすることが重視されてきました。新しい学習指導要領でも、深い学びを目指して調べたり考えたりすることが求められています。

特に、第５学年においては、以下などが大切です。

○地図帳や地球儀、統計などの基礎的な資料で調べること。適切に情報を集め、読み取り、白地図や年表、図表などにまとめる技能を身に付けるようにすること。
○複数の立場や意見を踏まえて、我が国の国土の自然環境などの特色やそれらと国民生活の関連、産業が国民生活に果たす役割、産業に関わる人々の働きや公害防止の取組の働き、貿易や運輸が工業生産に果たす役割、森林資源が国土の環境に果たす役割、国土の自然災害と自然条件との関連などを多角的に考える力を養うようにすること。

○これからの農業や工業などの発展、情報化の進展に伴う産業の発展や国民生活の向上などについて考えたり、国土の環境保全に関して課題を見いだし、その解決のために自分たちにできることを選択・判断したりする力を養うようにすること。
○考えたこと選択・判断したことを文章で記述したり、資料などを用いて説明したり、根拠や理由などを明確にして議論したりする力を養うようにすること。

身に付けるため、養うためには、まずはそういう学習場面を設定することと捉えるとよいでしょう。

3 よりよい社会を考え学習したことを社会生活につなげる授業づくり

新学習指導要領においては、「社会に開かれた教育課程」が求められており、社会科も同様です。社会科で学ぶことは、社会的事象すなわち社会における物事や出来事なので、なおさらです。

そこで、単元の終末には、それまでの学習を振り返り、学習したことを確認するとともに、学習成果を基に生活の在り方やこれからの社会の発展などについて考えようとする態度を養うようにすることが大切になります。そうすることで、社会科で学習したことが、授業の終了とともに終わるのでなく、社会生活につながるようになるからです。

こうした学習場面を繰り返し設定することにより、学年を通じて「国民生活の舞台である我が国の国土の自然などに対する愛情を養うことや、我が国の産業の発展を願い我が国の将来を担う国民としての自覚を養うこと」「よりよい社会を実現していくために共に努力し、協力しようとする意識などを養うこと」につながるのです。したがって、本書では各単元の目標にはそうした自覚や愛情などを直接的な言葉では記述していません。左記の内容(1)(2)など複数の単元をまとめたレベル、いわゆる「大単元」の目標として想定したほうがよいと考えているからです。

4 具体的な事例を通して「我が国の」が見える授業づくり

第５学年の内容は、先頭に「我が国の」という文言が付くことから分かるように、中学年の内容よりも視野の広いものとなります。そのため、それぞれの内容で具体的な「事例」を取り上げることが大切です。「稲作の盛んな庄内平野」「自動車生産が盛んな豊田市」などの地域事例や、「○○新聞社で働く人々」「○○市の公害防止の取組」などの取組事例などです。

これらは、学校や教師が教科書を参考にしたり地域の実態を踏まえたりして決めることになります。事例を決める際には、例えば次のようなチェックポイントを考えるとよいでしょう。

☑国民生活との関わりを捉えやすい事例か
☑我が国の産業などを理解するための典型的な事例となるか
☑人々の工夫や努力、活動の様子などを具体的に捉えることができる事例か

大切なことは、事例そのものの理解ではなく、事例を通して我が国の国土や産業の様子が見えるようにすること、社会的事象の特色や意味などを考えるようにすることです。

主体的・対話的で深い学びを
目指す授業改善のポイント

単元を見通して、主体的・対話的で深い学びの実現を

新学習指導要領では、授業改善の視点として「主体的・対話的で深い学び」の実現を目指すことが求められています。単元の中で、例えば、主体的に学習に取り組めるよう学習の見通しを立てたり学習したことを振り返ったりして、自身の学びや変容を自覚できる場面をどこに設定するか、対話によって自分の考えなどを広げたり深めたりする場面をどこに設定するか、学びの深まりをつくりだすために、子供が考える場面と教師が教える場面をどのように組み立てるか、といった視点で授業改善を進めることが求められているのです。

1 主体的な学びを目指して

主体的な学びの実現については、子供が社会的事象から学習問題を見いだし、その解決への見通しをもって取り組むようにすることが大切です。そのためには、学習対象に対する関心を高め問題意識をもつようにするとともに、予想したり学習計画を立てたりして、追究・解決方法を検討すること、また、学習したことを振り返り、学習成果を吟味したり新たな問いを見いだしたりすること、さらに、学んだことを基に自らの生活を見つめたり社会生活に向けて生かしたりすることが必要です。

そこで、例えば第５学年においては、以下が考えられます。

○国土や産業の様子への関心を高めるために、地図や統計などに親しむ活動を取り入れること。
○普段食べている食料品の産地をスーパーのチラシや包装紙などで調べたり、取り上げる事項に関係のある新聞記事を切り抜くなど、家庭での調査活動を取り入れ、学習への主体性を引き出すようにすること。
○写真や映像などで子供たちにイメージをもたせるとともに、比較する写真やグラフなどのデータを提示して、疑問点や知りたいことなどを丁寧に引き出し、学習問題の設定につなげるようにすること。
○学習問題を設定して終わりではなく、それについてどう思うかなど、丁寧に予想や疑問点を引き出してから調べる活動に入ること。
○森林や公害などを調べる際に、予想を出し合いながら「森林の働き→現状の課題→私たちのすべきこと」「過去の公害の改善→現在の公害への取組→自分たちの生活の見直し」など学習のストーリーを考えてから調べるようにすること。
○調べたことを各自で白地図や年表、図表などにまとめていく活動などを工夫し、学習の目的や連続性を意識できるようにすること。
○単元の中で、何度か「振り返り」を行い、学習問題は解決したか、学習計画はこれで十分だったかなど、問題解決の状況を意識させて次の学習につなげるようにすること。

2 対話的な学びを目指して

対話的な学びの実現については、学習過程を通じた様々な場面で子供相互の話合いや討論などの活動を一層充実させることが大切です。また、実社会で働く人々から話を聞いたりする活動の一層の充実も考えられます。対話的な学びを実現することにより、子供一人一人が多様な視点を身に付け、社会的事象の特色や意味などを多角的に考えられるようにすることが大切です。

そこで、例えば第５学年においては、以下が考えられます。

○自然災害や公害への対策などについて、各自が自分の予想に沿って見学して情報を集めたり資料を選んだり、自分の疑問点を調べてまとめたりする「一人学び」の活動を工夫し、情報交換の必要性を生み出すようにすること。
○比較したり関連付けたりするよう資料提示を工夫し、学級全体で焦点を絞った話合いができるようにすること。
○農業関係者、漁業関係者、放送局関係者などへの取材を映像や写真などで提示し、その話の内容から言葉の意味を考えさせるなど話し合う活動につなげること。
○グループ活動を適宜取り入れ、ミニ・ホワイトボードなどを使って、結論だけでなく話合いの経過や出された意見などを「グループの考え」として発表できるようにすること。

3 深い学びを目指して

主体的・対話的な学びを深い学びにつなげられるよう単元展開を工夫することが大切です。そのためには、子供が社会的事象の見方・考え方を働かせて、社会的事象の特色や意味など社会の中で使うことのできる応用性や汎用性のある概念などに関する知識を獲得するように問題解決的な学習を展開することが大切です。また、学んだことを生活や社会に向けて活用する場面では、社会に見られる課題を把握して、その解決に向けて社会への関わり方を選択・判断することなどの活動を重視することも大切です。

そこで、例えば第５学年においては、以下が考えられます。

○「我が国の国土の位置」を世界の大陸や海洋、主な国との位置関係とともに、方位や距離などを用いて説明できるようにすること。
○我が国の工業生産の特色を、「大量生産」「優れた技術」「工場相互の協力関係」「社会の要請」「消費者ニーズ」「貿易」などの言葉を用いてまとめること。
○農業や工業のこれからの発展について、生産者と消費者など複数の立場や意見を踏まえて考える活動を設定すること。
○森林資源を守るために、公害を生み出さないために、あらゆるアイディアを出し合い、その中から自分たちにも協力できることを選択・判断する活動を設定すること。
○国内生産と海外生産のどちらを重視すべきか、自給率がこのまま下がると何が問題かなどと、学んだことを基にして深く考えるための問いを工夫して、話合いができるようにすること。

子供が見方・考え方を働かせるように資料提示や問い、対話的な活動の工夫を

「見方・考え方」とは「物事を捉えていく視点や考え方」であると、学習指導要領（総則・平成29年告示）では説明されています。小学校社会科では、それを「社会的事象の見方・考え方」と称して、次のように説明しています。

> 位置や空間的な広がり、時期や時間の経過、事象や人々の相互関係など（視点）に着目して社会的事象を捉え、比較・分類したり総合したり、地域の人々や国民の生活と関連付けたりすること（方法）
>
> ＊（　）内は筆者が追記

第５学年の内容で、「○○に着目して」の部分を見ると、次のことが書かれています。

⑴　イ　㋐　世界の大陸と主な海洋、主な国の位置、海洋に囲まれ多数の島からなる国土の構成など
　　イ　㋑　地形や気候など
⑵　イ　㋐　生産物の種類や分布、生産量の変化、輸入など外国との関わりなど
　　イ　㋑　生産の工程、人々の協力関係、技術の向上、輸送、価格や費用など
⑶　イ　㋐　工業の種類、工業の盛んな地域の分布、工業製品の改良など
　　イ　㋑　製造の工程、工場相互の協力関係、優れた技術など
　　イ　㋒　交通網の広がり、外国との関わりなど
⑷　イ　㋐　情報を集め発信するまでの工夫や努力など
　　イ　㋑　情報の種類、情報の活用の仕方など
⑸　イ　㋐　災害の種類や発生の位置や時期、防災対策など
　　イ　㋑　森林資源の分布や働きなど
　　イ　㋒　公害の発生時期や経過、人々の協力や努力など

すなわち、次の視点がそれぞれの内容に位置付けられているのです。

位置、構成、分布、地形、気候、広がり……位置や空間的な広がりの視点
変化、向上、改良、時期、経過……時期や時間の経過の視点
関わり、協力（関係）、工夫、努力、対策、働き……事象や人々の相互関係の視点
種類、行程、輸送、価格や費用、技術、活用の仕方……その他の視点

1 問いの工夫

これらの視点を授業に生かすようにするには、次のように問いに変換して、「本時のめあて」に入れたり発問したりして子供に届ける工夫が考えられます。

例：「製造の工程」　　　→ 本時のめあて　「どんな順序でつくっているのか」
「どんな作業があるのか」
「どんな作業に人やロボットが必要なのか」など
「工場相互の協力関係」→本時のめあて「組み立て工場にはなぜ部品置き場が少ないのか」
「３万の部品はどこから集められるのか」など
「優れた技術」→本時のめあて「なぜこんなに小さな工場が○○部品の生産額世界１位なのか」
「将来に向けてどんな技術を開発しているのか」など

このように、位置や空間的な広がり、時期や時間の経過、事象や人々の相互関係の視点のほかにも、様々な視点が考えられます。また、教師の一方的な展開にならないよう、単元の学習問題についての予想を通して、子供からこうした問いが生まれるように意図することが大切です。

2 資料提示の工夫

そこで、資料提示を工夫して、子供から問いやそれにつながる疑問が出されるように工夫することが大切です。また「比較しなさい」「関連付けなさい」ではなく、子供自らが比較するという視点をもてるような、関連付けるような資料提示を工夫する必要もあります。

社会科では、これまでも地図や年表、図表などから情報を読み取ることを重視してきました。まずは、こうした資料を必要な場面で十分に生かしていくことが大切です。ただし、地図を見せれば、子供が空間的な広がりに着目するとは限りません。また、年表を見せれば時間の経過に着目するとも限りません。そこには、資料の適切な加工の仕方や提示の仕方が必要になります。

3 対話的な学習活動の工夫

社会科では「社会的事象の見方・考え方」を働かせて学ぶというように授業を仕組んでいくわけですが、子供の中では、他教科で働かせる見方・考え方と結び付いて、「自分の見方・考え方」として成長していくと考えられます。そのため、実際の授業では、子供同士の交流によって、多様な「見方・考え方」が鍛えられていくことを大切にしたいものです。見方・考え方は固定的なものとして教え込むものではなく、あくまでも子供が使えるようにするものだからです。比較したり関連付けたりする思考も、子供同士の対話的な学びから自然と生まれることが多いのです。

子供は自分で調べたことや教師から提供された情報を基にして、知識や互いの意見などを比べたりつなげたりして考え、言葉や文でまとめます。こうした思考や表現の過程を重視して社会的事象の特色や意味などを追究するプロセスが大切です。このプロセスにより、社会的事象の意味には多様な解釈があることを学ぶことにもなります。

また、このことが社会への関わり方を選択・判断する際に大きく影響するはずです。選択・判断する場面は、学んだことを使う場面でもあります。「選択」は選ぶことなので、多様な意見や解釈の中から自分の判断で選ぶことができるようになるためにも、対話的な学習活動は不可欠なものであるのです。

板書の工夫のポイント

目的に応じて柔軟に工夫することが板書の工夫

1 子供と教師の協働作業としての板書

社会科の授業における板書には、主に次の４種類のことが書かれます。

①子供の気付きや疑問、考えや意見
②教師が教材について説明するための言葉
③本時の目標を実現するための言葉
④問いに関する言葉

①子供の気付きや疑問、考えや意見

子供たちの発言を受けて書く文字です。資料から気付いたこと、疑問に思ったこと、問いに対する予想などについて考えたこと、示された事実に対する自分の意見などです。これらはなるべく子供の言葉を生かしながら板書することが大切です。

②教師が教材について説明するための言葉

教師が教材を子供に届けるために書く文字です。社会科の授業では、○○工場の生産の仕事、○○地域の気候の特徴など、事例を取り上げて学ぶことが多いため、その事例について説明する言葉が必要になります。例えば、「ていねいな作業」「大量生産」「１年を通して温暖な気候」などといった言葉です。これらは、子供たちの発言を生かして書かれることが多いのですが、子供から発言されなくても、事例について理解させるために必要な場合は、書く必要があります。

③本時の目標を実現するための言葉

社会科の授業では、事例を通して社会的事象の特色や意味、社会の仕組みなどが子供に分かるようにすることが大切です。そのためには、それらに目を向けるようにする言葉が必要です。例えば、環境にやさしい、受け継がれる伝統、地域のつながり、協力や連携、生産者、消費者などといった、社会的事象の意味や特色を明確にする言葉、立場を意識させて人々の結び付きが分かるようにする言葉などです。これらの言葉は、教材研究によって意識することができます。これらの言葉を意識することによって、板書が構造的になります。

④問いに関する言葉

本時の問いはもとより、子供の疑問などを取り上げたり、教師の発問を明示したりするなど、問いに関する言葉を板書することはとても大切です。物事の理解はＱ＆Ａで進むように、問いがないまま答えだけが羅列される板書では、子供は事実を整理して理解することができません。もちろん板書が問いだらけになっても子供は混乱します。本時の問いは、しっかりと文で示し、その他の問いはキーワードと「？」（クエスチョン・マーク）で書くなど、かき分けることも大切です。

上記の③や④の言葉は、見方・考え方を働かせるための視点にも通じるものです。

2 様々なパターンが見られる板書

板書の形式には決まりはありませんが、実際の授業では次のようなパターンが多く見られます。

①問題解決の基本パターン

はじめに資料が提示されてそれを基に話し合いながら本時の問いを立てます。分かったこと、考えたことを書いていきます。最後に本時の問いに対するまとめ（結論）が書かれる形です。

いわば問題解決のサイクルがそのまま板書に現れるパターンといってもよいでしょう。

②対立討論パターン

問いは事前に子供に示されており、立場が分かれたところからスタートします。それぞれの考えの根拠や理由を言葉や資料で主張し合ったり反対意見を述べたりする様子を板書で整理していきます。後半にはまとめにつながるような資料や情報が提示されて、各自の結論が表現されますが、結論は一つではないこと、残された課題があることなどが書かれる場合もあります。

③その他

ほかにも様々なパターンがあります（イメージのみで細かな記述は省略しています）。

①問題解決の基本パターン

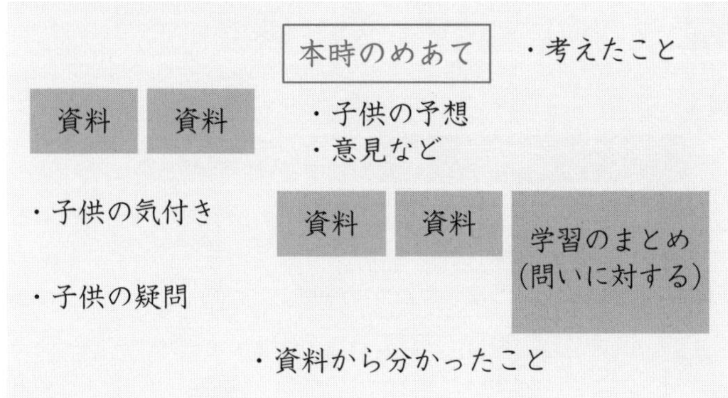

②対立討論パターン

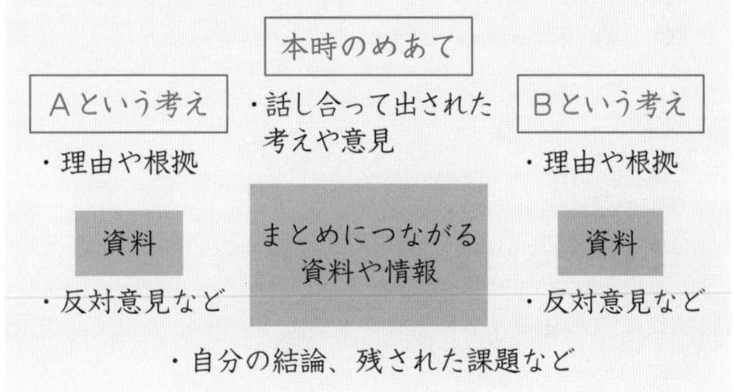

○中心資料読み取りパターン

本時のめあて
年表や地図などの中心資料
関連資料　関連資料
・子供の読み取りなど

○ビフォー・アフター・パターン

資料　本時のめあて　資料
・子供の予想
・意見や考え
・学習のまとめ

○関係整理パターン

めあて
資料　資料
・意見や考え
資料　資料
まとめ

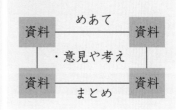

④ノート指導のポイント

ノートを黒板と連動させるように指導すると、子供は自分でノートに書きやすいことが考えられます。といっても、黒板を写させるのとは違います。本時の問い、自分の予想、自分の考え、友達の考え、自分のまとめ、学級全体のまとめ、振り返り、資料など、問題解決のサイクルを意識させるように書かせていくことが大切です。

単元を見通して毎時のめあてを考える

1 単元の学習問題と問いの関係

図1

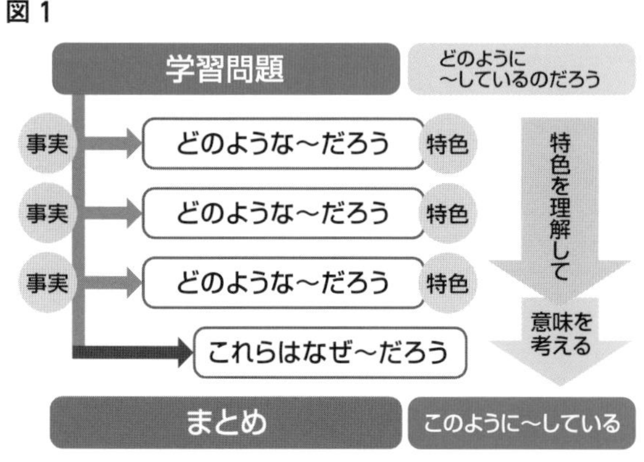

図2

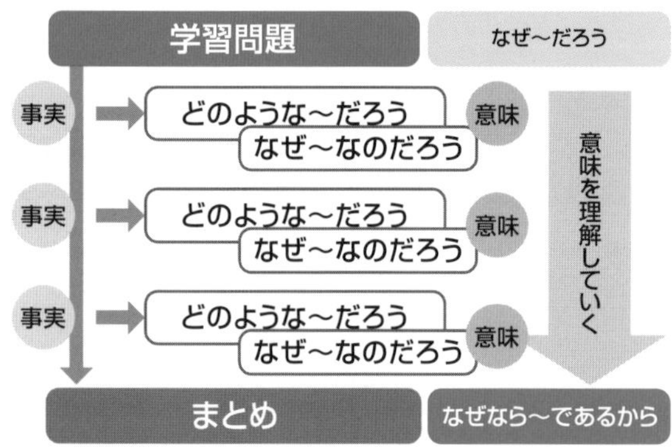

図3

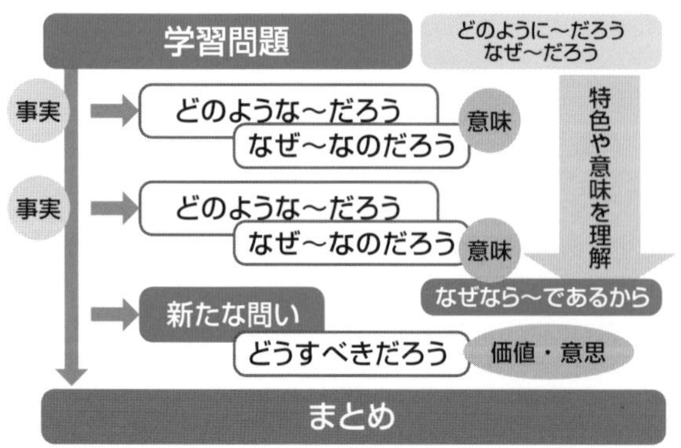

図1は、単元の学習問題は「どのように」型で、調べる事項を方向付けるようにつくり、毎時のめあては、具体的な事実を通して、特色や意味に迫るようにつくればよいという考え方です。もしも単元のはじめに、単元の終末までを見通した学習問題を設定したいのであれば、「自動車生産の課題を調べて改善策を提案しよう」といった、いわゆるパフォーマンス型の学習問題を提示する方法などが考えられます。その際、子供の発達の段階に即しているか、必然性はあるかなどを検討する必要があります。

図2は、毎時の授業の中で「なぜ」という問いを導き出して、丁寧に社会的事象の意味に迫っていく学習展開を考えた例です。この場合、単元の学習問題も「なぜ」型にすることも多いのですが、子供たちが出し合った予想を順番に調べたり考えたりしていくという展開としては、上記の例と大きな違いはありません。このようにいろいろな展開を工夫してみることが大切です。

図3は、社会的事象の特色や意味を考え理解することを単元の終わりとはせず、終末に新たな問いが設定されることを示している図です。目標を実現することを重視するならば、「単元の学習問題は1つに限定することはない」と考えることもできます。

実際、「こんなに良質な食料を生産しているのに、なぜ自給率が低いのか」など別の視点から「問い直す」新たな問いや、「私たちにできることは何か」「何を優先すべきか」など、自分たちに引き寄せて「社会への関わり方を問う」新たな問いが単元の終末で設定される授業は多くの地域で見られます。

2 「本時のめあて」の様々なパターン

本書では、これらの問いの質を踏まえ、「本時のめあて」として次のような様々なパターンを想定しています。

(1) 事実や様子を調べる

○「調べよう」型

問いというよりも活動を示唆する形です。「○○について調べよう」という言葉の背後には、「どのような」型や「なぜ」型の問いが隠されていることが多いのですが、それを表に出さずに子供の中にそれらが醸成されることを期待しています。したがって、教師は問いを意識しておくことが大切です。「なぜ（どのように）～なのか調べよう」とすれば、問いが含まれる複合型のようになります。

○「どのように」型

社会的事象の様子を捉えるために、まず事実から調べることを前面に出す問いです。単元の学習問題は、様々な社会的事象を調べてからその意味を考えることが多いので、まずは「どのように」型の学習問題でスタートする単元展開が多く見られます。

(2) 社会的事象の特色や意味を考える

○「なぜ」型

社会的事象の意味を追究する問いです。特に理由や背景、因果関係、条件などを考えるためには有効な問いになります。社会科の授業では、いきなり登場することは少なく、教師が提示する情報（資料など）から疑問を引き出した後に用いられたり、子供が調べた事実を集めてから改めて用いられたりすることが多いようです。

○「どっちが」型

AとBのどっちがよいか、などと選択を迫る問いで、多くの場合、対話的な学びを生み出すための手立てとして用いられます。目標に直接迫る問いというよりも、前段階として立場を明確にして社会的事象の意味や価値などを考えるための「仮の問い」と考えたほうがよいかもしれません。

単元の終末に「自分たちにできること」を考える際の意思決定を求める問いとして用いられることもあります。

○「調べて考えよう」型

「調べよう」と投げかけて、活動だけで終わらないようにするために、「～について考えよう」などと、特色や意味などの理解に迫ることを求める問いです。学習の流れを示しているとも取れるので、学習の見通しをもつようにすることを大切にしている問いといってもよいかもしれません。

(3) 社会への関わり方を選択・判断する

○「どうすべきか」型

社会参画を視野に入れて、これからの自分たちの関わり方を考えるときなどに用いる問いです。

必ずしも結論が一致せず、答えが多様にあることを許容することが大切な問いで、「オープンエンド」などと言われる終わり方が特徴です。子供が自分の意思を決めることが大切になります。

めあての形は、ほかにも考えられると思いますが、いろいろなものが組み合わさって単元が構成されると考えるとよいでしょう。

単元を見通して、3観点の趣旨を踏まえて バランスよい評価計画を

1 観点別学習状況評価の観点の趣旨（第5学年）

(1) 知識・技能

我が国の国土の地理的環境の特色や産業の現状、社会の情報化と産業の関わりについて、国民生活との関連を踏まえて理解しているとともに、地図帳や地球儀、統計などの基礎的資料を通して、情報を適切に調べまとめている。

(2) 思考・判断・表現

我が国の国土や産業の様子に関する社会的事象の特色や相互の関連、意味を多角的に考えたり、社会に見られる課題を把握して、その解決に向けて社会への関わり方を選択・判断したり、考えたことや選択・判断したことを説明したり、それらを基に議論したりしている。

(3) 主体的に学習に取り組む態度

我が国の国土や産業の様子に関する社会的事象について、我が国の国土に対する愛情をもち産業の発展を願う国家及び社会の将来の担い手として、主体的に問題解決しようとしたり、よりよい社会を考え学習したことを社会生活に生かそうとしたりしている。

2 学習評価の目的と評価場面

学習評価の目的には、大きく捉えて次の2つがあります。

(1) 指導に生かす評価

子供のその時点での学習状況を捉えて、その後の指導に生かしたり授業改善に生かしたりして、一人一人の学力を高めるという目的です。このことは学校全体として捉えれば、子供たちの評価結果を集計して、学校としての教育課程や指導方法の改善につなげることにもなります。カリキュラム・マネジメントの一環です。

指導に生かす評価場面としては、右図の各観点における評価規準「①」を基本として捉えるとよいです。単元の前半から「ABC」などと記録に残すことに追われず、しっかり指導することが大切だからです。単元前半は、Cの状況を放っておかず指導し改善するのが教師の義務です。

(2) 記録に残す評価

子供にどの程度の学力が身に付いたかを学習成果として記録するという目的もあります。法定の表簿「児童指導要録」や各学校で作成する「通知表」等に記載するために評価資料として集めるという趣旨です。指導に生かすことが基本であるとしても、その単元が終わる、学期が終わる、学年が終わるなど「期限」があるため、記録に残すことは避けて通れません。

記録に残す評価場面としては、右図の各観点における評価規準「②」を基本として捉えるとよいです。単元の後半には、指導したことの成果が子供の表現から見取れるようになるからで

す。
「(教師が) 指導したことの成果 (結果) を評価する」のが原則です。

3 評価計画の考え方

学習評価は、単元を見通して計画的に行うようにします。たとえば、下記のような評価規準を考え(ここでは基本形として書いています)、それを単元の指導計画にバランスよく位置付ける方法です。必ずしも1度ずつというわけではありません。何度も登場する評価規準もあり得ます。一方、指導計画に位置付かない評価規準は書く必要がありません。

その際、目標との関係が大切です。目標に描かれていることを分析的に評価するための評価規準だからです。そのため、評価規準は、左の「観点の趣旨」と比べると、子供の学習活動に照らして学習状況を測れるように、具体的に描かれています。

4 評価規準の描き方

評価規準の基本形は、学習指導要領から導き出すことができます。学習指導要領の内容の書き方には次のようなパターンがあります。

(1) Aについて、学習の問題を追究・解決する活動を通して、次の事項を身に付けることができるよう指導する。
　ア 次のような知識・技能を身に付けること
　　(ア) Bを理解すること
　　(イ) CなどでDなどにまとめること
　イ 次のような思考力、判断力、表現力等を身に付けること
　　(ア) Eなどに着目して、Fを捉え、Gを考え、表現すること

(1) 評価規準の例

知識・技能	思考・判断・表現	主体的に学習に取り組む態度
①Eなどについて、Cなどで調べて、必要な情報を集め、読み取り、Fを理解している。 ②調べたことをDや文などにまとめ、Bを理解している。	①Eなどに着目して、問いを見いだし、Fについて考え表現している。 ②比較・関連付け、総合などしてGを考えたり、学習したことを基に社会への関わり方を選択・判断したりして、適切に表現している。	①A(に関する事項)について、予想や学習計画を立て、学習を振り返ったり、見直したりして、学習問題を追究し、解決しようとしている。 ②よりよい社会を考え、学習したことを社会生活に生かそうとしている。

(2) 単元への位置付けの例(観点名は簡略して、思考・判断・表現→【思】と記述)

たとえば、上記の評価規準を指導計画に位置付ける例としては次のようなものが考えられます。

○「つかむ」段階………【思①】【主①】
○「調べる」段階………【知①】を中心に【思①】【主①】を適宜
○「まとめる」段階……【思②】【知②】
○「いかす」段階………【主②】

1

わたしたちの国土

0 （1時間）導入（オリエンテーション）

単元の目標

宇宙から地球を撮影した写真や地球儀等を様々な角度から見ることによって、我が国の国土への関心を高めるとともに、自ら問題解決の見通しをもつことができる。

学習指導要領との関連

内容(1)「我が国の国土の様子と国民生活」

つかむ「出合う・問いをもつ」	調べる
○宇宙から地球をながめてみよう。 ・宇宙から地球を撮影した写真や地球儀等を様々な角度から見る。 **★気付いたことをノートにメモするようにする。** **★活動に入る前に、世界の中の日本を意識できるよう声かけを行い、後の活動がスムーズに進むようにする。**	○気付いたことを話し合おう。 ・メモをもとにクラス全体で話し合う。 ・出てきた意見を短冊等に記入し、黒板に位置付ける。 **★大陸の形や海洋、日本の位置などに着目して、気付いたことを自由に発言できるようにする。** **★画用紙等を切った短冊に出てきた意見を書くようにし、黒板上で操作できるようにしておく。**

単元の内容

このオリエンテーションの１時間は、大単元「わたしたちの国土」の導入として位置付けられている。大単元の「めあて」をつくり、見通しをもって単元の学習を進めていく上で重要である。

子どもたちはこれまでの社会の学習で市や県の様子については学習してきている。本単元が日本の国土の様子や世界について初めて学ぶ単元となる。世界における我が国の地理的位置や国土の構成、我が国の国土の自然環境などをつかんでおくことは今後学んでいく様々な単元の基礎となり、内容の理解を促進していくことが期待される。

単元の構成

○本大単元は、学習指導要領第５学年（１）に位置づき、世界における我が国の国土の位置、国土の構成、領土の範囲に関する内容と我が国の国土の地形や気候の概要に関する内容から構成されている。主として「地理的環境と人々の生活」に区分されるものである。
○本書では、以下のように単元を構成している。
第１ 世界の中の国土
第２ 国土の地形の特色
第３ 低い土地のくらし／高い土地のくらし（選択）
第４ あたたかい土地のくらし／寒い土地のくらし（選択）
○指導時数は本時を含め20時間であり、長い時間をかけて取り組む学習である。そこで、４つの単元の導入（オリエンテーション）として、我が国の国土に関する興味・関心を高め、これから先の学習を意欲的に取り組めるようにしたいと考えている。

【知】：知識・技能 【思】：思考・判断・表現 【主】：主体的に学習に取り組む態度 ○：めあて ・：学習活動 ★：見方・考え方

「情報を集める・読み取る・考える・話し合う」	整理する・生かす
○話し合ったことを仲間分けして、これからの学習について考えよう。 ・黒板上に出された多様な意見を短冊を動かし、仲間分けをする。 ・それぞれの仲間分けが何の集まりであるかタイトルを付ける（世界の国々、日本の位置や範囲、地形の特色、人々のくらしなど）。 **★短冊を分類・整理することで、クラスの考えの傾向が分かるようにする。**	○話し合ったことをもとに、単元のめあてと学習の計画を立てよう。 ・整理された短冊をもとにして、単元のめあてと学習計画を立てる。 **★話し合いによって、世界の中の国土の様子や国土の地形、国土の気候といったことに焦点化するようにし、学習への見通しがもてるようにする。** **【単元のめあて】** 自分たちがくらす日本は、世界の中のどのような位置にあり、地形や気候にはどのような特色があるのか調べよう。 【評価】主体的に学習に取り組む態度 **★本時は、単元の導入のオリエンテーションにあたることから、我が国の国土への興味・関心、学ぼうとする意欲に着目して評価する。**

問題解決的な学習展開の工夫

このオリエンテーションでは、大単元「わたしたちの国土」の学習を見通しをもって学ぶことができるようにする。具体的には、宇宙から地球を撮影した写真や地球儀等を様々な角度から見る活動によって出てきた子どもたちの気付きを黒板上で分類・整理し、世界の中の国土の様子や国土の地形、国土の気候といったこれから学習していく方向性を子どもたち自らがつかむことができるようにしていく。気付いたことを単に話し合うのではなく、自分たちの考えを自分たちの手によって分類・整理することで、考えが可視化され、今後の問題解決的な学びにつながっていく。

導入
(オリエンテーション)

宇宙から地球をながめて、学習の見通しを立てよう

本時の目標

宇宙から地球を撮影した写真や地球儀等を様々な角度から見ることによって、我が国の国土への関心を高めるとともに、自ら問題解決の見通しをもって、主体的に学習問題を追究・解決することができるようにする。

本時の評価

・我が国の国土の様子について、ランドサットマップや地球儀等で調べて分かったことを分類・整理することにより、大単元の学習の見通しがもてる。【主】

用意するもの

ランドサットマップ（掲示用、個人用）、地球儀（できればグループに一つ）、短冊（画用紙を裁断して作成）

1 本時のめあて

ランドサットマップ（宇宙から見た地球）

2 気づいたこと

・地球には海が多い
・陸地には緑の部分と茶色の部分がある。
・日本は小さな島である。
・日本の東はずっと海が広がっている。

本時の展開 ▷▷▷

つかむ 出合う・問いをもつ

板書のポイント

大きなランドサットマップを用意し、気付いたことを自由に発言できるようにする。可能なら小さいサイズのものも個人にも持たせておく。

T　これは、ランドサットという人工衛星が撮影した地球の様子がよく分かる写真です。この写真を見て、気付くことはありますか。1
C　地球には思った以上に海が多いです。
C　陸地には緑の部分と茶色の部分があります。
C　日本は、案外小さな島だと分かった。2
T　では、今日は、これをもとに調べることを考えていきましょう。
＊本時のめあてを板書する。

調べる 情報を集める・読み取る・考える・話し合う

板書のポイント

ランドサットマップや地球儀を見て、調べたいなと思うことをグループで話し合い、短冊に書き出し、黒板に位置付ける。

T　では、グループでこれから調べたいと思うことを話し合い、短冊に書いてください。
＊各グループで話し合う。
T　書き出せたところから、発表して、短冊を黒板までもってきてください。
C　わたしたちのグループは、日本のまわりにはどんな国があるか調べたいです。
C　わたしのグループは、日本の中でどんな高い山があるか調べたいです。3

ランドサットマップや地球儀をもとに、これから調べることを考えよう。

話し合って考えたこと

4

世界の中の日本の様子

日本のまわりにはどんな国があるか

世界にはどんな海があるか 3

日本の国はどこからどこまでか

日本は世界で何番目に広いのか

地形や気候に合わせたくらし

日本にはどんな土地があるか

一番寒いところはどこか

どんなところが暑いのか

どんなくらしをしているか

日本の地形

一番長い川は何川か

どんな高い山があるか

火山はどのくらいあるのか

島の数はどのくらいあるのか

5

本時のまとめ

・日本は、世界の中の小さな島である。
・世界には多くの国がある。
・日本の国の中にもいろいろな地形や気候がありそうである。
・疑問を整理してできた3つの問いについてこれから調べていく。

まとめる　整理する・生かす

板書のポイント

黒板に出された短冊をクラス全体で分類・整理して、タイトルを付ける。そして、これから学習していく計画について話し合う。

T　たくさん調べたいことが出ましたね。では、ここで、仲間分けをして大きなまとまりをつくっていきましょう。

C　「世界の中の日本の様子」「日本の地形」「地形や気候に合わせたくらし」という大きく３つに分けられそうだ。 4

T　じゃあ、これからこの３つのことについて調べていきましょう。

T　最後にノートにまとめを書きましょう。5

学習のまとめの例

・日本は大きいと思っていたけれど、地球全体から見るとずいぶん小さい島だと感じた。
・世界には多くの国があると思うので、国の名前を知りたいと思った。また、日本の近くには、どんな国があるのかにも興味をもった。
・今日の学習で「世界の中の日本の様子」「日本の地形」「地形や気候に合わせたくらし」という大きく３つのことについて調べていくことになったので、これから１つずつ調べていきたい。

1 世界の中の国土

（4時間）

単元の目標

我が国の国土の様子について、世界の大陸と主な海洋、主な国の位置、海洋に囲まれ多数の島からなる国土の構成などに着目して、地図帳や地球儀、各種の資料で調べ、まとめることを通して我が国の国土の様子を捉え、その特色を考え、表現する。

世界における我が国の国土の位置、国土の構成、領土の範囲などを大まかに理解できるようにするとともに、主体的に問題解決を行い、我が国の国土に対する愛情を養う。

学習指導要領との関連

内容⑴「我が国の国土の様子と国民生活」アの㋐及び㋒、イの㋐

第1時	第2時
つかむ「出合う・問いをもつ」	調べる
〔第1時〕 ○地球儀や地図を見て話し合い、学習問題をつくろう。【思①】 ・地球儀を見て、気付いたことを話し合う。 ・地球儀や地図帳を見て、世界の主な6つの大陸や3つの海洋について確認する。 **★ここでは、大まかに世界を概観することが大切になってくる。** ・関心のあることや疑問に思うことなどを話し合い、学習問題をつくる。 ・地球儀の使い方について学び、技能を習得する。 **★緯度・経度の理解や地図帳との違い、緯度・経度を使用しての位置の表し方、距離の計測方法などについて確実に習得できるよう配慮する。** **【学習問題】** 日本は世界の中でどのような位置にあり、どのように広がっている国なのだろうか。外国の人に分かりやすく説明しよう。	〔第2時〕 ○世界には、どのような国があるのだろう。【知②】 ・自分たちが知っている国について話し合う。 ・話し合った国に加え、日本に関わりが深い国について教師が話し、地図帳や地球儀でその位置について調べ、白地図に書き込む。 **★サウジアラビアや南アフリカ共和国など、日本とのつながりがあるが、子どもたちに馴染みが薄い国については教師が提示するようにし、各大陸から2つ程度は取り上げるよう配慮する。** ・タブレット等を利用して、手分けして各国の特色について調べ、話し合う。 ・国旗について地図帳で調べ、関心を深める。 **★国旗については、我が国や諸外国には国旗があることを理解できるようにし、それを尊重する態度を養うよう配慮する。**

単元の内容

この単元は、主として「地理的環境と人々の生活」に区分されるものであり、世界における我が国の国土の位置、国土の構成、領土の範囲を大まかに理解するとともに、世界の大陸と主な海洋、主な国の位置、海洋に囲まれ多数の島からなる国土の構成などに着目して、我が国の国土の様子を捉え、その特色を考え、表現することが大切である。これまでにも、3年生における販売の仕事の学習や4年生における国際交流に取り組む地域の学習などにおいて外国との関わりについて学んできているが、本単元において、世界の中の日本という視点で本格的に学習することになる。今後も、各単元の中に世界とのつながりが多く出てくる。国土の位置や主な国の概要についてしっかり理解しておくことが、他の学習への理解を深めることにつながる。

単元の評価

知識・技能	思考・判断・表現	主体的に学習に取り組む態度
①世界の大陸と主な海洋、主な国土の位置、海洋に囲まれ多数の島からなる国土の構成について、地図帳や地球儀、写真などの資料を活用して必要な情報を集め、読み取り、我が国の国土の様子を理解している。 ②調べたことを、白地図や文などにまとめ、世界における我が国の国土の位置、国土の構成、領土の範囲などを大まかに理解している。	①世界の大陸と主な海洋、主な国土の位置、海洋に囲まれ多数の島からなる国土の構成に着目して、学習の問題を見出し、我が国の国土の様子について考え、表現している。 ②比較・関連付け・総合などして、我が国の国土の特色を考え、適切に表現している。	①我が国の国土の様子について、予想や学習計画を立てたり、学習を見直したりして、学習問題を追究し、解決しようとしている。

【知】：知識・技能　【思】：思考・判断・表現　【主】：主体的に学習に取り組む態度　○：めあて　・：学習活動　★：見方・考え方

第３時	第４時
「情報を集める・読み取る・考える・話し合う」	調べる／まとめる「整理する・生かす」
〔第３時〕 ○日本の様子について調べよう。【思①・知①】 ・東アジアにおける日本の位置について話し合う。 **★東アジアの拡大地図を用意し、日本の近隣諸国の名称を捉えられるようにしておく。** ・日本の領土はどこからどこまでなのか調べ、島の名前を書き込み、領土について確認する。 **★日本の領土について、白地図に記入できるようにしておき、その位置や広がりが実感できるようにする。**	〔第４時〕 ○外国の人に日本の位置や国土の広がりについて説明する文章を考えよう。【思②・主①】 ・領土をめぐる問題があることを知り、現在の状況等について教科書や資料集等で調べ、ノートにまとめる。 ・日本の国土の広がりや特色について外国の人にも分かるようにまとめる。 **★第２時や第３時で使用した白地図をもとに、東アジアにおける日本の位置、近隣諸国の名称、日本の領土の広がりといった観点をもとにまとめるようにする。** ・自分たちで考えた説明文を紹介し合い、外国の人に伝わるかどうか吟味する。

問題解決的な学習展開の工夫

最近では、インバウンドの増加等により、日本を訪れる外国人が急増している。また、コンビニや飲食店などで働く姿も多く見かけるようになり、外国人が大変身近になってきている。

そこで、問題解決的な学習にするために、そういった外国の方に日本について分かりやすく説明しようという単元を通した学習問題を子どもとともに設定する。また、それを解決するための方法も考えるようにし、主体的に取り組めるよう配慮する。

本単元は、問題解決的な学習を意識しながらも、今後の学習の基礎となる用語や地球儀の使い方や緯度と経度を使っての位置の捉え方など多くの技能も必要となってくる。このような知識・技能の確実な習得も非常に大切である。

つかむ
出合う・問いをもつ

地球儀や世界地図を活用して、子供たちに興味をもたせよう

本時の目標

地球儀や世界地図を使って世界の様子について知る活動を通して、単元の学習問題をつくり、学習への見通しをもつことができるようにする。

本時の評価

・我が国の国土の様子について、地図帳や地球儀をもとに話し合い、学習問題を立てたり、見通しをもったりしている。【思①】

用意するもの

地球儀（グループに一つ程度）、世界地図（地図帳）、主な大陸と海洋についての掲示物及びワークシート、地球儀のイラスト（掲示用）

本時のめあて

地球儀や世界地図を見て話し合い、学習問題をつくろう。 1

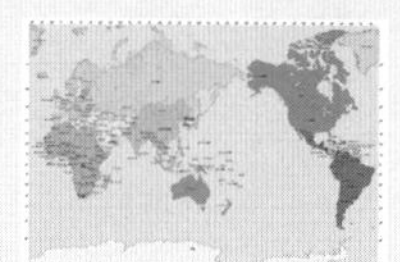

地球儀
陸地や海の形、大きさを正しく表している。

世界地図
地球を平らに表している。陸地の大きさが違う。

2 気づいたこと

・日本は、海に囲まれた島である。
・日本の周囲は海に囲まれており、東側には太平洋が広がっている。
・世界には、多くの大陸や海があり、そこには数多くの国がある。

本時の展開 ▷▷▷

つかむ 出合う・問いをもつ

板書のポイント

前時のオリエンテーションでもふれているが、改めて地球儀と世界地図を使用する。ここでは、それぞれの特徴について説明するようにする。

＊本時のめあてを板書する。 1

T　地球儀には、これは陸地や海の形、大きさが正しく表されています。地球をそのまま小さくしたものです。

T　それに対して、世界地図は、ぱっと見ると世界全体の様子が分かるようになっています。しかし、北や南の方になるにつれて陸地の面積が大きくなってしまいます。

T　これらの２つを見て、気付くことはありますか。 2

調べる 情報を集める・読み取る・考える・話し合う

板書のポイント

世界の主な大陸と海洋についての掲示物を黒板に貼る。作業学習を取り入れて用語とその正しい位置をしっかりと学ぶことが大切である。

T　では、これを見てください。これは世界の主な大陸と海洋を表したものです。

T　空白になっているところを教科書や地図帳で調べて、書き込みましょう。 3

T　これらは、何という大陸や海洋ですか。

C　ユーラシア大陸です。

C　太平洋です。

T　世界は、このように主な６つの大陸と大きな３つの海洋からなっています。

3

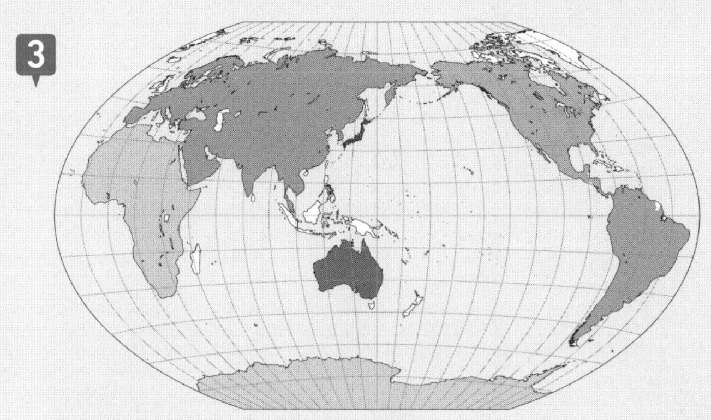

世界の主な大陸
・ユーラシア大陸
・アフリカ大陸
・北アメリカ大陸
・南アメリカ大陸
・オーストラリア大陸
・南極大陸

主な海洋
・太平洋
・大西洋
・インド洋

4

たての線　経線
イギリスのグリニッジ天文台を通る線を0°

よこの線　緯線
赤道を0°

経線と緯線によって地球上の位置が正確に表せる

5

【学習問題】
日本は世界の中でどのような位置にあり、どのように広がっている国なのだろうか。外国の人に分かりやすく説明しよう。

まとめる　整理する・生かす

板書のポイント
最後に、地球儀の使い方の技術的な指導を行い、それをもとに各自で地球儀を様々に使いながら、今後の学習問題について話し合う。

T　では、地球儀の使い方について説明します（緯度・経度、距離の測り方など技術的なことについて説明を行う）。 4

＊グループ内で交代しながら地球儀を使って世界の様子を知る。

T　では、調べたことをもとに学習問題をつくりましょう。 5

C　外国の人に日本を紹介するために、日本は世界の中でどんな位置にあって、どのように広がっている国なのか知りたいです。

学習のまとめの例

※ここでは、子どもたちに本時で学んだことを振り返らせながら、単元を通して学んでいきたい方向性が出せるようにする。
・世界にはどんな国があるのか調べてみたい。
・外国の方に日本の位置や広がりがはっきりと紹介できるように学んでいきたい。
・日本は小さな国だけど、どこからどこまでが日本なのか詳しく知りたい。

調べる

情報を集める・読み取る・考える・話し合う

地図帳やタブレットを活用し、国々の位置や特徴等について調べよう

本時の目標

世界の国々について地図帳やタブレット等を使って調べ、世界における我が国の国土の位置、世界の国々の位置や特徴、日本とのつながりなどを理解する。

本時の評価

・調べたことを、白地図や文などにまとめ、世界における我が国の国土の位置、世界の国々の位置や特徴、日本とのつながりなどを大まかに理解している。【知②】

用意するもの

世界の白地図（国境線入り）、各国の国旗（黒板掲示用）、地図帳、資料集、タブレット

1 知っている国

アメリカ　中国　韓国
イギリス　フランス
カナダ　オーストラリア
エジプト　インド　タイ

4 いろいろな国の国旗

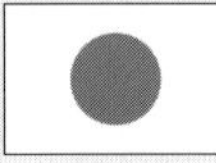
日本

アメリカ

中華人民共和国

フランス

インド

オーストラリア

日本に国旗があるように、世界の国々にも国旗があり、それぞれ大切な意味や由来がある。日本の国旗はもちろん、外国の国旗も大切にすることが必要

本時の展開 ▷▷▷

つかむ　出合う・問いをもつ

板書のポイント
世界の国々の名前について、知っている国名を紹介し合う活動を通して、世界の国々への関心を高める。

T　みなさん、世界にはたくさんの国がありますが、どんな国を知っていますか。 **1**

C　中国を知っています。身の回りのものは中国製のものが多いです。

C　オーストラリアです。私が好きなコアラは、オーストラリアに住んでいます。

T　では、今日はこのことについて調べましょう。

＊本時のめあてを板書する。 

調べる　情報を集める・読み取る・考える・話し合う

板書のポイント
地図帳や資料集、タブレット等を活用して世界の国々の名前と位置、その特徴について調べ、白地図やノートに書き込んでいく。

T　では、今まで出された国や自分が興味のある国について、地図帳やタブレット等を使って調べましょう。

T　調べた国は、白地図に色を塗り、国名を書いていきましょう。

T　また、タブレット等を使ってその国がどんな国なのか調べていきましょう。

＊白地図やノートに調べたことを書き込む。

2 本時のめあて 世界にはどのような国があるのか調べよう

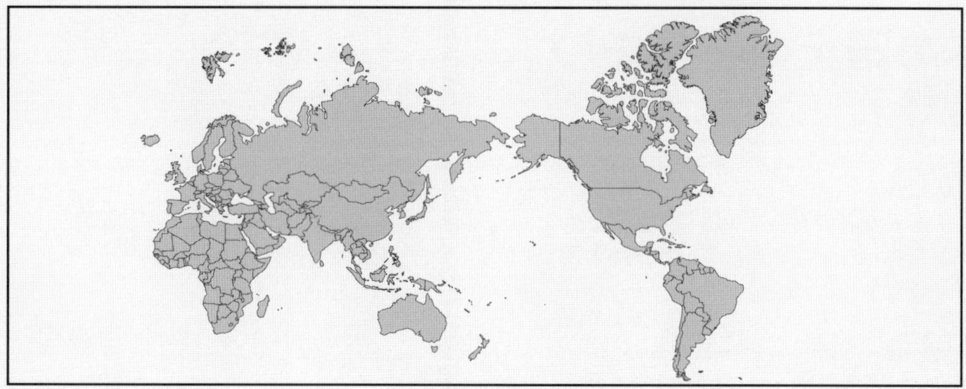

3 分かったこと

アメリカ　日本と貿易などで深いつながり
中国　14億人近くの人がくらしている
フランス　エッフェル塔が有名
エジプト　ピラミッドに多くの観光客が来る
ロシア　国の広さが世界一

本時のまとめ

・世界には、190を越える国があり、それぞれ特徴がある。
・相手の国のことをよく理解することが大切である。

まとめる　整理する・生かす

板書のポイント
調べて分かったことを発表させ、板書としてまとめる。国旗については、数カ国分を教師が提示し、大切に扱うことの意義について説明する。

T　調べた国を紹介してくれますか。 3
C　アメリカです。北アメリカ大陸にあります。日本とは、貿易等で深くつながっています。
C　中国です。ユーラシア大陸にあります。約14億人もの人が住んでいます。
T　これは、日本の国旗ですが、この国旗はどこの国の国旗でしょう。 4
C　フランスです。
T　そうです。この国旗にある3色の色は、自由・平等・博愛を表しています。

学習のまとめの例

・世界には190を越える国があり、それぞれ特徴があることが分かった。自分たちは、相手の国のことをよく知る必要がある。
・日本は、ユーラシア大陸の東に位置する島国である。東には太平洋が広がっている。
・それぞれの国には、国旗がある。1つ1つの国旗には意味や由来があり、大切にしていく必要がある。
・日本は、多くの国と深いつながりがあり、その関係をこれからも大切にしていく必要がある。

調べる
情報を集める・読み取る・考える・話し合う

3/4

日本の国土の特色をつかもう

本時の目標

地図帳や写真などの資料を活用して必要な情報を集め、読み取ることを通して、我が国の国土の様子を理解する。

本時の評価

・国土の位置、海洋に囲まれ多数の島からなる国土の構成等に着目して、我が国の国土の様子について考え、表現している。【思①】
・地図帳や写真などの資料を活用して必要な情報を集め、読み取り、我が国の国土の様子を理解している。【知①】

用意するもの

地図帳、日本を含む東アジアの白地図（掲示用と子供用）、日本の東西南北の端の島の写真（掲示用）

1 日本の周りの様子

2 分かったこと

日本は、ユーラシア大陸の東に位置する島国で、まわりを海で囲まれている。海をへだてて、中国や韓国、ロシアといった国々と国境を接している。

本時の展開 ▷▷▷

つかむ 出合う・問いをもつ

板書のポイント
前時に世界の国々の様子を学習してきており、本時では、そのうち東アジア地域だけをクローズアップして学ぶことを伝え、白地図を提示する。

T　前時では、世界の国々の様子について学習しましたね。本時では、そのうち日本を中心とした東アジアの様子を詳しく見てみましょう。
＊本時のめあてを板書する。東アジアの白地図を提示する。 1
T　前時までの調べを思い出して、国名と海洋名を書き込みましょう。
T　調べたことからどんなことが分かりましたか。 2

調べる 情報を集める・読み取る・考える・話し合う

板書のポイント
東アジアの地図によって日本の周囲の様子を詳しくつかめた段階で、日本の領土や領海、排他的経済水域等について調べていくようにする。

T　こちらは、日本の領土や領海、排他的経済水域等を表した地図になります。 3
T　皆さんにも配ります。空白のところについては地図帳等で調べて、書き入れましょう。
T　まとめていて、気付いたことはありますか。
C　日本は、数多くの島からなっていて、南北に大変長いです。 4
C　領土に対して、排他的経済水域がとても広いと感じました。

本時のめあて　日本の国土の様子について調べよう

日本の領土・領海と排他的経済水域

西の端　与那国島

南の端　沖ノ鳥島

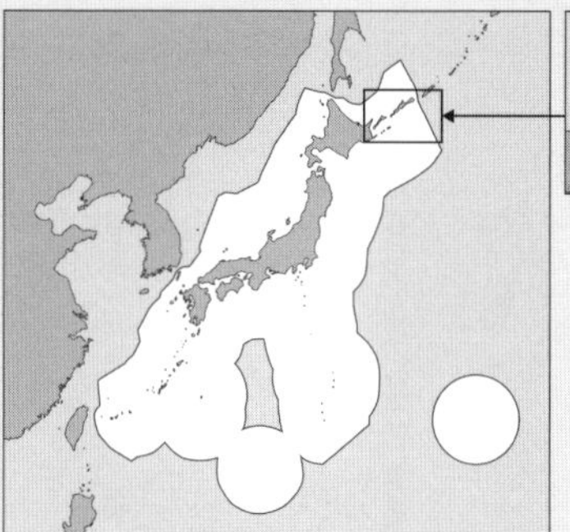

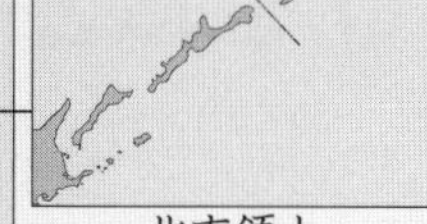
北方領土

北の端　択捉島

東の端　南鳥島

※写真提供：毎日新聞社

4 分かったこと

・日本は、北海道、本州、四国、九州の４つの大きな島を中心に、多くの島から構成されており、南北に長い弓なりの国土となっている。
・日本は周囲を海に囲まれており、排他的経済水域が大変広い。

5 本時のまとめ

・日本は南北に長い国土をもっていて、北と南ではずいぶん気候も違うだろう。
・日本は４つの大きな島を中心に、多くの島からなっていて、地形も変化に富んでいるのだろう。

まとめる　整理する・生かす

板書のポイント
これまで学んだ東アジアにおける日本の位置や日本の国土の広がりの学びから気付いたことを話してまとめ、次の単元につながるまとめとする。

T　２つの地図から多くのことを学びました。これらをつないで、皆さんはどんなことを考えましたか。 5

C　日本は南北に長い国土をもっていて、北と南ではずいぶん気候も違うと思います。

C　日本は４つの大きな島を中心に、多くの島からなっていて、地形も変化に富んでいるのではないかと思います。

T　そうですね。気付いたことを今後調べていきましょう。

学習のまとめの例

・日本はユーラシア大陸の東の端に位置し、東には太平洋、西には日本海、南には東シナ海、北にはオホーツク海といった海に囲まれている。
・日本は、中国や韓国、ロシアなどの国々と海をはさんで国境を接している。これらの国々との交流を深めていくことが大切である。
・日本の国土は弓なりになっていて南北にとても長い。国土には数多くの島があり、東西南北の端は全て島になっている。
・日本は海に囲まれているため、排他的経済水域は大変広くなっている。

調べる／まとめる
整理する・生かす

これまででの学びをまとめよう

本時の目標

外国人に日本の国土の様子を紹介する文章を作ることを通して、我が国の国土の特色を考え、今後の社会生活に生かそうとする態度を養う。

本時の評価

・比較・関連付け・総合などして、我が国の国土の特色を考え、適切に表現している。【思②】

用意するもの

前時で使用した東アジアの地図（掲示用）、竹島、尖閣諸島の写真、北方領土の拡大図、日本の領土・領海・排他的経済水域を表した地図

本時のめあて

1 日本の周りの様子

2 分かったこと

・北方領土問題という言葉を聞いたことがある。
・尖閣諸島付近に中国の船が入ってきたというニュースが流れていた。
・竹島というところには韓国の軍事施設があるらしい。

本時の展開 ▷▷▷

つかむ　出合う・問いをもつ

板書のポイント
前時に使用した東アジアの地図を活用して日本の領土について知っていることを話し合い、本時の学習のきっかけをつくる。

T　前時は、日本の国土や周囲の国々の様子や領土について学びました。日本の領土について知っていることはありますか。 1
C　北方領土問題という言葉を聞いたことがあります。
C　この間、尖閣諸島付近に中国の船が入ってきたというニュースが流れていました。 2
T　領土をめぐってはいろいろな問題があるようですね。
＊本時のめあてを板書する。

調べる　情報を集める・読み取る・考える・話し合う

板書のポイント
現在、領土をめぐって問題となっている島の写真や地図を活用し、領土問題について正しく理解できるよう工夫する。

T　みなさんが言ってくれた島について詳しく見ていきましょう。 3
T　まず、北方領土ですが、歯舞群島、色丹島国後島、択捉島からなります。日本固有の領土です。80年ほど前におきた太平洋戦争でソビエト連邦が占領し、現在はロシアが不法に占領しています。日本政府は、これらの島を返すように求めて、交渉を続けています。
＊教科書の記述に基づき正確に説明する。

領土問題や国土の特色をまとめ、外国の人に日本の位置や国土の広がりについて説明する文章を考えよう。

ぎもん

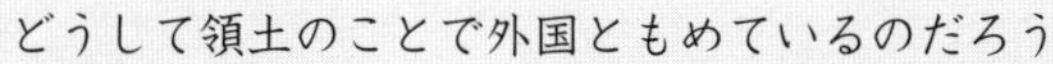
どうして領土のことで外国ともめているのだろう

竹島
日本固有の領土だが、韓国が不法に占拠しているため、日本は抗議を続けている

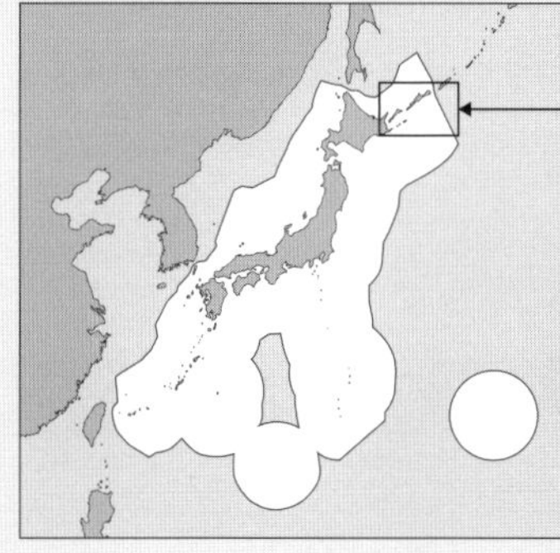

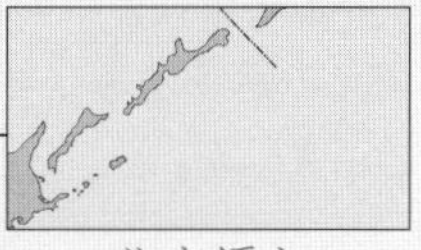

北方領土
歯舞群島　色丹島
国後島　択捉島
日本固有の領土。80 年ほど前におきた太平洋戦争でソビエト連邦が占領し、現在はロシアが不法に占領している。

尖閣諸島
日本が有効に支配する固有の領土。中国が領有を主張しているが、領土問題は存在しない。

【学習問題】
日本は世界の中でどのような位置にあり、どのように広がっている国なのだろうか。外国の人に分かりやすく説明しよう。

4 ふりかえり
・日本の国土の広がりが分かった。
・領土問題についてしっかり理解できた。
・世界の中の日本という視野をもって外国の方ともかかわっていきたい。

まとめる　整理する・生かす

板書のポイント
ここまでの学習で学んだことをもとに、外国人に日本の国土を紹介する文章を書かせる。板書には単元を通した振り返りを書く。

＊学習問題を板書する。

T　ここまでの学習で、世界の中の日本の位置や周辺の国々の様子、国土の広がりについて学んできました。学んできたことをもとに外国人に日本を紹介する文章を書きましょう。

C　（自分の文章を紹介する。）

T　では、この単元を振り返って、どのようなことを考えましたか。 4

C　世界の中の日本という視野をもって外国の方ともかかわっていきたいです。

学習のまとめの例

・日本はユーラシア大陸の東に位置する島国で、中国やロシア、韓国といった国と国境を接しています。
・日本は南北に長く、北海道、本州、四国、九州といった大きな４つの島と数多くの島からなっています。
・領土は広くないですが、周りを海に囲まれているため、排他的経済水域が大変広くなっています。
・領土をめぐっては、他国と交渉を続けているところもあり、解決しなければならない問題だと思います。

2 国土の地形の特色

（3時間）

単元の目標

我が国の国土の様子について、国土の地形に着目して、地図帳や地球儀、各種の資料で調べ、まとめることで国土の自然などの様子を捉え、地形から見た国土の自然環境の特色を考え、表現する。

地形から見た我が国の国土の様子に関心をもち、地形の概要を理解するとともに、主体的に学習問題を解決しようとすることができる。

学習指導要領との関連

内容(1)「我が国の国土の様子と国民生活」アの(ア)及び(ウ)、イの(ア)

第1時	第2時
つかむ「出合う・問いをもつ」	調べる
〔第1時〕 ○ランドサットの地図を見て話し合い、国土の地形の特色について調べる学習問題をつくろう。【知①・思①】 ・ランドサットの写真を見ながら、気付いたことについて話し合う。 **★日本は周囲を海に囲まれており、国土の大半が山であることや場所によってその地形は大きく違っていること等に気付けるよう配慮する。** ・これから調べてみたいことについて話し合い、学習問題をつくる。 **【学習問題】** 我が国の地形について調べ、白地図にまとめて国土の地形の特色を考えよう。	〔第2時〕 ○我が国の地形について調べ、白地図にまとめよう。【知②・主①】 ・日本で見られる地形について教科書等で調べる。 **★山地・山脈・高地・高原・丘陵・平地・平野・盆地・台地・半島・川・湖など、これから調べる様々な地形についての理解が深められるよう配慮する。**

単元の内容

本単元は、国土の自然環境の特色の中でも、国土の地形の様子について調べる単元となっている。指導要領の内容(1)「わたしたちの国土」イの(イ)では、「地形や気候などに着目して、国土の自然などの様子や自然条件から見て特色ある地域の人々の生活を捉え、国土の自然環境の特色やそれらと国民生活との関連を考え、表現すること」とされているが、これをつかむための前提としては、まず、国土の自然環境（地形）の特色をつかんでおくことが大切になってくる。ここでつかんだ地形の特色を次の「低い土地のくらし／高い土地のくらし」の単元につなぎ、地形から見て特色のある地域にくらす人々の生活との関連を考えることによって、人々は自然環境に適応して生活していることを理解できるようにする。

単元の評価

知識・技能	思考・判断・表現	主体的に学習に取り組む態度
①国土の地形について、地図帳や写真、グラフなどの資料を活用して必要な情報を集め、読み取り、国土の自然などの様子を理解している。 ②調べたことを、白地図やグラフ、文などにまとめ、国土の地形の概要を理解している。	①地形に着目して、学習の問題を見いだし、国土の自然などの様子について考え、表現している。 ②地形の面から、国土の自然環境の特色を考え、適切に表現している。	①国土の地形について、予想や学習計画を立てたり、見直したりして、主体的に学習問題を追究し、解決しようとしている。 ②国土の地形の特色を基に、様々な地域の自然環境を考えるなど、学習や社会生活に生かそうとしている。

【知】：知識・技能　【思】：思考・判断・表現　【主】：主体的に学習に取り組む態度　○：めあて　・：学習活動　★：見方・考え方

第２時	第３時
「情報を集める・読み取る・考える・話し合う」	まとめる「整理する・生かす」
・教科書や地図帳、資料集等を使って、国土の地形について調べ、白地図に記入する。 **★大きめの白地図を用意し、色鉛筆等を使いながら作業ができるよう配慮する。** **★タブレット等を使用しながら、興味がある地形について調べられるよう準備しておく。**	**〔第３時〕** ○我が国の地形について調べ、白地図にまとめ、国土の地形の特色を考えよう。【思②・主②】 ・前時に引き続き、国土の地形について調べ、白地図にまとめていく。 ・グループになり、自分でまとめた白地図をもとに話し合う。 ・白地図を見ながら、地形の特色についてノートにまとめる。 ・日本の国内で興味がある場所の地形の様子について話し合う。

問題解決的な学習展開の工夫

まず、単元の導入段階で、ランドサットの写真を黒板に掲示することにより、地形の特色について調べようとする意欲を喚起できるようにする。また、そこでの話し合いを通して、日本には様々な地形があることに気付かせ、「国土の地形には、どのようなものがあるのか調べ、白地図にまとめて、国土の地形の特色を考えよう。」という単元を通した学習問題を子どもとつくっていく。ここでの学習は、地形について学ぶが、教師主導にならないためにも、白地図に書き込むという作業的な学習を取り入れたい。子どもたちが、自分の興味・関心をもとに白地図に地形を記入していくことはその位置や広がりを実感する上で大変有効である。最後にグループで紹介し合うことを通して、地形の特色が捉えられるようにしていきたい。

つかむ
出合う・問いをもつ

ランドサットマップから地形の特色を読み取り、学習問題をつくろう

本時の目標

ランドサットマップをもとに日本の地形について気付いたことを話し合うことを通して、単元を通した学習問題をつくることができる。

本時の評価

・ランドサットマップを読み取り、国土の地形などの様子を理解している。【知①】
・国土の地形について、学習問題をつくったり、学習の見通しを立てたりしている。【思①】

用意するもの

ランドサットマップ（掲示用・児童用）、特色ある国土の写真（掲示用）

本時のめあて

2 ランドサットマップを見て気付いたこと

・日本の周りは、海に囲まれている。
・日本列島は南北に細長い。
・国土の大半が山である。
・大きな４つの島以外にも多くの小さな島が点在している。
・海岸線がまっすぐなところと入り組んだところがある。
・広い平野が広がっているところもあるが、場所は限られている。

3 分かったこと

日本列島は、海に囲まれている上に、南北に長く、場所によって地形が大きく異なっている。

本時の展開 ▷▷▷

つかむ 出合う・問いをもつ

板書のポイント
前単元では、世界の中の日本という点で国土を見てきた。本単元では、地形を意識して日本を見ていくということを意識できるようにする。

T　前の単元では、世界の中の日本という視点や国土の広がりという視点から、日本を見てきました。どんなことに気付きましたか。
C　日本は海に囲まれた島国で、南北に長いと言うことです。
C　様々な地形や気候があることに気付きました。
T　そうですね。では、この単元では、地形の面から見た日本の特色について考えてみたいと思います。
＊本時のめあてを板書する。

調べる 情報を集める・読み取る・考える・話し合う

板書のポイント
黒板に大きなランドサットマップを貼る。また、特徴的な地形の写真を用意し、地形がイメージしやすいよう配慮する。

T　この写真を見てください。これはランドサットという人工衛星が撮った日本の様子です。これを見てどんなことに気付きますか。 1
C　日本列島は、周りを海に囲まれていて、南北に細長いということです。
C　国土の大半が山だと思います。 2
C　大きな４つの島以外にも多くの小さな島が点在しています。
C　海岸線がまっすぐなところと入り組んだところがあります。

ランドサットの地図を見て話し合い、国土の地形の特色について調べる学習問題をつくろう。

入り組んだ海岸線

1

数多くの島々

火山

深い山

広い平野

とびだしている半島

まっすぐな海岸線

4

【学習問題】
我が国の地形について調べ、白地図にまとめ、国土の地形の特色を考えよう。

まとめる　整理する・生かす

板書のポイント
分かったことや疑問に思うことなど、子どもの意見を上手に引き出し、学習問題を教師の方でまとめて板書するようにする。

T　それでは、まとめるとどんなことが分かりましたか。 3
C　日本列島は、海に囲まれている上に南北に長く、場所によって大きな違いがあると思います。
T　では、これからどんなことを調べていけばよいでしょう。 4
C　様々な地形を白地図にまとめて、国土の地形の特色を考えていく必要があります。
＊学習問題を板書する。

学習のまとめの例

- ランドサットマップは、国土の様子をよく表している。日本は思った以上に山が多く、平地が少ない。
- 日本列島は、思った以上に南北に長い。また、地形は変化に富んでいて、場所によって大きく異なっている。
- 自分の住んでいるところは、平地が広がっているところにあるようだ。他の地域の様子はどうなっているのだろう。
- 日本の国土には様々な地形がある。どのような地形があるのかを調べてみたい。

調べる

情報を集める・読み取る・考える・話し合う

我が国の様々な地形を白地図にまとめよう

本時の目標

我が国の様々な地形について白地図にまとめることを通して、地形の概要を理解できるようにする。

本時の評価

・調べたことを、白地図にまとめ、国土の地形の概要を理解している。【知②】
・国土の地形の様子について主体的に学習問題を追究している。【主①】

用意するもの

地形の様子を模式的に表した絵（掲示用）、白地図（掲示用・児童用）、日本の火山分布図（掲示用）、地図帳、タブレット

1 ぎもん

地形にはどのようなものがあるのだろうか。

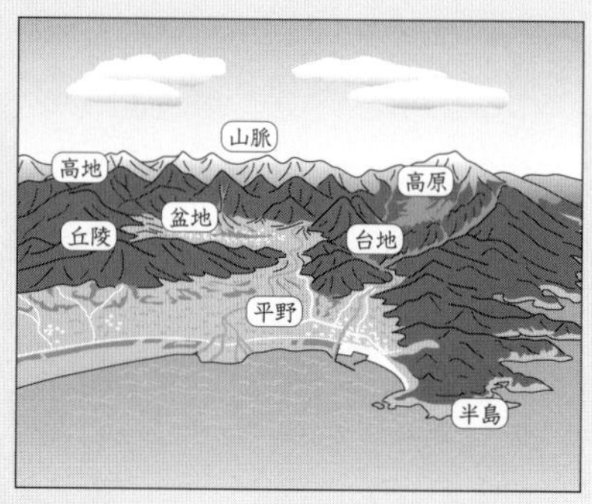

2 山地…山が集まっている地形
・山脈、高地、高原、丘陵

平地…平らな土地
・平野、盆地、台地

水に関わる地形
・川、池、湖、半島など

本時の展開 ▷▷▷

つかむ 出合う・問いをもつ

板書のポイント

地形にはどのようなものがあるのかという疑問に答えられるよう、地形を模式的に描いた絵を用意し、具体的に説明を行う。

T　みんなが疑問に感じていた地形の様子についてわかりやすい絵を用意しました。 1

T　まず、山地ですが、山地とは山が集まっている地形のことを指します。山が連続して細長く連なっている山脈や山が幅広く連なる高地、標高の高いところで平らに広がる高原、あまり高くなく小さな山が続いている丘陵などがあります。（この後、平地についてや水に関わる地形、火山などについて説明する。） 2

＊本時のめあてを板書する。

調べる 情報を集める・読み取る・考える・話し合う

板書のポイント

黒板には、大きな日本の白地図を用意する。子どもの手元にも同様のものを用意しておき、比較しながら学習が進められるようにしておく。

T　では、皆さんの手元にある白地図にいろいろな地形を書き込んでいき、日本の地形図を完成させましょう。 3

T　地図帳で調べながら、書き込んでいきましょう。興味をもったところは、タブレット等でどのようなところか調べてもいいですよ。

＊色鉛筆を使った作業学習に入る。黒板の白地図も代表児童３名程度で完成させていく。

本時のめあて　我が国の地形について調べ、白地図にまとめよう。

3 日本の地形

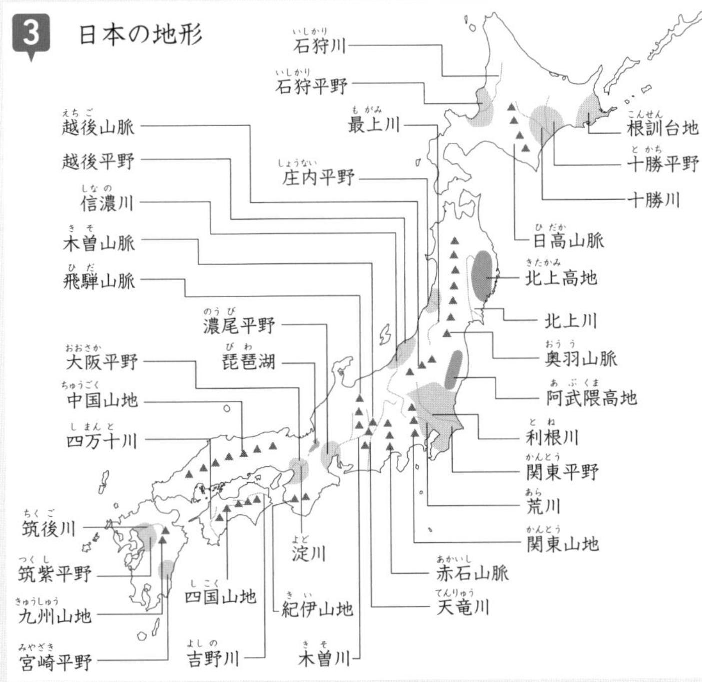

日本の主な火山

4 本時のまとめ

同じ山地でも、山脈や高地、高原、丘陵など様々な地形がある。地形の様子は、場所によって大きく異なっている。また、日本には多くの火山がある。

まとめる　整理する・生かす

板書のポイント
本時だけでは、白地図の完成には至らないので、できるところまで完成させ、残りは次の時間の継続作業とする。

T　作業を通してどんなことに気付きましたか。
C　同じ山地でも、山脈や高地、高原、丘陵など様々な地形があることが分かりました。
C　地形の様子は、場所によって大きく異なっていると思います。 4
C　日本には多くの火山があり、驚きました。
T　では、次の時間も続けて作業を行い、地形図を完成させましょう。

学習のまとめの例

・山地だけでも、単に山地と呼ぶのではなく、山脈や高地、高原、丘陵など分けられることが分かった。
・平地もいくつかに分けられる。また、水に関わる地形として、川や池、湖あるいは海に突き出た半島などがある。
・関東の方の平野は広いが、中国地方などは平野が大変狭い。土地の様子は場所によって大きく異なっている。
・日本には火山が多く、特に山地や島などに多く見られる。温泉が多いのもこの火山があるからだ。

まとめる
整理する・生かす

地形についてまとめた白地図から日本の地形の特色を考えよう

本時の目標

我が国の地形について白地図にまとめる活動を通して、我が国の国土の地形の特色について理解できるようにする。

本時の評価

・地形の面から、国土の自然環境の特色を考え、適切に表現している。【思②】
・国土の地形の特色を基に、様々な地域の自然環境を考えるなど、学習や社会生活に生かそうとしている。【主②】

用意するもの

白地図（掲示用・児童用）、地図帳、タブレット

本時のめあて　国土の地形の特色について考えよう。

2
【学習のまとめ】
・日本は山がちで、多くの山脈や山地がある。
・日本の国土のおよそ 3/4 は山地で、平野は少ない。
・日本の中心には飛騨・木曽・赤石山脈といった高い山脈が連なっている。
・日本の川は、短く、流れが急である。
・日本には、湖も多くあり、その中でも琵琶湖が際立って大きい。
・平地では、関東平野や濃尾平野、大阪平野などが広いが、そこには大都市が位置している。

本時の展開 ▷▷▷

つかむ　出合う・問いをもつ

板書のポイント
前時から取りかかっている黒板掲示用の白地図を用意しておき、継続して作業できるようにする。本時前半で完成できるよう声をかける。

T　前の時間から取り組んでいる白地図の作業をこの時間の前半で完成させましょう。
T　前の時間と同じように、地図帳で調べながら、書き込んでいきましょう。タブレット等でどのようなところか調べてもいいです。
＊色鉛筆を使った作業学習に入る。黒板の白地図も前の時間から引き続き代表児童３名程度で完成させていく。 1
＊本時のめあてを板書する。

調べる　情報を集める・読み取る・考える・話し合う

板書のポイント
完成した地形の特色の図をもとに、作業を通して気付いたことを発表させ、地図の左側に記録していくようにする。

T　皆さん、地形の特色を頑張って白地図にまとめましたね。地形図づくりを通して気付いたことを発表してください。 2
C　日本は山がちで、多くの山脈や山地があることが分かりました。
C　日本の国土のおよそ３/４は山地で、平野は少ないです。
T　多くの気付きがありましたね。日本の地形は本当に多様ですね。

【学習問題】
我が国の地形について調べ、国土の地形の特色を考えよう。

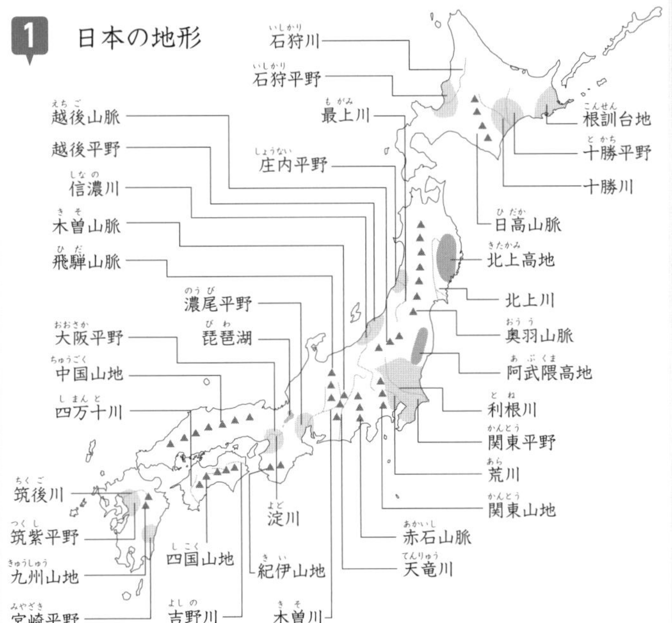

3

自分が興味あるところ

・能登半島
日本海に突き出ている半島はどんな様子か調べてみたい。

・四万十川
日本最後の清流といわれているが、どれくらいきれいなのか調べてみたい。

・桜島
今も時々噴火しているようだが、どのような様子なのか調べてみたい。

まとめる　整理する・生かす

板書のポイント
これまで出てきた日本の地形の特色をもとに、自分が興味がある場所について意見を出させ、黒板右側に記録するようにする。

＊学習問題を板書する。

T　日本には、本当に多様な地形がありますが、皆さんは、どんなところに興味がありますか。 3

C　ぼくは能登半島に興味があります。日本海に突き出ている半島はどんな様子か調べてみたいです。

T　興味があるところをさらに調べてみたいですね。

学習のまとめの例

・日本の地形を学習して、日本は思った以上に山が多くて驚きました。さらに3千メートル級の山が連なる日本アルプスなどはどんなところか調べたいと思いました。
・わたしの住んでいるところは、平野ですが、同じ平らな土地でも、台地のくらしに興味をもちました。
・日本は、島が非常に多いことに気付きました。日本の西の端の与那国島には、人が住んでいるのでどのようなくらしをしているのか調べてみたいです。

3 5時間 高い土地のくらし—群馬県嬬恋村

単元の目標

嬬恋村の地形に着目して人々のくらしや産業との関連について考え、表現することを通して、高地の人々が地形や自然の特色を生かして高原野菜づくりや観光事業を行うなど、様々な工夫をして生活していることを理解できるようにするとともに、地形を生かした特色ある生活や産業の様子について関心をもって意欲的に調べ、考えようとする態度を養う。

学習指導要領との関連

内容⑴「我が国の国土の様子と国民生活」アの㋐及び㋒、イの㋑

第1時	第2時
つかむ「出合う・問いをもつ」	調べる
〔第1時〕 ○嬬恋村の様子を写真や地図で見てみよう。【思①・主①】 ・地図帳を活用し、嬬恋村の位置を調べる。 ・自分たちが住む町と嬬恋村の航空写真及び土地利用図を見比べ、土地利用の特徴について調べる。 ・自分たちが住む都道府県と嬬恋村の月別平均気温を比較し、嬬恋村の気候的特徴について調べる。 **★地形や気候の違いに着目し、自然環境の特色と生活との関連について考える。** ・不思議に思ったことなどをもとに、学習問題をつくる。 **【学習問題】** 高い土地でくらす人々は、自然の特徴を農業や生活にどのように生かしているのだろう。 ・学習問題について予想し、学習計画を立てる。	〔第2時〕 ○嬬恋村の人々は、どのように現在のような農業の盛んな村をつくっていったのだろう。【知①】 ・現在の嬬恋村と、1933年・1945年の嬬恋村の様子を比較し、違いを見つける。 ・教科書や資料をもとに、嬬恋村の歴史について調べる。 ・嬬恋村が現在のように大きく変化することのできた理由を考える。 〔第3時〕 ○嬬恋村でくらす人々は、どのような工夫をしてキャベツづくりを行っているのだろう。【知②】 ・高地のキャベツづくりの工夫について予想する。 たくさんの肥料を使っている。 寒さから野菜を守る工夫をしている。 ・教科書等で、高地のキャベツづくりの工夫について調べ、付箋にまとめる。 ・記入した付箋をもとに、様々な工夫が取り入れられている理由について話し合う。 **★自然条件の生かし方に着目する。**

単元の内容

本単元は、地形等の自然条件に着目して事実を比較したり、それらの条件と人々のくらしの様子とを関連付けて追究したりする活動を通して、人々が自然環境に適応して生活していることを理解させようとするものである。

そこで、本単元では群馬県嬬恋村を題材として取り上げる。嬬恋村は群馬県西部にある人口約9500人の村であり、白根山、四阿山、浅間山と三方を山に囲まれている。高地の涼しい気候を生かしたキャベツ栽培が盛んであり、現在では全国一位の収穫量を誇っている。

本単元を通し、嬬恋村で暮らす人々がどのような工夫を取り入れ、山地の自然環境に適応しながら生活しているのかを調べることで、その工夫の意味について考えさせたい。

単元の評価

知識・技能	思考・判断・表現	主体的に学習に取り組む態度
①嬬恋村の地形について、地図帳や写真、グラフなどの資料を活用して必要な情報を集め、読み取り、自然条件から見て特色のある地域の人々の生活を理解している。 ②調べたことを、図や表、文などにまとめ、人々は自然環境に適応して生活していることを理解している。	①嬬恋村の地形に着目して、学習の問題を見出し、自然条件から見て特色ある地域の人々の生活について考え、表現している。 ②地形の面から、自然条件と国民生活との関連を考え、適切に表現している。	①嬬恋村の地形と高地で暮らす人々の生活について、予想や学習計画を立てたり、学習を振り返ったりして、学習問題を追究し、解決しようとしている。

【知】：知識・技能　【思】：思考・判断・表現　【主】：主体的に学習に取り組む態度　○：めあて　・：学習活動　★：見方・考え方

第３・４時	第５時
「情報を集める・読み取る・考える・話し合う」	まとめる「整理する・生かす」
（第４時） ○嬬恋村でくらす人々は、農業の他にどのような産業を行っているのだろう。【知①】 ・前時までの学習を振り返り、農業以外に盛んな産業について予想する。 ・写真や映像資料をもとに、高地で行われている産業について調べる。 ・各産業が行われている理由を考え、話し合う。 **★人々が自然環境に適応して生活していることに着目する。**	（第５時） ○これまでの学習を振り返り、学習問題に対する考えをまとめよう。【思②・主①】 ・前時までの学習を振り返り、高地のくらしを宣伝するキャッチコピーと解説文を書き、発表する。 ・学習問題に対する自分の考えをノートにまとめる。 高い山に囲まれた高地で暮らす嬬恋村の人々は、高地の気候に合う野菜作りを行い、自然や地形に合わせた暮らしや産業の工夫を行っている。農業以外にも、自然を生かした観光にも力を入れている。

問題解決的な学習展開の工夫

本単元では、自分の暮らす地域とは地形・気候的に大きく異なる地域を学習する。このような地域を学習する際には、その地域に対する具体的イメージをもたせるとともに、興味・関心を十分に高めることが重要となる。

例えば、学習問題づくりの際には、自分たちの住む地域の写真を嬬恋村の写真と併せて提示し、比較させるとよい。そうすることで、子供の興味を高めやすくなるだけでなく、２つの地域の違いを発見でき、その発見が「どうして？」という子供の疑問に繋がるのである。

また、写真と併せて付箋や短冊を活用することも効果的である。読み取ったことを付箋等に書き込ませ、話し合いの際にそれを自分たちで動かしたり、分類したりすることで、活発な話し合いが期待できる。

つかむ
出合う・問いをもつ

資料から問題を見いだし、学習問題をつくろう

本時の目標

自分たちの住む地域と嬬恋村とを比較することを通して、高地の暮らしへの興味・関心を高めるようにするとともに、学習問題をつくる。

本時の評価

・嬬恋村の地形に着目して、学習問題を見いだし、自然条件から見て特色ある地域の人々の生活について考え、表現している。【思①】
・学習計画を立て、学習問題を追究、解決しようとしている。【主①】

用意するもの

地図帳、嬬恋村・自分たちの住む地域の航空写真、土地利用図、月別平均気温グラフ

1 本時のめあて

高い土地の様子やそこに住む人々のくらしについて考え、学習問題をつくろう。

○土地の様子

自分たちの住む地域 航空写真

・畑が多い
・山が多い
・家が少ない

2

○土地の様子

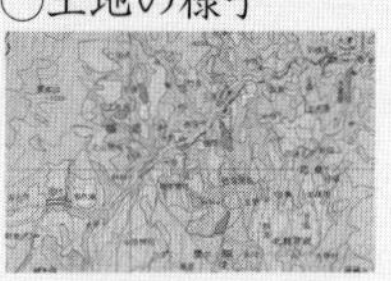

自分たちの住む地域 土地利用図

・高い土地にある村
・キャベツ畑が多い
・高い山に囲まれている

2

本時の展開 ▷▷▷

つかむ 出合う・問いをもつ

板書のポイント

写真資料の提示後に地図帳を活用して嬬恋村の位置を調べる活動を通し、嬬恋村の位置や大まかなイメージをつかむ。

T　この写真を見て、気付くことを発表しましょう。
C　山が見える。 畑が多い。 緑が多い。
T　これは群馬県にある嬬恋村という村の写真です。
嬬恋村の位置を地図帳で確認しましょう。
T　今日は、これから学習するこの嬬恋村についての学習問題を立てましょう。
＊本時のめあてを板書する。 1

調べる 情報を集める・読み取る・考える・話し合う

板書のポイント

嬬恋村と自分たちの住む地域とを比較しやすくするため、それぞれの資料を並べて掲示し、それをもとに子供の気付きや疑問を板書する。

T　嬬恋村と皆さんが住む地域を比べましょう。比べて気付いたことや疑問に思ったことはノートに書きましょう。 2
・資料「航空写真（2枚）」
「土地利用図（2枚）」
「月別平均気温グラフ」
T　比べて気付いたことを発表しましょう。
C　嬬恋村の方が山が多く、家が少ない。
嬬恋村は土地が高く、キャベツ畑が多い。
一年を通して、嬬恋村の方が涼しい。

○土地の様子

嬬恋村月別平均気温グラフ

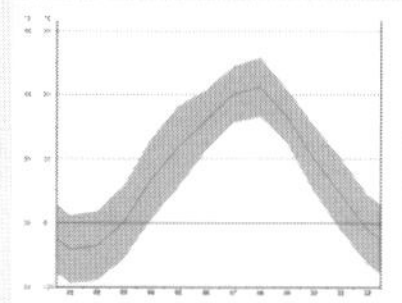

自分たちの住む地域月別平均気温グラフ

2

・一年を通して涼しい
・この気温の低さがキャベツづくりと関係している
・夏でも 20℃より涼しい

○疑問に思ったこと
・どうしてキャベツを多く作っているのか。
・キャベツづくりの他にさかんなことは何か。
・キャベツを作る工夫はあるのか。
・どんな農業がさかんなのか。
・どんな生活をしているのか。

3

【学習問題】

高い土地でくらす人々は、自然の特徴を、農業や生活にどのように生かしているのだろう。

4

○学習計画（調べること）
①嬬恋村の歴史
②さかんな農業やキャベツ作りの工夫
③自然を生かした人々のくらし

まとめる 整理する・生かす

板書のポイント

子供の疑問や調べるべきことの中から、学習問題となりそうなキーワードに線や印を付けまとめやすいようにする。

T　疑問に思ったことや調べることをもとに、学習問題をつくりましょう。
どのようにまとめたらよいでしょう。 3

C　嬬恋村は高い土地なので、「高い土地」を入れた方がいい。キャベツ畑が多いので、「農業」を入れたい。

T　この学習問題を解決するために、どのようなことを調べたらよいでしょうか。

C　農業について調べる。 4
農業の他に盛んなことについて調べる。

学習のまとめの例

・嬬恋村のキャベツづくりについて詳しく調べてみたいと思った。キャベツづくりの秘密をもっと調べてみたい。
・高い地域はあまり行ったことがないので、どんな生活をしているのか詳しく調べてみたいと思った。

調べる
情報を集める・読み取る・
考える・話し合う

資料をもとに、嬬恋村の開拓について調べよう

本時の目標

嬬恋村の開拓について調べることを通して、高地で暮らす人々のキャベツづくりの取組を理解できるようにする。

本時の評価

・写真や年表、グラフなどの資料を活用して調べ、嬬恋村の人々が土地を耕し、キャベツ生産を盛んにしていったことを理解している。【知①】

用意するもの

嬬恋村航空写真、嬬恋村の写真（1933年、1945年）、嬬恋村の農業の主な歴史（年表）、教科書

1 本時のめあて

嬬恋村の人々は、どのように現在のような農業の盛んな村をつくっていったのだろう。

嬬恋村
写真
(1933年)

・キャベツ以外を栽培
・道がない
→人の手で

嬬恋村
写真
(1945年)

2 よそう

・村のみんなで協力
・様々な作物を育てる
→よく育つものを探す

本時の展開 ▷▷▷

つかむ 出合う・問いをもつ

板書のポイント

現在の嬬恋村の写真と、1933年、1945年の写真を提示し、様子の違いをおさえる。写真は、自然や地形の特徴が分かるものがよい。

T　この３枚の写真から、嬬恋村の様子についてどのようなことが読み取れますか。 1

C　キャベツ以外の作物を作っている。

T　嬬恋村の人たちは、どのようにして現在のような村をつくってきたのか、予想しましょう。

C　村のみんなで協力した。様々な作物を育てて、よく育つものを探した。 2

T　では、今日はこれについて調べていきましょう。

＊本時のめあてを板書する。

調べる 情報を集める・読み取る・考える・話し合う

板書のポイント

教科書にある嬬恋村の歴史年表と同様の年表を黒板に貼付する。農業や村づくりに関わる部分を丁寧に読み取らせ、板書する。色マジック等で年表に線を引き仲間分けしてもよい。

T　嬬恋村の農業に関係する資料を配ります。

・資料「嬬恋村の農業の主な歴史（年表）」

・資料「郷土資料館の方の話」 3

どんなことが分かりますか。

C　1819年に試しにキャベツを作り始めた。キャベツを村の人々が共同で作っていた。

T　では、嬬恋村が大きく変化することのできた理由はどこにあるのでしょうか。その理由のベスト３を考えましょう。

分かったこと

○嬬恋村の農業の主な歴史

年	主なできごと
1889（明治22）	嬬恋村ができる 明治時代の終わりごろ、キャベツを試しにつくり始める
1929（昭和4）	嬬恋村の人々が共同でキャベツの栽培を始める
1934	キャベツの共同出荷を始める
1935ごろ	村の中心を通る県道（現在の国道144号線）ができる
1948	農業協同組合ができる
1966	国の野菜指定産地になる
1979	予冷施設の設置が始まる

・嬬恋村は1889年にできた
・1989年…キャベツを試しに栽培
・つくり始めのころ…共同で栽培
出荷

3 ○嬬恋郷土資料館の方の話
・昭和の初めごろ…売るものが少ない　冬は農業 ×
・1935年…国道完成→交通が便利に
・村の人々が土地を耕す→高原野菜を栽培

4 考えたこと

○嬬恋村が変化することのできた理由は何だろう。

１位…国道の完成
２位…キャベツを試しに
３位…土地を耕す

１位…高原野菜を栽培
２位…国道の完成
３位…キャベツを試しに

１位…共同で栽培・出荷
２位…土地を耕す
３位…国道の完成

１位…土地を耕す
２位…高原野菜を栽培
３位…国道の完成

5 本時のまとめ

・嬬恋村は、もともと農業が盛んな村ではなかった。
・人々が協力して土地を耕し、キャベツの栽培・出荷を始めた。
↓
・高地の気候を活かし、高原野菜の栽培が盛んに行われていった。

まとめる 整理する・生かす

板書のポイント
子供のランキングを画用紙に書かせ、黒板に貼付する。貼付後には、そのランキングについて子供に問いかけキーワードに気付かせる。

T　考えたことを発表しましょう。 4
C　第一位は、土地を耕したことだと思う。よく野菜の育つ土地がなくては、今のような嬬恋村にはなれていないはず。
T　みんなの理由を見比べると、どのようなものが多いでしょうか。
C　キャベツの栽培が多い。 国道の完成も多い。
T　では、今日の学習を振り返って、まとめをノートに書きましょう。 5

学習のまとめの例

・嬬恋村の人々は、高地ならではの気候を活かして高原野菜の栽培を始め、現在のような村をつくってきた。
・嬬恋村の人たちは、協力して荒れた土地を耕して畑を作った。その努力により、現在の嬬恋村の姿がある。

調べる
情報を集める・読み取る・考える・話し合う

資料をもとに、高地で行われている野菜づくりの工夫を調べよう

本時の目標

嬬恋村のキャベツ栽培の工夫について調べることを通して、嬬恋村で暮らす人々は地形・気候条件を活かして野菜づくりを行っていることを理解できるようにする。

本時の評価

・自然環境に適応しながら生活や産業が営まれていることを文章にまとめ、理解している。【知②】

用意するもの

教科書、野菜の収穫量（表）、キャベツ畑、耕す様子（写真）、キャベツの月別取扱量

本時のめあて

嬬恋村でくらす人々は、どのような工夫をしてキャベツづくりを行っているのだろう。

水稲	217t	そば	2t
夏白菜	1060t	秋冬白菜	155t
夏秋キャベツ	221600t	大豆	12t
夏秋レタス	161t		

1 よそう

・たくさんの肥料
・寒さ対策
・水やりの工夫
・協力

本時の展開 ▷▷▷

つかむ　出合う・問いをもつ

板書のポイント
嬬恋村で栽培される主な野菜の収穫量を示した表と共にキャベツ畑の様子が分かる写真資料を提示し、本時のめあてに対する予想を自由に発言させ、学習の見通しをもたせる。

T　嬬恋村で最も多く栽培されている野菜は何でしょう。
C　夏秋キャベツ。
T　嬬恋村の人々は、キャベツを作るためにどのような工夫をしていると思いますか。 1
C　たくさんの肥料をあげている。寒さに負けないような対策をしている。
T　では、調べていきましょう。
＊本時のめあてを板書する。

調べる　情報を集める・読み取る・考える・話し合う

板書のポイント
キャベツづくり（収穫・畑を耕す）の様子が分かる写真を配布し、拡大したものを黒板に貼付する。

T　キャベツづくりの様子が分かる資料を配ります。
・資料「キャベツごよみ・畑を耕す様子」
これらの資料や教科書をもとに、キャベツ作りの工夫を調べましょう。 2
T　どんなことが分かりましたか。
C　機械ではなく人の手で収穫を行っている。
T　なぜ、このような多くの工夫を行っているのでしょう。 3
・資料「キャベツの月別取扱量グラフ」

2 分かったこと

農事ごよみ

※教科書、資料集などから拡大掲示

収穫

・人の手で収穫
・段ボール箱を前日から準備
・涼しい朝のうちに収穫
・大型のトラクター
→広い畑・肥料や農薬
・種をまく時期をずらす

5 本時のまとめ

・様々な工夫を取り入れてキャベツ作り
→人の手・機械・種まきや収穫の時期

・他地域の出荷量が減る時期に出荷
→涼しい気候を活かす
よく売れるように

3 考えたこと

○なぜ、たくさんの工夫を取り入れているのだろう。

東京都の市場におけるキャベツの月別取り扱い量グラフ

※教科書、資料集などから拡大掲示

4 他地域との関連

・よく売れるようにするため。
→他の地域の出荷量が減るから。

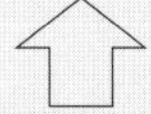

農家の人の思い

・おいしいキャベツを届けたいから。
・たくさんの人に食べてほしいから。

まとめる 整理する・生かす

板書のポイント

子供の考えの関連付けや仲間分けを行う際には、キーワードに印をつけたり、同様の考えを囲んでまとめたりするなど、工夫して板書を行う。

T　考えたことを発表しましょう。
C　他の地域の出荷量が減る時期に出荷することで、よく売れるから。 **4**
C　美味しいキャベツを作りたいから。
C　自然条件を生かすことで、他の地域と出荷時期をずらすことができる。
T　では、今日の学習を振り返って、まとめをノートに書きましょう。 **5**

学習のまとめの例

・嬬恋村の人々は、収穫の工夫や種をまく時期の工夫など、たくさんの工夫を取り入れてキャベツ作りをしている。
・嬬恋村の人々は、消費者を思い、美味しいキャベツをたくさん出荷するため、高地の気候を活かした工夫を行っている。
・嬬恋村では、高地ですずしい気候が長く続くため、他地域の出荷が減る時期に多くのキャベツを出荷できるよう工夫している。

調べる
情報を集める・読み取る・考える・話し合う

資料をもとに、高地でさかんに行われている産業について調べよう

本時の目標

嬬恋村で盛んに行われている産業について調べることを通して、嬬恋村で暮らす人々は地形・気候条件を活かし、様々な工夫をして生活していることを理解できるようにする。

本時の評価

・嬬恋村の地形について、地図帳や写真、グラフなどの資料を活用して必要な情報を集め、読み取り、自然条件から見て特色のある地域の人々の生活を理解している。【知①】

用意するもの

教科書、観光客数（グラフ）、写真、付箋

本時のめあて

嬬恋村でくらす人々は、農業の他にどのような産業を行っているんだろう。

○嬬恋村…農業（キャベツ）が盛ん

1

嬬恋村をおとずれた観光客数グラフ

・一年を通して観光客
・特に夏に観光客が多い

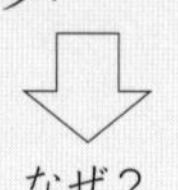

なぜ？

よそう

・イベント
・農業以外の産業
・特産物

本時の展開 ▷▷▷

つかむ　出合う・問いをもつ

板書のポイント

グラフを提示し、嬬恋村には一年を通して観光客が訪れていることに気付かせる。これにより、子供の疑問を引き出していく。

T　嬬恋村では、どのような産業が盛んでしたか。
C　農業。特にキャベツづくりが盛んでした。
T　この資料からどのようなことが分かりますか。
　・資料「嬬恋村を訪れた観光客数グラフ」
C　一年を通して、観光客が村に来ています。 1
T　観光客が村を訪れている要因は何でしょう。
C　人を集めるためのイベントを行っています。
T　では、今日はそれを調べましょう。
＊本時のめあてを板書する。 2

調べる　情報を集める・読み取る・考える・話し合う

板書のポイント

教科書の写真を拡大したものを貼付すると共に、嬬恋村の観光業の特色の分かる写真（温泉等）を掲示する。

T　嬬恋村で盛んな産業について、教科書を使って調べましょう。
T　調べて分かったことを発表しましょう。 3
C　冬にスケートやスキーの大会、夏にハイキングやマラソンの行事があります。自然を活かした観光業が盛んです。
T　嬬恋村でくらす人々は、なぜこのような産業を盛んに行っているのでしょうか。嬬恋村の人々の思いを考え、付箋にまとめましょう。

3 分かったこと

○嬬恋村で盛んな産業
・冬…スキーやスケートの大会
・夏…ハイキング、マラソン
　　自転車のレース
・温泉

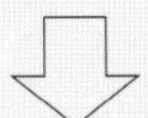

自然を活かした観光業が盛ん

4 考えたこと

○なぜ、自然を活かした産業を盛んに行っているのだろう。

・嬬恋村の自然を大切にしたい。
・自然に親しんで、癒されてほしい。

・嬬恋村のよさを知ってほしい。
・嬬恋村を好きになってほしい。

嬬恋村で暮らす人々写真

・たくさんの人に来てほしい。
・村を盛り上げたい。
・他にはないものを売りにしたい。

5 本時のまとめ

・村の豊かな自然を活かした観光業
→スキー、温泉、スケートなど
・嬬恋村にしかない良さを活かす

まとめる　整理する・生かす

板書のポイント
中心に嬬恋村で観光業を行う人々の写真を貼付し、その周囲に仲間分けされた子供の考えを板書していく。

T　付箋を仲間分けをしながら、嬬恋村で暮らす人々の思いについて話し合いましょう。
T　話し合って分かったことを発表しましょう。
C　嬬恋村の人々は、自然を大切にしたいと思っているからこそ、観光業を行っていると思います。 4
T　嬬恋村の人々は、様々な思いをもち、農業だけでなく観光業を行っていることが分かりました。では、今日の学習を振り返って、まとめをノートに書きましょう。 5

学習のまとめの例

・嬬恋村でくらす人々は、村の豊かな自然を活かし、様々なイベントを企画したり、産業を行ったりしている。
・嬬恋村では、村のよさである豊かな自然を生かすため、スキーや温泉など、様々な観光業が盛んに行われている。

まとめる
整理する・生かす

学習を振り返り、学習問題に対する考えをまとめよう

本時の目標

単元の学習を振り返って高地のくらしを宣伝するキャッチコピーを作ることを通して、自然条件と国民生活との関連を考え、学習問題を解決することができるようにする。

本時の評価

・地形の面から、自然条件と国民生活との関連を考え、適切に表現している。【思②】
・嬬恋村の地形と高地で暮らす人々の生活について、学習問題を追究し、解決しようとしている。【主①】

用意するもの

これまでに使用した写真資料、教科書、地図帳

本時のめあて

これまでの学習を振り返り、学習問題に対する考えをまとめよう。

・高地の気候を活かした野菜作り
（キャベツ）

・自然を活かした観光
（スキー、マラソン大会、温泉）

本時の展開 ▷▷▷

つかむ　出合う・問いをもつ

板書のポイント
嬬恋村の生活の特徴を振り返り、発言させる。その際に、これまでの学習で提示した写真資料を黒板に貼付し、学習内容を想起させる。

T　これまで、嬬恋村で暮らす人々の生活について学習してきました。嬬恋村のくらしには、どのような特徴がありましたか。
C　高地の気候を生かして、野菜作りを行っていました。高地の自然を活かして、観光業を行っていました。
T　そうでしたね。では、今日はこれまの学習を振り返って嬬恋村のキャッチコピーを考え、学習問題に対する考えをまとめましょう。
＊本時のめあてと学習問題を板書する。

調べる　情報を集める・読み取る・考える・話し合う

板書のポイント
キャッチコピーを書き始める前には、写真資料を黒板に貼付ける。キャッチコピーを書いている最中に自由に読み取らせてもよい。

T　学習したことを振り返り、まとめるために、嬬恋村を宣伝するためのキャッチコピーを考えましょう。その時には、なぜそのようなキャッチコピーにしたのか、理由も書きましょう。
T　出来上がったキャッチコピーを友達と紹介し合いましょう。
T　キャッチコピーを発表しましょう。

【学習問題】
高い土地で暮らす人々は、自然の特徴を農業や生活にどのように生かしているだろう。

考えたこと

嬬恋村

・自然のめぐみがいっぱい！嬬恋村！
・美しい自然を感じてみませんか。おいでよ、嬬恋村！

収穫の様子

・嬬恋の宝！おいしいキャベツを食べにおいでよ！
・美味しいキャベツのふるさと、嬬恋村
・日本一の村で、日本一のキャベツを！

自転車レース

・食べて、遊んで、癒される。嬬恋村。
・自然と遊べる村、嬬恋村
・大自然に包まれて、思いっきり楽しもう！嬬恋で！

【学習のまとめ】
・涼しい気候…キャベツ作り
・寒い冬…スキー、スケート
・豊富な自然…ハイキング、温泉
⇒様々な工夫をしている

まとめる 整理する・生かす

板書のポイント

キャッチコピーを発表させ、板書する。その際には、写真に合わせて3つに分類し、写真の下に板書していく。その後、学習問題に対する考えを発表させ、その中のキーワードを板書する。

C　自然のめぐみがいっぱい！嬬恋村！

C　嬬恋の宝！美味しいキャベツを食べにおいでよ！

T　たくさんのすてきなキャッチコピーが完成しましたね。では、これをもとに、学習問題に対する考えをノートにまとめましょう。

T　書いた考えを、発表しましょう。

学習のまとめの例

・嬬恋村で暮らす人々は、涼しい気候に合う農作物を作ったり、高地の自然を楽しむことのできるイベントを行ったりと、様々な工夫をして高地での生活を送っている。
・嬬恋村で暮らす人々は、気候に合わせてキャベツを栽培したり、楽しく自然と親しむことのできるスキーやハイキングなどの観光に力を入れたりと、たくさんの工夫をして高地の特徴を生活に活かしている。

4 国土の気候の特色

3時間

単元の目標

気候に着目して、国土の自然の様子について、地図帳、各種の資料で調べ、まとめることで、国土の自然環境の特色を捉え、我が国の国土の気候の概要を理解するとともに、国土の自然の様子について主体的に追究、解決しようとする態度を養う。

学習指導要領との関連

内容(1)「我が国の国土の様子と国民生活」アの(イ)及び(ウ)、イの(イ)

第1時	第2時
つかむ「出合う・問いをもつ」	調べる「情報を集める・読み取る・考える・話し合う」
〔第1時〕 国土の気候の様子を調べ、学習問題を作りましょう。【思①・主①】 ・四季の変化や景観などについての経験を話し合う。 ・「桜がさき始める時期」や写真等の資料から、日本の気候の概要を知り、国土全体の気候に興味をもつ。 ・わかったことや疑問を基に学習問題を立て、学習計画を作る。 **★気候に着目し、自然環境の特色と生活との関連について考える。** **【学習問題】** 日本の気候には、どのような特色がみられるのだろう。	**〔第2時〕** ◯日本の気候の特色〈つゆ、台風、季節風〉について調べてみよう。【知①】 ・「つゆ」「台風」「季節風」に関して知っていることや経験したことを話し合う。 ・教科書等を参考にしながら、「つゆ」「台風」「季節風」とはどのようなものなのかを調べる。 ・気候が生活に与える影響について話し合う。 **★気候が生活に及ぼす影響に着目する。**

単元の内容

「国土の気候の概要」では、四季の変化、国土の南と北、太平洋側と日本海側の気候の違いなどの日本の気候全体の特色が分かるようにすることがポイントである。

特色ある地域の生活を理解するだけでなく、その環境に適応して生活することを理解することが求められている。

日本の気候が大きく6つに分けられることや、梅雨、台風、季節風が日本の気候を特色付けている現象であること捉えさせる。

単元の評価

知識・技能	思考・判断・表現	主体的に学習に取り組む態度
①国土の気候について、地図帳や写真、グラフなどの資料を活用して必要な情報を集め、読み取り、国土の自然などの様子を理解している。 ②調べたことを、白地図やグラフ、文などにまとめ、国土の気候の概要を理解している。	①気候に着目して、学習の問題を見いだし、国土の自然などの様子について考え、表現している。 ②気候の面から、国土の自然環境の特色を考え、適切に表現している。	①国土の気候について、予想や学習計画を立てたり、学習を振り返ったりして、学習問題を追究し、解決しようとしている。

【知】：知識・技能　【思】：思考・判断・表現　【主】：主体的に学習に取り組む態度　○：めあて　・：学習活動　★：見方・考え方

	第3時
	まとめる「整理する・生かす」
〔第3時〕 ○地域ごとの気候の違いについて話し合おう。【思②】 ・各地の雨温図を読み取り、それぞれどのような特徴があるか調べる。 ・国土が南北に長いことや山地が多いことなどと関連させながら、地域ごとの気候の違いについて考える。	〔第3時後半〕 ○日本の気候の特色をノートにまとめよう。【知②】 ・日本には大きく分けて6つの気候があり、地域によって異なっていることをまとめる。

問題解決的な学習展開の工夫

桜前線の資料から、日本の気候について関心を高め、どうして同じ国なのに地域によって気候に違いがあるのか考えさせる。

そこで日本の気候を特色付けるものとして、梅雨・台風・季節風を各班ごとに調べ発表する。私たちのくらしにどのような影響を与えているのかにも触れさせる。また、自分たちの地域の雨温図はどれかを話し合い、日本の気候が気象条件や緯度の違いによって異なっていることに気付かせる。

つかむ
出合う・問いをもつ

資料から問題を見いだして予想を出し合おう

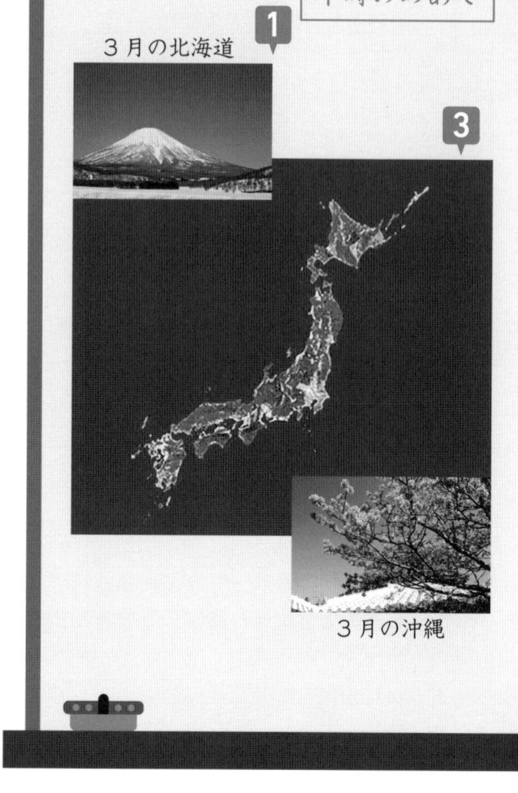

本時の目標

国土の気候の様子が、土地によって違いがあることについて興味・関心をもち、学習問題をつくる。

本時の評価

・日本の気候について疑問を話し合い、学習問題をつくっている。【思①】
・学習問題に対し、予想したり、学習計画を立てたりして、追究・解決しようとしている。【主①】

用意するもの

日本列島（航空写真）、３月の各地の写真、同じ場所の四季の写真、桜の開花予想図

本時の展開 ▷▷▷

つかむ　出合う・問いをもつ

板書のポイント
興味関心を引くために、学校のある地域の四季の写真などを掲示し、興味関心を高める。

T　日本には四季がありますが、春夏秋冬で経験したことや美しい景色を見た経験などありますか。
C　春は桜が咲いてとてもきれい
C　夏の前には梅雨も来ます。
T　四季の変化があるのは日本の大きな特徴です。日本の気候の様子について話し合い、学習問題を作りましょう。
＊本時のめあてを板書する。　1

調べる　情報を集める・読み取る・考える・話し合う

板書のポイント
気付いたことを書き込んでいく。単語で書き込んでいき、疑問もその都度書いていく。

T　「桜が咲き始める時期」の資料です。どんなことがわかりますか。　2
C　咲始める時期が場所によって違う。
C　沖縄と北海道では、開花の時期が１月以上違う。
T　南と北の地域では気候にずいぶん違いがありますね。これは３月の北海道や沖縄の写真です。　3
T　疑問に思うことを話し合いながら学習問題をつくりましょう。
C　四季の変化はどの地域も同じなのかな。
C　梅雨や台風はどの地域にも来るのかな。

日本の気候について調べて疑問を話し合い、学習問題をつくろう。 2

気づいたこと

・南北に長い
・山が多い
・海にかこまれている

ぎもん

・同じ３月なのに地域によって気候が大きくちがう。なぜ？

ぎもん

・季節によっても様子がちがう？
・北海道と沖縄の四季は？
・台風や梅雨の特徴は？

4

【学習問題】
日本の気候には、どのような特色があるのだろう。

まとめる　整理する・生かす

板書のポイント

疑問を集約して学習問題をつくりたいので、今までに出た疑問がわかるようにしておくと良い。

【学習問題】
日本の気候には、どのような特色があるのだろう 4

T　学習問題に対する予想を立て、学習計画を作りましょう。

C　気候の特色には、国土の形が関係しているのではないかな。

C　太平洋側と日本海側でも違いがあるのかな。

C　雨や台風の影響はどうなっているのだろう。

学習のまとめの例

・四季があることが日本の気候の特色であることを知りました。でも北海道と沖縄では、同じ時期なのにずいぶん気候が違います。日本の気候の特色を調べるのがとても楽しみです。

・つゆや台風は、人々の暮らしにも影響を与えるのではないかな。それにどの地域も同じように梅雨や台風が来るのかな。詳しく調べてみたいです。

調べる
情報を集める・読み取る・考える・話し合う

資料をもとに調べ、気候の特色を考えよう

本時の目標

梅雨、台風、季節風は我が国の気候を特色づけている現象であり、人々のくらしに大きな影響を及ぼしていることを理解する。

気候に着目して日本の自然環境の特色を考え、表現する。

本時の評価

・梅雨、台風、季節風は我が国の気候を特色づけている現象であり、人々のくらしに大きな影響を及ぼしていることを理解している。【知①】

用意するもの

梅雨についての資料、台風についての資料、季節風についての資料

本時のめあて

梅雨

時期：６月中ごろ～７月 2
場所：全国（北海道をのぞく）
様子：いく日も雨がふりつづく
（場所によっては集中豪雨）
・米づくりなどの農業にはめぐみの雨

本時の展開 ▷▷▷

つかむ　出合う・問いをもつ

板書のポイント
時期・場所・様子の３項目を板書する。

＊本時のめあてを板書する。 1

T　これまで調べてきたことはなんですか？

C　日本の気候の特色です。日本には四季があることを調べました。

T　今日は梅雨、台風、季節風について調べてきたことをグループでまとめます。どのようなポイントに絞りますか？

C　時期や場所はそれぞれ違うと思います。

T　それでは様子も含めて、時期・場所・様子の３つのポイントを中心に調べましょう。

調べる　情報を集める・読み取る・考える・話し合う

板書のポイント
それぞれの特徴がわかるように写真や資料も一緒にのせる。

T　それでは各グループの発表です。

C　わたしたちのグループでは、梅雨について調べました。時期は６月中頃から７月です。場所は北海道を除く全国です。北海道は梅雨がありませんが、梅雨の時期に降る雨を「えぞ梅雨」と呼んでいるそうです。様子は、何日も雨が降り続きます。河川が氾濫する地域もありますが、農業にとってはめぐみの雨となります。 2

＊台風・季節風も同様に発表

日本の梅雨、台風、季節風には、どのような特色があるのだろう。 1

台風の通り道

時期：夏から秋
場所：全国
(沖縄・九州・四国地方はひがいが大きい)
様子：強い風
たくさんの雨
→電柱がたおれて停電
作物がだめになる
・夏に水不足になった地域にはめぐみの雨 3

季節風

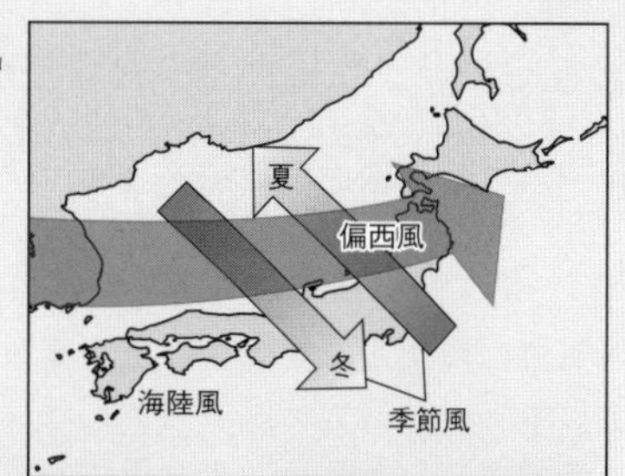

冬

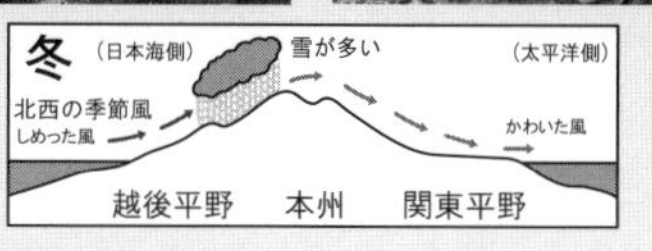

時期：夏・冬
場所：全国
様子：㊇夏 太平洋側に雨
㊇冬 日本海側に雪

まとめる 整理する・生かす

板書のポイント
特徴的な部分には赤線を引くなど、多くの情報からまとめを書くために、必要な情報をとり出だしやすくする。

T 梅雨や台風、季節風はわたしたちのくらしにどのような影響を与えているでしょうか？
C 梅雨の集中豪雨や台風は、たくさんの被害をもたらします。防災対策も必要です。
C 困るところもありますが、農業などは雨が降らないと作物が育たないので、農家にとっては恵みの雨になることがわかりました。3
C 冬の季節風はたくさんの雪を降らせるなど、人々の生活に大きな影響を与えていることがわかりました。

学習のまとめの例

・梅雨、台風、季節風などは、日本の気候の特色であり、人々の生活に大きな影響を与えています。特に、わたしが調べた梅雨は全国的に影響があり、集中豪雨が起きて大きな被害をあたえる一方で、稲作などの農業にはめぐみの雨になることが分かりました。
・台風の影響を受けやすい地域では、どのような対策をしているのか詳しく調べていきたいと思いました。

まとめる
整理する・生かす

白地図や文献で調べたことをまとめよう

本時の目標

地図と気温、降水量のグラフなどの資料を活用して、日本の各地域の気候の特色について調べたことや考えたことをまとめ、気候の特色と人々のくらしとの関連などについて関心をもつ。

本時の評価

・我が国の気候の特色を理解し、気候の特色と人々のくらしとの関連などについて適切に表現している。【思②】
・調べたことを白地図や文でまとめ、日本の気候の特色を理解している。【知②】

用意するもの

各地の雨温図、日本地図

本時のめあて 3

各地の気候の特色を調べ、学習問題をまとめよう。

よそう

・雨がたくさんふる地域やそうでない地域がある。
・南北に細長いので緯度によってちがう？

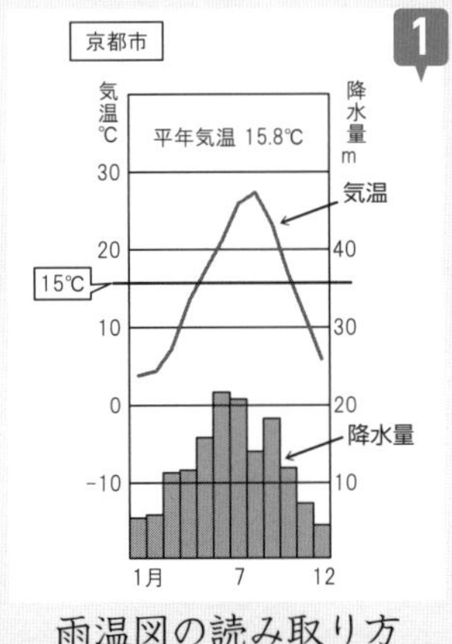

雨温図の読み取り方

本時の展開 ▷▷▷

つかむ 出合う・問いをもつ

板書のポイント
雨温図の読み取り方を、グラフに矢印を書き込みながらまとめる。 1

T　（6種類の雨温図を見せて）わたしたちの住んでいる地域はどれでしょうか。 2
C　冬は雨があまり降らないから……。
T　日本各地の気候にはどのような特徴があるでしょうか。雨温図に書き込んでいきましょう。
C　雨が夏に多く降る地域と、冬に多く降る地域があります。
C　平均気温が高い地域と低い地域があります。
＊学習問題と本時のめあてを板書する。 3

調べる 情報を集める・読み取る・考える・話し合う

板書のポイント
日本地図を真ん中に貼り、6種類の雨温図がそれぞれどのような特徴があるか書き込んでいく。

T　札幌はどの雨温図ですか？
C　平均気温が低いので、Aだと思います。
（那覇・新潟・長野も同様に）
T　東京と高松は、平均気温は同じくらいですが、違うところは何ですか？
C　降水量が違います。
C　季節風の影響を考えると、太平洋に面している東京の方が降水量が多いのではないかな？

【学習問題】

日本の気候には、どのような特色があるのだろう。 3

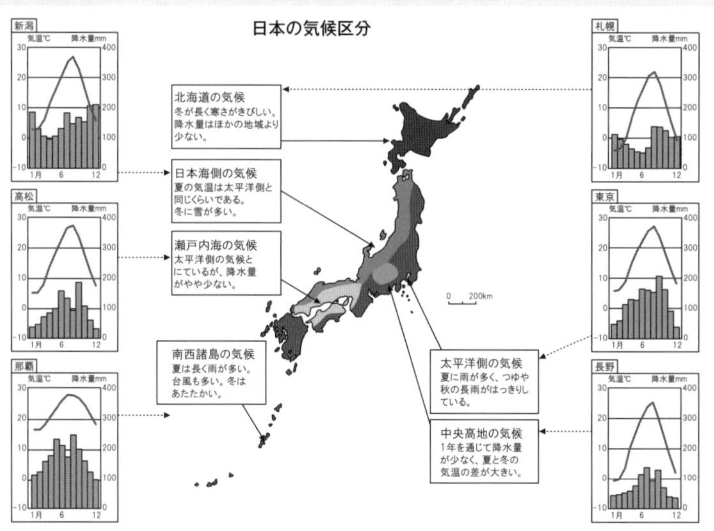

2

【学習のまとめ】

日本の気候は、地域によって大きく異なる。梅雨や台風、季節風などが人々のくらしに大きな影響を与えている。 4

まとめる 整理する・生かす

板書のポイント

子供の発言にあわせ日本地図のまわりに簡潔に特色を書くようにする。

T　それぞれの気候の特徴をまとめましょう。

C　北海道は、冬が長く寒さが厳しいです。

C　中央高地は夏と冬の気温差が大きいです。

C　瀬戸内海の気候は、太平洋側の気候と似ていますが、降水量は少ないです。

C　南西諸島は気温が高く、雨も多いです。

T　これまでの学習を振り返り、日本の気候の特色についてまとめましょう。 4

学習のまとめの例

・日本列島は南北に細長いので、北海道の冬は寒さが厳しく、沖縄の冬は暖かい。また、中央に山地や山脈が連なっているので季節風の向きによって、冬は日本海側に雪が多く、夏は太平洋側に雨が多い。それぞれの地域ではどのような工夫をしてくらしているのか、調べてみたいです。

・同じ時期でも場所によって気候がずいぶん違います。南北に長いという日本の特色と関連していることがよく分かりました。きっと人々のくらしも違うのだろうなと思いました。

5 あたたかい土地のくらし

（4時間）

単元の目標

我が国の国土の様子と国民生活について、気候などに着目して、地図帳、各種の資料で調べ、まとめることで、自然条件から見て特色ある地域の人々の生活の様子を捉え、国土の自然環境の特色と国民生活との関連を考え、表現することを通して、人々は自然環境に適応して生活していることを理解できるようにする。

我が国の気候の様子と国民生活について、学習問題を主体的に調べ解決しようとする態度を養う。

学習指導要領との関連 内容(1)「地理的環境と人々の生活」アの(イ)及び(ウ)、イの(イ)

第１時	第２～４時
つかむ「出合う・問いをもつ」	調べる「情報を集める・読み取る・考える・話し合う」
（第１時） ○沖縄の家やくらしの工夫について考え、学習問題をつくろう。 ・自分たちの住む地域と沖縄の雨温図を比較し、沖縄の気候の特色をつかむ。 ・沖縄の家（現在の家および伝統的な家）の写真・イラストからその特徴を読み取り、疑問に思うことなどを話し合い、学習問題をつくる。 ・予想を話し合い、学習計画を立てる。 **★気候とくらしの関わりに着目する。** 【思①・主①】 **【学習問題】** 沖縄県の人々は、あたたかい気候をどのようにくらしや産業に生かしているのでしょうか。	（第２時） ○沖縄県の人々は暖かい気候を生かしてどのような産業をしているのだろうか。【知①】 ・さとうきびが沖縄の宝と言われている理由を調べる。 ・さとうきびの他にも沖縄県の気候に合った産業がされていることを調べる。 **★気候と産業の関わりに着目する。** （第３時） ○暖かい気候をどのように観光に生かしているのだろう。 ・海水浴やダイビングなど海のレジャーについて調べる。 ・環境を守る取組も調べる。 **★気候と観光の関わりに着目する。** 【知①・主①】

単元の内容

「気候条件から見て特色ある地域の人々の生活」については、雪国や一年中暖かい南国の島などの特色ある気候条件をもつ地域の中から各学校が１つを選択して取り上げる。そして雪国や南国の自然環境に適応しながら生活している人々の工夫を具体的に調べ、気候条件と関連付けてその工夫の意味を理解できるようにすることがポイントである。本事例では南国の沖縄島を取り上げ、一年中暖かい島の気候や自然の恵みなどをくらしや産業に生かして生活している様子を具体的に取り上げていく。

単元の評価

知識・技能	思考・判断・表現	主体的に学習に取り組む態度
①沖縄の気候について、地図帳や写真、グラフなどの資料を活用して必要な情報を集め、読み取り、自然条件から見て特色のある地域の人々の生活を理解している。 ②調べたことを、図や表、文などにまとめ、人々は自然環境に適応して生活していることを理解している。	①沖縄の気候に着目して、学習の問題を見いだし、自然条件から見て特色ある地域の人々の生活について考え、表現している。 ②気候の面から、自然条件と国民生活との関連を考え、適切に表現している。	①沖縄の気候と温暖多雨な地域で暮らす人々の生活について、予想や学習計画を立てたり、学習を振り返ったりして、主体的に学習問題を追究し、解決しようとしている。

【知】：知識・技能　【思】：思考・判断・表現　【主】：主体的に学習に取り組む態度　○：めあて　・：学習活動　★：見方・考え方

第４時（前半）	第４時（後半）
調べる	まとめる「整理する・生かす」
〔第４時前半〕 ○沖縄には、どのような文化が受け継がれているのだろう。 ・伝統文化（エイサーや三線、首里城）の資料を調べる。 ・観光協会の人の話から、沖縄の人々が文化を大切にし、次の世代に受け継いでいることを調べる。	**〔第４時後半〕まとめる** ○沖縄県の人々は、あたたかい気候をどのようにくらしや産業に生かしているのだろう。 ・沖縄県の人々のくらしや産業の様子について、今まで調べてきたことをまとめ、学習問題について自分の考えを表現する。 **★人々が自然環境に適応して生活していることに着目する。** 【知②・思②】

問題解決的な学習展開の工夫

本単元ではまず国土の地形の概要について復習し、その中から特色ある気候として、年間を通して暖かい気候であり、台風が多く上陸する沖縄県の人々のくらしを学習する。自然環境に適応しながら生活している人々の工夫を具体的に調べることによって、国土の環境が人々の生活や産業と密接な関連をもっていることを考えさせていく。

つかむ
出合う・問いをもつ

資料から問題を見いだして予想を出し合おう

本時の目標

沖縄県の気候の様子をもとに、人々の生活や産業の様子に関心をもち、学習問題をつくる。

本時の評価

・沖縄県について調べたことをもとに、学習問題をつくっている。【思①】
・学習問題を解決するために、予想したり学習計画を作成したりしている。【主①】

用意するもの

那覇と東京の雨温図、3月の海開きの写真、コンクリート作りの家の写真

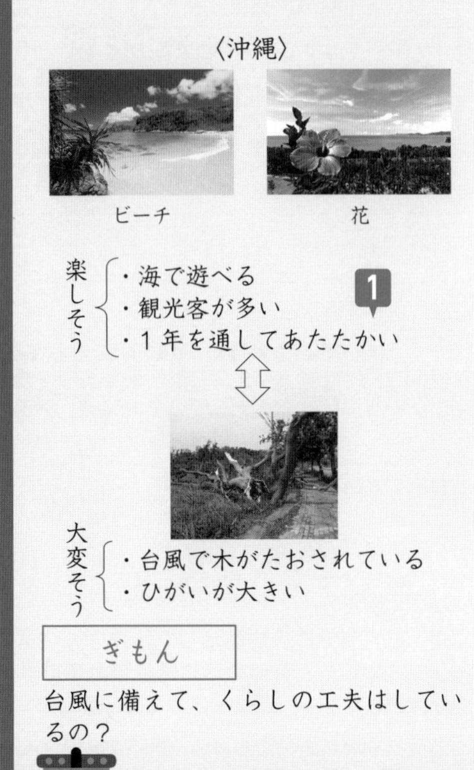

本時の展開 ▷▷▷

つかむ 出合う・問いをもつ

板書のポイント
沖縄の海や花の写真を掲示し、子供たちの経験談（行ったことがある、テレビで見たなど）から関心を引くようにする。

T　沖縄の写真です。まずは地図帳で沖縄の位置を確認しましょう。 1
T　これは東京と沖縄の雨温図です。どんな違いがありますか。 2
C　沖縄は平均気温が23度で、1年中暖かい。
C　東京は、冬と夏の気温がずいぶん違う。雨は9・10月ごろが多い。
T　これは台風の数の資料です。
C　沖縄の降水量の多さは台風とも関係ありそうだ。
＊本時のめあてを板書する。

調べる 情報を集める・読み取る・考える・話し合う

板書のポイント
沖縄の家の写真から分かる特徴を丸で囲み言葉でも書いていく。疑問は「？」をつけ、分かるようにしておく。

T　気候の特色がわかりました。では、沖縄の家の特色を見てみましょう。
C　コンクリート造りで屋根が平らね。 3
C　伝統的な家は窓が大きく、屋根も固められている。暑さや台風に備えた工夫かな？
C　どんな産業が盛んなのだろう？
T　では、今出された疑問などをもとに、学習問題をつくりましょう。 4

本時のめあて　沖縄県の家やくらしの工夫について考え、学習問題をつくろう。

事実

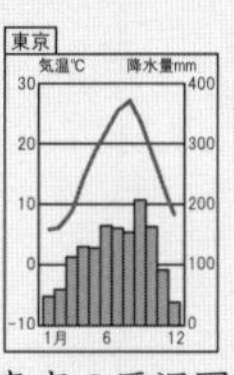

東京の雨温図

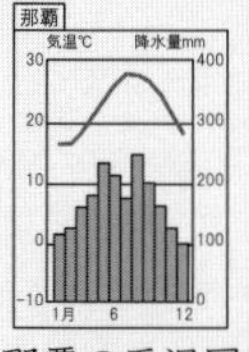

那覇の雨温図

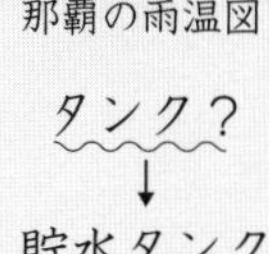

白い家が多い　→　暑さ対策

3

屋根が平ら
↓
台風対策

広い森林 ㊙少
川 ㊙短
} 水不足

分かったこと

家には沖縄の気候にあわせた工夫がされている。

ぎもん

・家の他に工夫は？
・産業はどうなっているのだろう？

4

【学習問題】
沖縄の人々はあたたかい気候をどのようにくらしや産業に生かしているのだろう。

まとめる　整理する・生かす

板書のポイント

授業中に解決した疑問、しなかった疑問に分けて色を付け、解決しなかった疑問を学習問題につなげていく。

【学習問題】
沖縄県の人々は、あたたかい気候をどのようにくらしや産業に生かしているのだろう。

T　学習問題を解決するために、どのようなことを調べていけばいいでしょう。

C　温かい気候を生かした産業

C　冬の温かさを利用した産業

C　沖縄県で受け継がれている伝統や文化

学習のまとめの例

・日本の南にある沖縄県は１年中温かく、また台風の多い地域です。そのような気候をくらしや産業にどのように生かしているのか調べていきたいと思います。

・沖縄の気候は僕たちの住む東京都はずいぶん違いました。沖縄は海も美しく、観光客もたくさん来ることを知りました。気候をどのように生かしているのか調べたいです。

調べる
情報を集める・読み取る・考える・話し合う

資料から情報を読み取り、気候を生かした産業について考えよう

本時の目標

沖縄県のさとうきびや果物づくりなどについて資料をもとに調べ、あたたかい気候をいかした産業が行われていることをとらえる。

本時の評価

・沖縄県の農業の様子について、写真や表などから調べ、必要な情報を読み取っている。【知①】

用意するもの

さとうきびの工場の煙突の写真、さとうきびの写真

本時のめあて

さとうきび工場のえんとつ

よそう

ほこり
特産品
食べ物

どうしてさとうきびは沖縄の宝なの？

予想
・沖縄でたくさんつくられているから
・よく育つから
・おいしいから

本時の展開 ▷▷▷

つかむ 出合う・問いをもつ

板書のポイント
さとうきび工場の煙突の写真を提示するが「宝」と書かれた部分は最初は出さない。「どうして宝なのか」という予想を板書にしっかり残す。

T　これは沖縄のさとうきび工場の煙突です。ここには何という言葉が入るでしょうか。
C　誇りかな
C　特産品
T　「宝」と入ります。どうして宝なのでしょうか。
C　沖縄でしか育たないからかな？
C　とてもおいしくて昔からよく食べられてきたからかな？
＊本時のめあてを板書する。

調べる 情報を集める・読み取る・考える・話し合う

板書のポイント
さとうきびが沖縄の宝と言われる理由を書く時には「気候に合っている」「さとうきび独自の特徴」に分けて板書する。

T　どうしてさとうきびは沖縄の宝と言われているのか資料から調べましょう。
C　日差しに強いこと
C　気温や湿度の高い気候にあっていること
C　かんばつや台風にも強いこと
T　気候が温暖な沖縄県でしか育てられないということですね。さとうきびの他にも特産品はありますか？
C　パイナップルやシークワーサー
C　マンゴー

沖縄県の人々は、あたたかい気候をいかしてどのような産業をしているのだろう。

事実

・日差しに強い
・気温や湿度の高い気候に合う
・かんばつや台風に強い
　→長期間の水不足

沖縄の気候に合っている

さとうきび

・白い砂糖になる
・しぼられた後も発電の燃料になる

すてるところがない

他にも…
パイナップル、シークワーサー、マンゴー、きく
　→国内産のほとんどが沖縄で生産

本時のまとめ

沖縄県は、さとうきびやパイナップルなど、あたたかい気候でよく育つ作物を中心とした産業を営んでいる。

まとめる　整理する・生かす

板書のポイント
気候を生かして産業を行っていることを中心にまとめる。

T　沖縄の人々は気候を生かしてどのような産業をしていますか。
C　暖かい気候でよく育つ作物を中心にしている。
C　沖縄は台風の被害にも遭いやすいので、台風に強い作物を育てている。
C　さとうきびは風にも強い作物なんです。

学習のまとめの例

・沖縄県はさとうきびやパイナップルなど暖かい気候でよく育つ作物を中心とした産業を営んでいることが分かりました。特にさとうきびは、気候に合っているだけでなく、捨てるところがほとんどない作物で、沖縄の人々が「宝」と呼んでいることが分かりました。
・気候を生かす人々の知恵が沖縄の産業につながっていると思いました。

調べる
情報を集める・読み取る・考える・話し合う

情報を読み取り、気候を生かした産業について考えよう

本時の目標

沖縄県の一年中暖かい気候を観光産業に生かす人々の工夫や努力を捉え、ノートにまとめる。

本時の評価

・沖縄県の一年間を通じて暖かい気候を観光産業に生かす人々の工夫や努力について調べ、理解している。【知①】
・主体的に学習問題を追究・解決しようとしている。【主①】

用意するもの

観光客数の変化のグラフ、サンゴ礁と白化したサンゴ礁の写真、海に流れ込む赤土

1

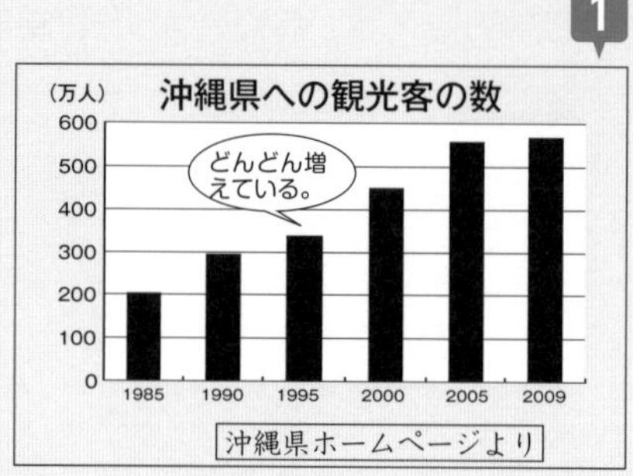

ぎもん

・どうしてこんなにたくさんの人が来るの?
・多くの人が来る工夫をしているのかな?

よそう

・海がきれい
・たのしいところがたくさん
・飛行機ですぐに行ける

本時の展開 ▷▷▷

つかむ　出合う・問いをもつ

板書のポイント
グラフを提示し、そこから分かること、疑問を板書する。

T　観光客の増加のグラフを提示して）どうしてこんなにたくさんの人が沖縄に訪れるのでしょか。 1
C　海がきれいだから。
C　楽しく遊べる場所がたくさんあるから。
C　飛行機ですぐに行けるから。
＊本時のめあてを板書する。 2

調べる　情報を集める・読み取る・考える・話し合う

板書のポイント
サンゴ礁と白化したサンゴ礁の写真は並べて提示する。原因と対策を分けて板書する。

T　たくさんの観光客が訪れる理由を調べよう。
C　沖縄の海にはきれいなサンゴ礁があるからです。きれいな海にしかサンゴ礁ができないそうです。 3
C　マングローブの森は沖縄でしか見られないそうです。
C　でも教科書に白化したサンゴ礁も載っています。
C　観光客のマナー違反や、観光客が来るためにホテルなどの建設が進み、赤土が海に流れ込んでいるそうです。
C　沖縄の人々が美しい自然を取り戻すために活動もしています。

本時のめあて　どうして沖縄には多くの観光客が訪れるのだろう。 2

事実

星の砂

マングローブ

・めずらしい自然
・沖縄でしか見られない

きれいな海でしか育たないサンゴ礁

白化したサンゴ礁

赤土

原因
・海の水が汚される
・リゾート開発で海に流れこむ赤土

対策　赤土が海に流れこむのを防ぐ条例
下水道の整備

本時のまとめ 4

美しい自然が残る沖縄には多くの観光客が訪れる。その一方で、海がよごれる問題もあり、美しい自然を取り戻すための活動も必要である。

まとめる　整理する・生かす

板書のポイント
提示したグラフと写真を結びつけるようにまとめを書いていくとよい。

T　沖縄に多くの観光客が訪れる理由についてまとめましょう。課題もありましたね。 4
C　沖縄の人々が暖かい気候を利用して観光産業に力を入れていることが分かりました。
C　観光客が増えることで、海の環境が汚染されています。美しい自然を取り戻すための活動もしています。

学習のまとめの例

・沖縄県には美しい自然がたくさんあるので、観光客が増えています。リゾート開発が進み、外国人観光客も沖縄県を訪れています。観光客が増える一方で、美しい自然がなくなってしまう問題も起きていることが分かりました。沖縄県の人々は美しい自然を守るためにルールを決めたり、呼びかけを行ったりしていることが分かりました。わたしも観光に行くときには、自然を大切にしたいと思います。

まとめる
整理する・生かす

学習を振り返り、まとめをしよう

本時の目標

豊かな文化と美しい自然を大切にし、守り、引き継ぐ沖縄県の人々の努力や、沖縄県の人々は自然条件に合わせたくらしや産業の工夫をしていることを考え、理解する。

本時の評価

・沖縄県の人々の豊かな文化と美しい自然を大切にし、守り、引き継ぐ努力や生活や産業の様子から、国土の自然条件が人々の生活や産業と密接に関連していることを考え、表現している。【思②】
・調べたことをまとめ、人々は自然環境に適応して生活していることを理解している。【知②】

用意するもの

エイサーの写真

エイサー

料理

沖縄で大切にされてきた文化 2

発展してきた理由
・昔からアジアの国々との貿易
・外国の文化を取り入れつつ独自の文化
・沖縄の人々が文化を受けつぐ次の世代へ

本時の展開 ▷▷▷

つかむ 出合う・問いをもつ

板書のポイント
エイサーは動画で見せるので、静止画（写真）は黒板に貼っておく。

T　わたしたちの住む地域には、昔から残っている伝統的なものがありますか？
C　夏の盆踊り
C　神社の秋祭り
T　沖縄にはどのような文化が残っているでしょう。
C　運動会で踊ったエイサーは沖縄の文化では？
C　ゴーヤチャンプルーなどの沖縄の食べ物は？
＊本時のめあてを板書する。 1

調べる 情報を集める・読み取る・考える・話し合う

板書のポイント
子供たちの発言を写真の下に書くようにする。

T　沖縄にはどのような文化がありましたか？
C　エイサーや琉球舞踊などの踊り 2
C　ヤンバルクイナなど貴重な動物
T　首里城や、若者が踊る姿からどのようなことが分かりますか？
C　文化を大切にしている。
C　なくならないように次の世代に受け継いでいる

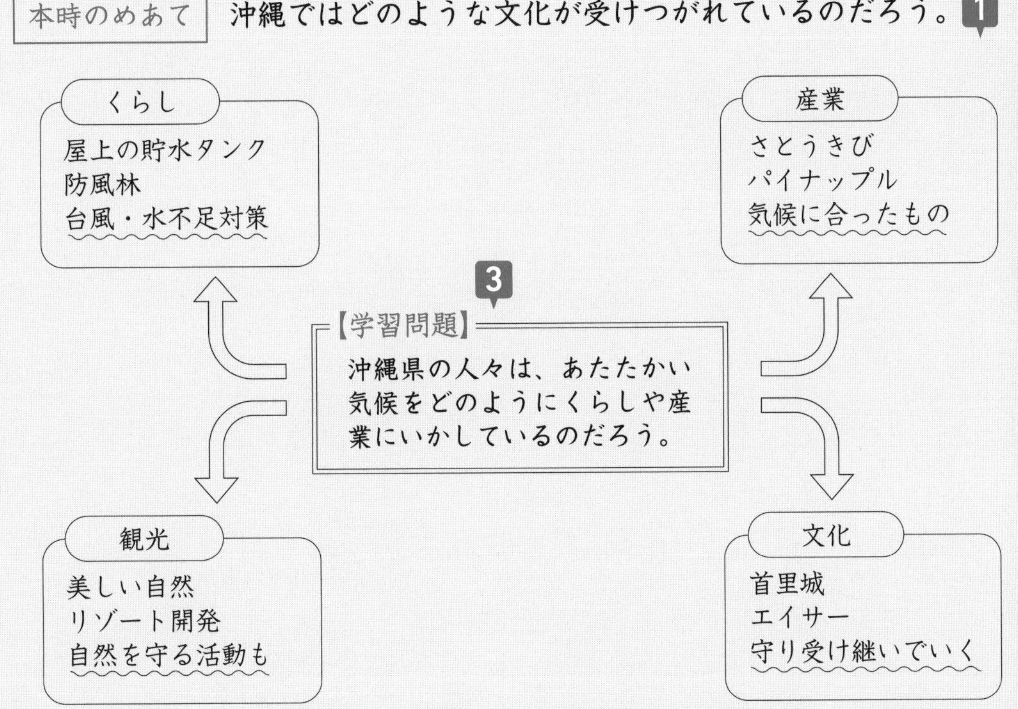

まとめる 整理する・生かす

板書のポイント

学習問題に対する自分の考えが表現しやすいように、単元を振り返った内容を簡単に板書しておく。

T　これまで沖縄についてどのような学習をしてきましたか。 3

C　台風や水不足対策など、くらしの工夫

C　さとうきびやパイナップル作りなど気候にあった産業

C　観光や文化

T　沖縄県の人々が暖かい気候を生かして、自分たちの生活を営んでいることについて学習のまとめをしましょう。

学習のまとめの例

・沖縄県は日本の中でも暖かい気候の地域である。また、広い森林が少なく、川も短いために水不足になることがある。そのため人々は家の屋上に貯水タンクをつける工夫をしている。また、台風の被害も多いので、コンクリートで作った家の屋根を平らにする工夫もしている。産業は、暖かい気候を生かして、さとうきびやパイナップルなど気候条件に合った作物を育てている。他の地域では育ちづらい作物を育てることで、特産品として売り出すことができている。観光では……

2

わたしたちの生活と食料生産

0 1時間 導入（オリエンテーション）

単元の目標

給食の献立表を見て、給食に使われている材料を確認することを通して、我が国の農業や水産業は、国民の食料を確保する重要な役割を果たしていることを理解し、国民生活を支える食料生産に関心をもつことができるようにする。

学習指導要領との関連 内容(2)「我が国の農業や水産業における食料生産」

つかむ「出合う・問いをもつ」	**調べる**
○全国の給食をのぞいてみよう。 ・全国の給食の写真を見ながら、地域によって様々な食材が使われていること、その地域の特産物が使われていること、主食は米が多いことなど、気付いたことを話し合う。 **★日常の食生活の経験と関連付ける。**	○私たちの給食では、どのような食材が使われているのだろう。 ・給食の献立表をもとに、給食に使われている材料を調べ、分類する。 **★農産物：穀物（米や豆など）、野菜（にんじん、こまつな、たけのこ、ごぼうなど）、果物（オレンジなど）、畜産物：牛乳、鶏肉など、水産物：いか、ちくわなど、本単元の学習内容につながるように分類する。**

単元の内容

このオリエンテーションの1時間は、大単元「わたしたちの生活と食料生産」の導入として位置付けられている。大単元の「めあて」をつくり、見通しをもって単元の学習を進めていく上で重要であると考える。

子供にとって身近な給食に含まれている、様々な食材について確認することを通して、自分たちの食生活は様々な食料に支えられていることや、それぞれどこで生産されているかについて関心をもつことができるようにすることが大切である。

単元の構成

○本大単元は、学習指導要領第５学年(2)に位置付き、我が国の食料生産の概要に関する内容と食料生産に関する人々の工夫や努力に関する内容から構成されている。主として「現代社会の仕組みや働きと人々の生活」に区分されるものである。
○本書では、以下のように単元を構成している。
第１ くらしを支える食料生産
第２ 米づくりのさかんな地域
第３ 水産業のさかんな地域
第４ これからの食料生産とわたしたち
○指導時数は本時を含め25時間であり、長い時間をかけて取り組む学習である。そこで、４つの単元の大導入（オリエンテーション）として、食生活や食料に関する興味・関心を高め、これから先の学習を意欲的に取り組めるようにしたいと考えている。

【知】：知識・技能　【思】：思考・判断・表現　【主】：主体的に学習に取り組む態度　○：めあて　・：学習活動　★：見方・考え方

「情報を集める・読み取る・考える・話し合う」	まとめる「整理する・生かす」
○食材の分類を見ながら話し合おう。 ・食材の分類を見ながら、自分たちの食生活と関連付け、毎日いろいろなものを食べていることなど、気付いたことを話し合う。 **★食材の種類の多さに着目し、自分たちの食生活と関連付ける。** ・食材の分類を見ながら、産地や輸送方法など、不思議に思うこと、地域の特産など、興味・関心のあることなどについて話し合う。 **★私たちの食生活とそれを支える生産活動との関係に着目させる。**	○これからの学習を見通そう。 ・私たちの食生活を支える農業や水産業について調べることを知り、興味・関心のあることや調べ方などについて話し合う。 **【単元のめあて】** 自分たちが食べている食料品は、どこでどのようにつくられ、運ばれてきているのだろうか。 【評価】主体的に学習に取り組む態度 **★本時は、単元の導入のオリエンテーションにあたることから、食料生産への興味・関心、学ぼうとする意欲に着目して評価する。**

問題解決的な学習展開の工夫

自分たちの生活とのつながりを意識させるためには、子供にとって身近な給食という素材を使って授業を進めることが望ましいと考える。自分の好きな食べ物に着目させ、それがどこから運ばれているのか調べる方法を考えさせるということも一つの手である。

自分たちの地域で出される給食だけでなく、全国各地の給食も提示して、共通点や相違点を話し合わせるのもおもしろい。そして、給食に使われている材料を分類して確認する活動では、食材の種類の多さに着目し、自分たちの食生活と関連付けることで、どの食材も生活に欠かせないものだということを気付かせたい。

まとめの場面では、農業や水産業等について学習することや学習のめあてを教師と子供たちで共有し、見通しをもたせたい。

導入
（オリエンテーション）

給食の献立から、食料生産に関心をもとう

本時の目標

給食の献立表を見て、給食に使われている材料を確認することを通して、我が国の農業や水産業は、国民の食料を確保する重要な役割を果たしていることを理解し、国民生活を支える食料生産に関心をもつことができるようにする。

本時の評価

・自分たちの食生活は様々な食料に支えられていることや、それぞれどこで生産されているかについて関心をもとうとしている。【主】

用意するもの

全国の給食の写真と献立表（３種類程あるとよい）

※地域①の給食の写真 1

※地域②の給食の写真

※地域③の給食の写真

気づいたこと

・地域によって様々な食材がある。
・名物が使われている。
・主食はご飯が多い。

本時の展開 ▷▷▷

つかむ　出合う・問いをもつ

板書のポイント

全国の給食の写真を提示して、気付いたことを話し合い、「食材」をキーワードにして、本時のめあてにつなげる。

T　全国の給食の食材を見て、気付いたことを発表しましょう。 1
C　地域によって様々な食材が使われています。
C　その地域の有名な食材が使われています。
C　ご飯が多いように感じました。
T　では、食材について考えてみましょう。
＊本時のめあてを板書する。 2

調べる　情報を集める・読み取る・考える・話し合う

板書のポイント

給食の献立表を配付して、どんな食材が使われているのかを種類ごとに分類させ、分かったことを中心に板書する。

T　給食の献立表に登場する食材を分類してみましょう。
・資料「給食の献立表」 3
T　分類してみて、どんなことが分かりましたか。
C　たくさんの種類の食材が使われています。
C　どれも必要な食材ばかりだと思いました。
T　たくさんの種類の食材は、どのようにして自分たちの食卓に届けられるのでしょうか。
T　なぜ、この食材は、この地域の特産なのでしょうか。 4

2

本時のめあて　わたしたちは、ふだんどのようなものを食べているのでしょうか。

3

調べたこと

農産物	お米、豆、にんじん、ごぼう、オレンジ、りんご
農産物	牛乳、とり肉、ぶた肉
水産物	ぶり（魚）、いか、ちくわ

4

分かったこと

・たくさんの種類がある。
・どれも生活に必要。

5

ぎもん

・どのように届けられているのか。
・どこでどのようにつくられているのか。

6

【学習問題】
自分たちが食べている食料品は、どこでどのようにつくられ、運ばれてきているのだろうか。

まとめる　整理する・生かす

板書のポイント
農業や水産業について、調べてみたいことや調べる方法について考えさせる。それを発表させて、キーワードを板書する。

T　私たちの食生活を支える農業や水産業について、調べてみたいことや調べる方法を考えましょう。 5
C　お米はどのように作られて、運ばれてきているのかをインターネットで調べてみたい。
C　それぞれの地域の特産物について、スーパーのチラシやパッケージなどを使って調べてみたい。
T　それでは、これから学習するめあてを確認しましょう。 6

学習のまとめの例

・自分たちが普段食べているお米は、どこでどのように作られ、家庭に運ばれてきているのかを調べてみたい。
・様々な食材が、日本のどこでどのように作られて、全国のスーパーへ売られていくのかを調べてみたい。

1 4時間

くらしを支える食料生産

単元の目標

食料品の主な産地を調べることを通して、我が国の食料生産は自然環境と深い関わりをもって営まれていることを理解し、国民生活を支える食料生産に関心をもつことができるようにする。また、産地の分布の特色を捉え、適切に表現できるようにする。

学習指導要領との関連

内容(2)「我が国の農業や水産業における食料生産」アの(ア)及び(ウ)、イの(ア)

第1時	第2時
つかむ「出合う・問いをもつ」	調べる
〔第1時〕 ○食べ物の産地調べから学習問題を作ろう。【思①・主①】 ・食べ物の産地を白地図にまとめ、どのような地域でつくられているのかを調べる。 ・食料品のチラシやパッケージなどを切り取って白地図に貼る。 ・食料品の産地調べを基に産地について気付いたことを発表し合い、学習問題をつくるようにする。 北陸地方は米の生産が盛ん 北海道では野菜の生産が盛ん　など **★産地の分布に着目して捉える。** **【学習問題】** わたしたちの食生活を支えている様々な食べ物の主な産地は、どんなところなのだろうか。 ・学習問題を基に、次時に調べることを決める。 米の主な産地、野菜や果物、畜産物の主な産地	〔第2時〕 ○米の主な産地について調べてみよう。【知①】 ・普段の食事を振り返って、米をよく食べていることに気付き、米づくりの様子についてつかむ。 ・各地の米づくりの写真を見比べる。 **★産地によって米づくりの様子に違いがあることを捉える。** ・教科書や地図帳、インターネットなどを活用して米づくりがさかんな地域を調べる。 **★耕地の中で田の占める面積が多い地域に着目する。** ・調べて分かったことを発表する。 新潟県が一位　北海道や東北地方が盛ん　など

単元の内容

本単元は、我が国の食料生産を、様々な統計資料や分布図等を活用して、概観する位置付けとされている。様々な資料を読み取ることで、我が国の農業の大まかな様子をつかみ、産地の分布の特色を捉えることが重要となってくる。米、野菜、果物、畜産物などの生産について、既習の気候の特色と関連付けさせながら考えさせることを通して、我が国の農業が、自然環境と深い関わりをもって営まれていることを理解できるようにしたい。

また、次単元につなげていくためにも、米づくりをはじめとした様々な農業の事例を紹介するだけの学習に終始させることなく、社会的な見方・考え方を十分に働かせ、我が国の食料生産に関心をもたせることが大切である。

単元の評価

知識・技能	思考・判断・表現	主体的に学習に取り組む態度
①生産物の分布や生産量の変化、輸入など外国との関わりについて、様々な統計資料や分布図などで調べて必要な情報を集め、読み取り、我が国の食料生産の概要を理解している。 ②調べたことを図や文などにまとめ、我が国の食料生産が、国民の食料を確保する重要な役割を果たしていることを理解している。	①生産物の分布や生産量の変化、輸入など外国との関わりに着目して、学習問題を見いだし、我が国の食料生産の概要について考え、表現している。 ②比較、関連付け、総合などして、食料生産が国民生活に果たす役割を考えたり、国民の生活を支える食料生産について選択・判断したりしている。	①我が国の農業について、予想や学習計画を立てたり、学習を振り返ったりして、学習問題を追究し、解決しようとしている。 ②よりよい社会を考え、学習したことを社会生活に生かそうとしている。

【知】：知識・技能　【思】：思考・判断・表現　【主】：主体的に学習に取り組む態度　◯：めあて　・：学習活動　★：見方・考え方

第３時	第４時
「情報を集める・読み取る・考える・話し合う」	まとめる「整理する・生かす」
〔第３時〕 ◯農作物や畜産物の主な産地を調べよう。 ・生産額の変化が分かるグラフを提示して、米の生産額が減っていることや、野菜や果物の生産額が増えていることなどをつかみ、日本の主な農作物の生産についてつかむ。【知①・思②】 ・米以外には野菜や果物、畜産などが生産されていることを捉える。 ・野菜、果物、畜産などのグループに分かれる。 ・教科書や地図帳などを使って、野菜や果物、畜産などの農作物のさかんな地域について調べる。 **★それぞれの農作物の産地の分布に着目して捉える。** 野菜は涼しい気候を生かしている　果物は雨が少なく涼しいところで盛ん　畜産は広い土地をうまく利用している　など **★自然環境と関連付ける。**	〔第４時〕 ◯学習を振り返り、学習問題についてまとめよう。 ・前時までに分かったことを基に、白地図に様々な食べ物の産地についてまとめる。 ・それぞれの品目の生産がさかんな地域はどこかを考える。 ・食べ物の生産が盛んなのは、どんな条件があるからなのかを考え、学習問題についての考えをまとめる。 **★自然環境に着目して食料生産が盛んな理由を考える。**【知②・主②】 **〈学習問題についての考え〉** 我が国の農業は、自然環境と深く関わりをもちながら、米、野菜、果物、畜産物などを生産している。

問題解決的な学習展開の工夫

「つかむ」では、学習対象に対する関心を高め問題意識をもつようにするために、子供が普段食べている食料品の産地を、スーパーのチラシやパッケージなどで調べることが大切である。そのためには、家庭と連携して、事前に資料集めをしておく必要がある。「調べる」では、子供の疑問点や調べたいことを丁寧に引き出しながら、米づくりをはじめとした様々な農業の様子について捉えさせることが必要である。また、調べることが短い時間の中で多岐に渡るため、分担して調べさせるのも良い。なお、その際には調べたことを共有し、子供一人一人が多様な視点を身に付けることを特に留意していきたい。「まとめる」では、これまでの学習の「振り返り」を行い、問題解決の状況を意識させて次の単元の学習につなげるようにしたい。

つかむ
出合う・問いをもつ

食べ物の産地調べから学習問題をつくろう

本時の目標
食べ物の産地調べをすることを通して、自分たちの食生活を支えている様々な食料の産地はどんなところかを考え、学習問題をつくる。

本時の評価
・我が国の食料生産の産地の広がり等から、学習問題を見いだすことができている。【思①】
・見いだした学習問題に対して予想したり学習計画を立てるなど主体的に追究しようとしている。【主①】

用意するもの
食料品のチラシやパッケージ（食材の産地が分かる資料）、白地図、ホワイトボード

本時のめあて

1
気づいたこと
・地元でとれたものはたくさんある
・北陸地方や東北地方は米の生産が盛ん
・北海道はじゃがいもや牛乳の生産が盛ん
・外国産の食材も多かった
・日本海側では水産物がよくとれている。

本時の展開 ▷▷▷

つかむ 出合う・問いをもつ

板書のポイント
様々な食べ物がどのような地域でつくられているのかを白地図にまとめさせ、子供が気付いたことを中心に板書する。

T　食料品のラベルから産地を調べ、白地図に貼りましょう。
C　私たちの県でとれたものから、外国でとれたものまであります。
T　産地調べをした結果を見て、気付いたことを発表しましょう。 1
C　北陸地方や東北地方は米の生産が盛んです。
C　北海道はじゃがいもや牛乳の生産が盛んです。
C　中には外国から来たものもあります。
＊本時のめあてを板書する。 2

調べる 情報を集める・読み取る・考える・話し合う

板書のポイント
教科書や地図帳などを使って、食べ物の産地で特に生産量が多い都道府県を調べさせ、子供が分かったことを中心に板書する。

T　米の生産量が多いところはどの都道府県でしょうか。 3
C　新潟県と北海道です。
T　他の食材はどうでしょうか。
C　じゃがいもは北海道です。
C　りんごは青森県です。
C　鹿児島県では豚肉の生産が盛んです。

私たちが食べている食料品の産地を調べて、学習問題をつくりましょう。 2

3

分かったこと

生産量ランキング

米
　1位 新潟県　2位 北海道

だいこん
　1位 北海道

りんご
　1位 青森県

豚肉
　1位 鹿児島県

4

ぎもん

・食料によって産地が違うのはなぜ？
　地形？　気候？

・生産者は、どのような工夫や努力をしているのか？

5

【学習問題】

私たちの食生活を支えている様々な食べ物の産地は、どんなところなのでしょうか

〈調べること〉
・米、野菜、果物、畜産物、水産物の産地
・自然条件とのかかわり

まとめる 整理する・生かす

板書のポイント

調べて疑問に思ったことをキーワードにして板書する。そして、これから学習していくことについて考えさせ、学習問題をつくる。

T　食料によって産地が違うのはなぜでしょうか。 4

C　地形が違うから。気候が違うから。

T　生産者は、どのような工夫や努力をしているのでしょうか。

C　たくさん生産する工夫をしています。

T　学習問題について確認しましょう。 5

T　食べ物の産地についてどんなことを調べていけばよいと思いますか。

C　米が多く生産できる地形や気候について調べることが必要です。

学習のまとめの例

※学習問題「私たちの食生活を支えている様々な食べ物の産地は、どんなところなのでしょうか」を基に、これから調べてみたいことについてノートにまとめるようにするとよい。

・米や野菜、魚などの生産がさかんな地域はどんなところなのかを調べてみたい。

・食料の産地と自然関係がどんな関係があるのかを調べてみたい。

調べる
情報を集める・読み取る・
考える・話し合う

米の主な産地について調べよう

本時の目標

日本の水田の分布や産地の様子について調べることを通して、米の生産は全国で行われていることや、特に東北地方や北海道が主な産地であることを理解できるようにする。

本時の評価

・資料から必要な情報を読み取り、我が国の米づくりは、自然条件を生かして営まれていることや、国民の食料を確保する重要な役割を果たしていることを理解できている。【知①】

用意するもの

米を使った料理の写真（おにぎり、カレーライス、寿司など）、水田の様子が分かる写真、全国の米づくりのさかんな地域

本時のめあて

カレーライス

寿司

1

気づいたこと

・普段の食事で、米をよく使っている。
・おいしい料理ばかり

水田

気づいたこと

・稲がきれいにならんでいる。
・水をたくさん使っている。

本時の展開 ▷▷▷

つかむ 出合う・問いをもつ

板書のポイント
普段の食事の振り返りをした後、水田の様子からつかんだ米づくりの様子について板書する。そして、本時のめあてを確認する。

T　普段の食事から、何を多く食べていますか。 1
C　米をよく食べています。
T　水田の様子の写真から、どんなことが分かりますか。 2
C　水田に水を入れて管理しています。
C　稲をきちんと並べて植えています。
＊本時のめあてを板書する。 3

調べる 情報を集める・読み取る・考える・話し合う

板書のポイント
各地の米づくりの写真を見比べさせたり、米づくりのさかんな地域について調べさせたりして、子供が分かったことを板書する。

T　同じ時期の、全国の米づくりの様子を見比べて気付いたことを発表しましょう。 4
C　手作業と機械作業があります。
C　田の形や広さも違います。
T　なぜ、同じ時期なのに、違う作業をしているのでしょうか。
C　沖縄県は暖かいから早い時期に稲刈りをしています。
C　気候や地形によって米づくりの様子が変わっています。

米の主な産地はどんなところかを調べましょう。 3

水田の水の管理が分かる写真

山形県

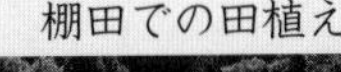

棚田での田植え

石川県

コンバインを使った稲刈り

沖縄県

4 分かったこと

・産地によって米づくりの様子に違いがある。
・機械作業と手作業がある。
・田の形や広さが違う。棚田
・沖縄だけあたたかいから稲刈りをしている。

日本の米づくりのさかんな地域

※教科書や資料集から拡大掲示

5 本時のまとめ

主食である米づくりが、日本の耕地面積の半分以上で行われ、全国各地でつくられているが、主な産地は東北地方や北海道である。また、気候や地形などによって米づくりの工夫は違う。

まとめる　整理する・生かす

板書のポイント

調べたことを基に、どんなところで米づくりがさかんなのかを考えさせ、考えたことを基に学習のまとめを板書する。

T　どんなところで米づくりが盛んになっているのでしょうか。

C　東北地方や北海道で盛んです。

C　日本の耕地面積の半分以上で米づくりが行われています。

C　気候や地形によって米づくりの工夫も変わります。

T　それでは、分かったことを基に、学習のまとめをしましょう。 5

学習のまとめの例

※本時の目標にもある、「全国各地で行われている」「東北地方や北海道で盛ん」といったことがキーワードにあるとよい。また、自然条件を生かして米づくりが行われていることに気付くようにするとよい。

・米づくりは日本全国で行われているけれど、東北地方や北海道で特に盛んであることが分かりました。

・気候や地形などの条件によって、米づくりの工夫が異なることに気付きました。

調べる

情報を集める・読み取る・考える・話し合う

農作物や畜産物の主な産地について調べよう

本時の目標

農作物や畜産物の主な産地について調べることを通して、野菜、果物、畜産の分布や土地利用の特色を理解する。

本時の評価

・我が国の食料生産は、自然条件を生かして生産されていることや、国民の食料を確保する重要な役割を果たしていることを理解している。【知①】
・我が国の食料生産が国民生活に果たす役割を考えている。【思②】

用意するもの

日本の主な農作物の生産額の変化、主な農産物の生産額の割合

1 本時のめあて

日本の主な農作物の生産額の変化

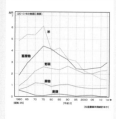

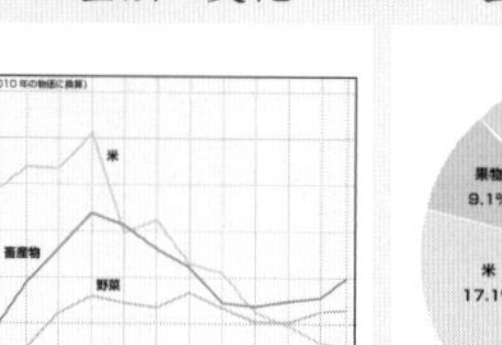

主な農産物の生産額の割合

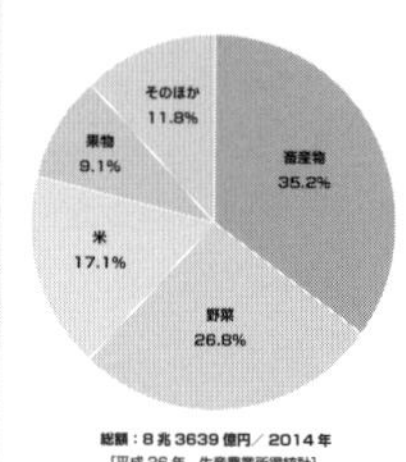

1 気づいたこと

・米の生産額が減っている。
・野菜が米よりも多くなっている。
・畜産物や野菜も多く生産されている。

本時の展開 ▷▷▷

つかむ　出合う・問いをもつ

板書のポイント

資料を見て気付いたことを板書し、本時のめあてを確認する。

T　グラフからどのようなことが分かりますか。
・資料「日本の主な農作物の生産額の変化」
・資料「主な農産物の生産額の割合」 1
C　野菜が米よりも多くなっています。
C　畜産物や野菜も多く生産されています。
T　米以外の農産物の主な産地はどんなところでしょうか。
＊本時のめあてを板書する。 2

調べる　情報を集める・読み取る・考える・話し合う

板書のポイント

教科書や地図帳などを使って、野菜、果物、畜産の主な産地について調べ、分かったことをそれぞれの農産物に分類しながら板書する。

T　野菜、果物、畜産の主な産地について、どのようなことが分かりましたか。 3
C　野菜は、すずしい気候の地域でよくとれています。
C　果物は、雨が少ない地域でよくとれています。
C　畜産は、広い土地が多い北海道や九州南部で盛んです。

そのほかの農作物の主な産地はどんなところかを調べましょう。 2

3

分かったこと

野菜
・すずしい気候を生かしている。
・あたたかい気候を生かして、冬に生産している。
・大都市の近くでは一年を通じて生産している。

果物
・気候のえいきょうを受けやすい。
・雨が少なく、すずしい気候を生かしている。

畜産
・広い土地を利用している。
・北海道や九州の南部で盛ん。

4 本時のまとめ

野菜や果物などの農産物、畜産物を生産する農業は、自然環境と深い関わりをもって営まれ、それぞれ主な産地が異なっている。

まとめる　整理する・生かす

板書のポイント

農産物の産地と自然環境との関わりについて話合わせ、その結果を基に学習のまとめを板書する。

T　調べたことを基に、農産物はどのようなところで生産されていると思うか、話し合ってみましょう。

C　野菜、果物、畜産は、どれも地形や気候などの自然環境と深い関わりがあります。

T　話し合ったことを基に、学習のまとめをしましょう。 4

学習のまとめの例

※本時の目標にもある、「自然環境と深い関わりがある」といったことがキーワードにあるとよい。

・野菜は、すずしい気候をうまく生かしていることが分かりました。
・果物は、雨が少なくすずしいところで盛んであることが分かりました。
・畜産は、広い土地をうまく利用していることが分かりました。
・食料生産は自然を生かして行われ、それが国民の食料を支えている。

まとめる
整理する・生かす

学習を振り返り、学習問題についての考えをまとめよう

本時の目標

学習の振り返りとして、品目別に生産が盛んな都道府県を調べ、国土の地形や気候などの自然条件の側面から我が国の食料生産について考え、理解する。

本時の評価

・白地図にまとめ、我が国の食料生産が国民の食生活を支えていることを理解している。【知②】
・自然条件の側面から我が国の食料生産の在り方について考えたり、これからの食料生産について関心を高めたりしている。【主②】

用意するもの

白地図

2
分かったこと
米
①新潟県②北海道③秋田県
・東北地方、新潟県、北海道で盛ん
野菜
・北海道のだいこん
・長野県のレタス
・宮城県のきゅうり
・すずしいところで作られている。

本時の展開 ▷▷▷

つかむ　出合う・問いをもつ

板書のポイント
学習したことを振り返らせて、本時のめあてを確認する。

T　これまで学習したことを振り返りましょう。
C　米、野菜、果物、畜産などの主な産地について調べました。
C　都道府県によって、主な農作物や畜産物が異なっていました。
＊学習問題を板書する。 1

調べる　情報を集める・読み取る・考える・話し合う

板書のポイント
教科書や地図帳などを使って、米、野菜、果物、畜産などの主な産地について調べ、分かったことを分類しながら板書する。

T　品目別に生産が盛んな都道府県を白地図にまとめましょう。
C　米は、東北地方、新潟県、北海道で盛んでした。 2
C　野菜は、長野県や宮城県など、すずしい地域で盛んでした。
C　果物は、種類によって産地がかたまっていました。
C　畜産は北海道や九州南部などの広い土地があるところで盛んでした。

1 【学習問題】
わたしたちの食生活を支えている様々な食べ物の主な産地は、どんなところなのだろうか。

果物
・青森県のりんご
・和歌山県のみかん
・山梨県のもも
・種類によって産地がかたまっている。

畜産
・北海道の牛乳
・鹿児島県の豚肉
・茨城県のとり肉
・北海道や九州など広い土地で盛ん。

3 話し合って考えたこと

〈自然とのかかわり〉
○米…全国でつくられ、棚田などの工夫をしている。
→土地

○野菜や果物…気候などの産地の特色がある。
→気候

○畜産…牧草のための広い土地が必要である。
→土地

4 【学習のまとめ】
わが国の食料生産は、自然環境と深い関わりをもって営まれ、全国に分布する主な産地を中心に、主食である米をはじめ、野菜、果物、畜産物、水産物などを生産している。

まとめる 整理する・生かす

板書のポイント
それぞれの食料生産と自然条件との関わりについて話し合わせ、学習問題についての考えをまとめる。

T 様々な食べ物の生産が盛んなのは、どんな条件があるからでしょうか。 3

C 野菜や果物は、すずしさや雨の量などの気候が深く関わっていると思います。

C 畜産は、えさとなる牧草がたくさん生えるような広い土地が必要だと思います。

T それでは、これまでの学習を基に、学習問題についての考えをまとめましょう。 4

学習のまとめの例

※次の単元以降につなげるためにも、学習問題についての考えに加えて、自分で調べてみたい品目について、農林水産省のホームページなども活用しながら考えさせるとよい。
・新潟県や山形県など米のさかんな地域についてもっと詳しく調べてみたい。
・水産物の主な産地について、あまり調べていないのでもっと詳しく調べてみたい。

8 時間

2 米づくりのさかんな地域

単元の目標

我が国の農業について、生産の工程、人々の協力関係、技術の向上、輸送、価格や費用などに着目して、地図帳や各種の資料で調べてまとめ、食料生産に関わる人々の働きを考え、表現することを通して、農業に関わる人々は、生産性や品質を高めるよう努力したり輸送方法や販売方法を工夫したりして良質な農作物を消費地に届けるなど食料生産を支えていることや、農業の課題や解決への取組を理解できるようにするとともに、我が国の農業の発展について考えようとする態度を養う。

学習指導要領との関連

内容「我が国の農業や水産業における食料生産」(2)アの(イ)及び(ウ)、イの(イ)

第1・2時	第3～7時
つかむ「出合う・問いをもつ」	調べる
〔第1時〕 ○米づくりがさかんな庄内平野はどのようなところなのだろう。 ・食味ランキングから気付いたことを話し合う。 ・米づくりにどのように自然が生かされているのか読み取る。【主①】 〔第2時〕 ○庄内平野がある山形県での米づくりについての疑問や調べたいことから学習問題をつくろう。【思①】 ・10a 当たりの生産量から米づくりの盛んな場所について調べる。 **【学習問題】** 庄内平野でおいしいお米を作り続ける人々はどのように米づくりをしているのだろう。 ・予想を話し合い、学習計画を立てる。 ・自然をどう生かしているのか。 ・きっと様々な工夫をしている。どのように作っているのか。 ・どのような人が協力しているのか。 ・東京でも売っている庄内平野の米はどのように運ばれてくるのか。	〔第3時〕 ○農家の人々は、米づくりをどのように進めているのだろう。 ・米づくりの1年間の仕事を読み取り、米づくりカレンダーに調べたことをまとめる。【知①】 〔第4時〕 ○農家の人々は米の生産性を高めるために、どのような工夫をしてきたのだろう。 **★米づくりの移り変わりから、時間的な見方を働かせて生産性が高まってきた理由を読み取る。**【知①】 〔第5時〕 ○農家の人々をだれがどのように支えているのだろう。 ・農家が相互に協力して米づくりをしている様子を調べる。 ・農家の米づくりを支える人々に聞き取りをして調べる。【知①】

単元の内容

子供が「食料生産に関わる人々は、生産性や品質を高めるよう努力したり輸送方法や販売方法を工夫したりして、食料生産を支えている」ことを理解できる事例地として、本小単元では昔から米づくりが盛んで、耕地整理や品種改良による食味ランキング特Aの米を長年輩出している庄内平野を取り上げる。

消費の減少や高齢化など農家の悩みや農業の課題と出合わせて農業の未来に関心がもてるようにし、消費者と協力して行う共同栽培米の推進、食料を作り・加工し・販売する6次産業化による収入の増加や雇用の確保などの新たな取組を調べ、一人一人が農業の未来について考える。

単元の評価

知識・技能	思考・判断・表現	主体的に学習に取り組む態度
①生産の工程、人々の協力関係、技術の向上、輸送、価格や費用などについて、地図帳や各種の資料で調べ、必要な情報を集め、読み取り、農業生産に関わる人々の工夫や努力を理解している。 ②調べたことを、図表や文などにまとめ、農業生産に関わる人々は、生産性や品質を高めるよう努力したり輸送方法や販売方法を工夫したりして、良質な農産物を消費地に届けるなど、農業生産を支えていることを理解している。	①生産の工程、人々の協力関係、技術の向上、輸送、価格や費用などに着目して、問題を見いだし、農業生産に関わる人々の工夫や努力を考え表現している。 ②比較・関連付け、総合などして、農業生産の働きを考えたり、学習したことを基に、これからの農業の発展について多角的に考えたり、表現したりしている。	①我が国の農業について、予想や学習計画を立てたり、学習を振り返ったりして、学習問題を追究し、解決しようとしている。 ②よりよい社会を考え、農業の発展について、考えようとしている。

【知】：知識・技能　【思】：思考・判断・表現　【主】：主体的に学習に取り組む態度　◯：めあて　・：学習活動　★：見方・考え方

	第８時
「情報を集める・読み取る・考える・話し合う」	まとめる「整理する・生かす」
〔第６時〕 ◯庄内平野の米はどのように消費者に届けられているのだろう。 ・米の収穫のあとの行き先を調べて図にまとめる。 ・販売価格になるまでにどれくらいの費用がかかるのだろう。 ・生産にかかる費用や輸送や販売の費用について調べる。【知①】 〔第７時〕 ◯農家の人々がかかえる課題を、どのように解決しようとしているのでしょうか。 ・米の消費量と生産者人口の減少の資料から、米づくりの課題について調べる。 ・農業に関わる人々や消費者の新たな取組を資料から読み取り、関係図をつくる。【知②】	〔第８時〕 ◯米づくりがさかんな地域の人々の工夫や努力についてまとめましょう。 ★調べたことを様々な立場と関連させて関係図を完成し、学習問題に対する自分の考えを書く。【思②・主②】 ・関係図の中での立場を明確にして、農業が未来に続いて いくための自分の考えをノートに書き発表し合う。

問題解決的な学習展開の工夫

つかむ段階では、庄内平野で米づくりがさかんな理由について、自分たちの生活と結び付けて考えることで問題意識を高め、学習問題を設定し、予想を立てる。問いの形にまとめて学習計画を立てる。多角的に考えることにつながる。

まとめる段階では、調べたことを説明し合い、学級で消費者、生産者、生産に関係する人々の取組をつなげて関係図にまとめる。

さらに、農家の悩みや日本の農業の課題に気付かせ、日本の農業の未来を考える活動を設定する。現在進行形で新たな取組を進めている人々の事例をもとに、消費者や生産者など立場を選び、クラス全体で話し合うことを通して、米づくりの発展について考える。

つかむ
出合う・問い をもつ

資料から庄内平野の米づくりに関心を高めよう

本時の目標

庄内平野の地形や自然の特色を知る活動を通して、米づくりについて調べてみたいという関心を高める。

本時の評価

・米づくりの盛んな庄内平野の地形や自然の特色を調べ、関心を高めることができる。【主①】

用意するもの

食味ランキング、庄内平野の航空写真、庄内平野の土地利用図、酒田市と宮古市の月別降水量、月別平均気温、月別日照時間

本時のめあて

米づくりのさかんな庄内平野は、どのようなところなのだろう。

庄内平野の航空写真から

1

分かったこと	考えたこと	ぎもん

・田んぼが多い
・田んぼの形が長方形
・奥の方に山がある
・真ん中に川が流れている
・家が少ない→一か所に固まっている。
・平らな土地が広がっている。
・赤い屋根の大きな建物がある。

本時の展開 ▷▷▷

つかむ 出合う・問いをもつ

板書のポイント

食味ランキングでは、子供が気付いたことを表に書き込むことで、視覚的にも山形県に着目させられるようにする。

T　おうちの人が、お米を買うときに大切にしていることは何でしょう。
C　安い価格のもの。
C　安全な日本産のお米を買うようにしている。
C　おいしいお米を選んでいる。
T　今日はこのことについて調べていきましょう。
＊本時のめあてを板書する。

調べる 情報を集める・読み取る・考える・話し合う

板書のポイント

航空写真から分かることや疑問に思ったこと、考えたことなどを資料のどこから見つけたのかを書きこむことで、なるべく多くの気付きにつなげる。

T　航空写真からどんなことがわかりますか。
C　平らな土地が広がっている。 1
C　真ん中に川が流れている。
T　土地利用の資料から分かることは何ですか。
C　雪解け水を利用している。 2
C　季節風による砂の害を防砂林が防いでいる。
T　酒田市と宮古市の資料から分かることは。
C　酒田市のほうが冬の寒さと夏の暑さの差が大きい。 3

庄内平野の様子

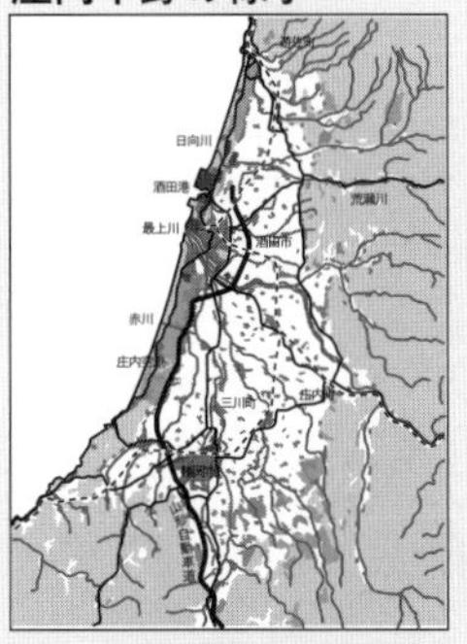

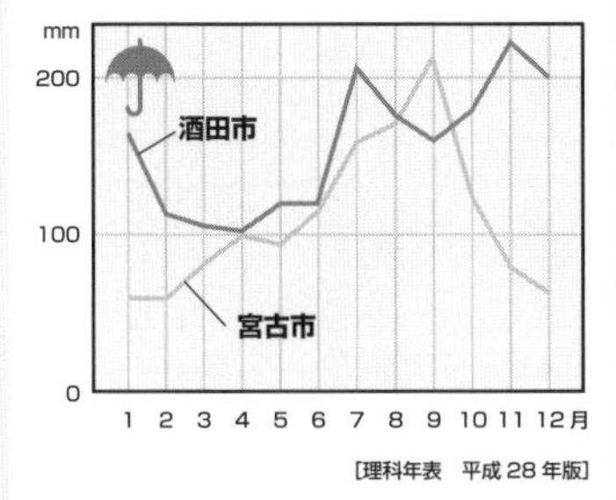

酒田市と宮古市（岩手県）の月別降水量

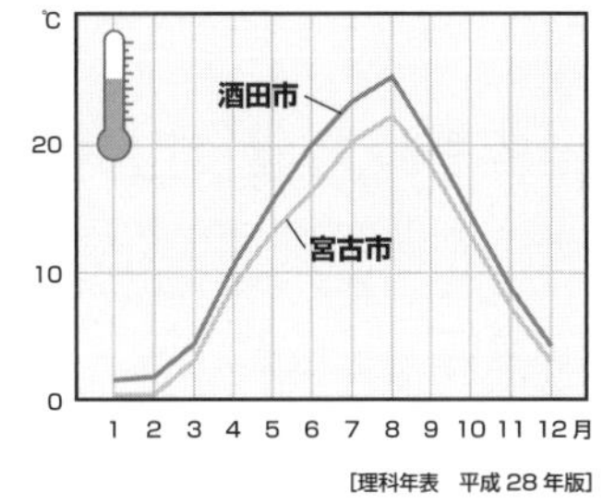

酒田市と宮古市（岩手県）の月別平均気温

分かったこと

○土地の様子 2
・平らな土地
・水が豊富→雪解け水
・防砂林

○気候の様子 3
・夏は南東から季節風
　→稲の病気を防ぐ。
・冬の寒さと夏の暑さの差が大きい。
・春から秋までの日照時間が長い。

ふり返り

豊かな自然環境 4
地形や気候が関係している。
美味しい米をつくれるのはなぜか。
米づくりがさかんになったのはいつからか。

まとめる　整理する・生かす

板書のポイント
調べて分かったことや考えたことの中から大切なことを板書する。振り返りは子供自身にめあてに対してまとめさせ、キーワードを板書する。

T　調べて分かったことを整理しましょう。
C　庄内平野には豊かな自然環境がある。 4
C　冬と夏の気温差や春から秋にかけての日照時間が長いなど、気候に特色がある。
C　美味しい米をつくれるのはなぜだろう。
C　米づくりがさかんになったのはいつからか。

学習のまとめの例

・庄内平野は豊かな自然環境に恵まれている。おいしいお米をたくさん作るためには、地形や気候が関係している。
・庄内平野で美味しい米をつくれる理由を知りたい。また、いつから米づくりがさかんになったのかを調べてみたい。

つかむ
出合う・問いをもつ

庄内平野の米づくりについて学習問題をつくり予想し合おう

本時の目標

庄内平野の地形と米づくりの関わりを調べ、学習問題を見出し、予想や学習計画を立てる。

本時の評価

・庄内平野の米づくりに関心をもち、学習の問題を見出し、米づくりに携わる人々の工夫や努力を考えようとしている【思①】

用意するもの

庄内平野の水田の大きさ、耕地のうちで水田に占めるわりあい、10a あたりの米の生産量が多い都道府県ベスト5

1

本時のめあて

庄内平野がある山形県での米づくりについての疑問や調べたいことから、学習問題をつくろう。

2

※教科書や資料集から拡大表示

水田の大きさ

気づいたこと

・たてが 100m、横が 30m。
・長方形になっている。
・人の手作業では時間がかかりそう。

本時の展開 ▷▷▷

つかむ 出合う・問いをもつ

板書のポイント
水田の様子から気付いたことや疑問に思ったことを発言させて、資料のどこから見つけたのかを板書に明記していく。

T　今日は、疑問に思ったことや調べてみたいことをもとに学習問題をつくりましょう。1
＊本時のめあてを板書する。
T　庄内平野の写真をみて、気付いたことを発表しましょう。 2
C　たてが100m、横が30m で長方形。
C　人の手作業だけでは時間がかかりそうだ。
C　田んぼはなぜまっすぐに作ったのかな。

調べる 情報を集める・読み取る・考える・話し合う

板書のポイント
山形県と日本、山形県と他の都道府県が比較しやすい資料を提示し、一つの資料から分かることと、二つの資料を合わせて分かることを板書に書いていく。

T　二つの資料から分かることは何ですか。3
C　庄内地方は、水田が占める割合が多い。
C　山形県は、作付面積が少ないわりに、10a あたりの米の収穫量が多い。
T　山形県の米づくりで疑問に思ったことを話し合い、学習問題をつくりましょう。
C　米づくりにどんな工夫があるのだろう。4
C　米づくりをしている農家の人たちはどんな思いで米をつくっているのだろう。
＊学習問題を板書する。 5

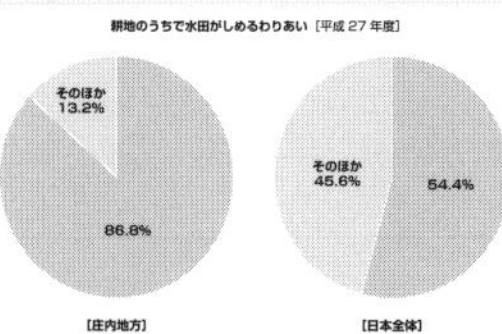

平成27年度　米の生産量ベスト5

	作付面積	10aあたり収穫	収穫量
都道府県	ha	kg	t
新潟	117,500	527	619,200
北海道	107,800	559	602,600
秋田	88,700	589	522,400
山形	65,300	614	400,900
福島	65,600	557	365,400

2016年　農林水産省より

耕地のうちで水田がしめるわりあい　資料2

作付面積と10aあたりの米の収穫量　資料3

分かったこと

・日本全体と比べると、水田が多い。
・作付面積が少ないわりに、10aあたりの米の収穫量が多い。
・一つの稲にできる米の量が多い。

ぎもん

○山形県の米づくりで調べたいことや疑問に思ったこと
・米づくりにどんな工夫があるのか。
・米づくりにはだれが関わっているのか。
・誰が米を東京まで届けているのか。
・赤い屋根の大きな建物は何をしているところか。

5

【学習問題】

庄内平野でおいしいお米を作り続ける人々はどのように米づくりをしているのだろう。

よそう

・自然条件に合った米をつくっていると思う。
・農家の人たちのつくり方に何か工夫があるだろう。
・工夫した生産方法があるだろう。
・農家の人達が協力して作っていると思う。

○学習計画
・種をまいてから収穫するまでの年間の仕事はどうなっているのか。
・おいしいお米を作るためにどのような工夫をしているのか。
・どのような人が協力しているのか。
・庄内平野の米はどのように運ばれてくるのか。

まとめる　整理する・生かす

板書のポイント

予想は多岐にわたることが考えられるので、子供の予想を教師が分類して構造化した板書にしていく。

T　学習問題に対する予想をしましょう。
C　自然条件に合った米をつくっていると思う。
C　つくり方に何か工夫があると思う。
C　寒い所でも作れる米を育てていると思う。
C　工夫した生産方法があるだろう。
C　農家の人たちが協力して作っていると思う。
T　では、どのようなことを調べていけばよいでしょうか。
C　米づくりの方法と、農家の人たちの工夫
C　できた米の運び方

学習のまとめの例

○学習計画を立てる（疑問形で）
・庄内平野の米づくりには自然と関係が深いと思う。どのような自然をどう生かしているのか。
・米づくりの仕方に様々な工夫をしていると思う。庄内平野ではどのように米を作っているのか。
・米を作る作業は一人では難しそうだと思う。どのような人が米づくりに協力しているのか。
・東京でも売っている庄内平野の米は、どのように運ばれてくるのか。

調べる

情報を集める・読み取る・考える・話し合う

米づくりの一年や、農家の人々の協力について調べよう

本時の目標

よい稲を育てるための工夫や努力を調べ、庄内平野の農作業ごよみをまとめる。

本時の評価

・農家の人は様々な機械を使い、稲の育ちに合わせて作業をするなどの工夫や努力をしていることを理解している。【知①】

用意するもの

稲の生長と農作業ごよみ、地域の人が集まる勉強会

はじめは、写真のみを掲示する。

月	1	2	3	4

稲の生長と農作業ごよみ

・代かき
・苗を育てる
・田おこし
・たい肥をまく

1

気づいたこと

・少し育った稲が機械の後ろにある。
・いろいろな機械がある。
・ヘリコプターが飛んでいる。
・大きなふくろから稲を出している。

ぎもん

・いつごろ田植えをしているのだろう。
・なぜヘリコプターを使うのかな。
・何種類の作業があるのだろう。

本時の展開 ▷▷▷

つかむ 出合う・問いをもつ

板書のポイント

はじめに農作業の写真のみを提示して、気付いたことを自由に発言させる中で疑問を引き出すようにし、本時のめあてにつなげる。

T　写真から気付いたことを発表しましょう。
C　機械をたくさん使っている。
C　少し育ったものが機械の後ろに乗っている。
T　写真から疑問に思ったことを発表しましょう。 1
C　機械を使うと早く仕事が進みそう。
T　今日は、このことについて調べていきましょう。
＊本時のめあてを板書する。 2

調べる 情報を集める・読み取る・考える・話し合う

板書のポイント

子供たちの疑問と予想に関連することを中心に板書していく。「機械」や「人」に着目した発言は、なるべく写真の近くに板書する。

T　農家の人たちはどのように米づくりを進めていますか
C　苗づくりにとても気をつかっている。 3
C　３月から10月以外にも、１年中仕事がある。
C　水の管理はずっと続けている。
T　農家の人たちは、なぜ勉強会を開いているのでしょう。 4
C　今の米よりも、もっとおいしい米を作るため。
C　一人では米づくりができないことも多いから。
C　新しい米づくりの方法を学ぶため。

2 本時のめあて　農家の人々は、米づくりをどのように進めているのだろう。

よそう

・田植えの前に田を耕していい土を作っていると思う。
・人ができないことは機械を使っていると思う。

分かったこと　考えたこと 

・専業農家と兼業農家の人たちがいる。
・苗づくりにとても気をつかっている。
・3月から10月以外にも、1年中仕事がある。
・水の管理はずっと続けている。
・米づくりは2年前の種もみ選びから始まっている。

4 話し合って考えたこと

○なぜ勉強会をしているのか？
・よりおいしい米を作るため
・一人では米づくりができないから。
・新しい米づくりの方法を学ぶため

5 本時のまとめ

・専業農家と兼業農家
・計画的
・機械
・苗づくり
・水の管理

まとめる　整理する・生かす

板書のポイント

調べて分かったことや考えたことの中から大切なことを板書する。振り返りは児童自身にめあてに対してまとめさせて、キーワードを板書する。

T　今日のめあてをみて、黒板に書かれている言葉を使いながら、自分のまとめをしましょう。 **5**

C　農家の人々は、種もみを選び、田植えをして水の管理や稲の生長を調べたりしながら稲を収獲している。田植えや稲刈りにはいろいろな機械を使っている。

T　学習を振り返り、大切だなと思ったことはどんなことですか。

学習のまとめの例

・農家の人々は、種もみを選び、田植えをして水の管理や稲の生長を調べたりしながら稲を収獲している。田植えや稲刈りにはいろいろな機械を使っている。また、農家の人たちは勉強会を開いて、よりおいしい米づくりができるよう協力している。

〈振り返りの例〉

・たくさんの機械を使っていたことに驚いた。一つの機械はどれくらいの値段なのか調べてみたい。

調べる
情報を集める・読み取る・考える・話し合う

生産性を高めるために、どのような工夫があるのか調べよう

本時の目標

生産性を高めるための技術の向上を調べる活動を通して、作業の効率化が図られてきたことを理解する。

本時の評価

・米づくりを効率よく進めて生産性を高めるために、農家の人は水の調節や耕地整理、作業の機械化などの工夫や努力をしてきたことを理解している。【知①】

用意するもの

米づくりの移り変わり、耕地整理の前後の様子、用水路と排水路のしくみ

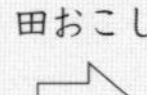

米づくりの移り変わり

1 気づいたこと

・田おこしは馬から機械へ変わった。
・田植えや稲かりは人から機械へ変わった。

ぎもん

・いつごろから機械が増えてきたのか。
・他の作業はどのように変わってきたのだろう。
・働く時間はどれくらい変わったのか。

本時の展開 ▷▷▷

つかむ　出合う・問いをもつ

板書のポイント
米づくりの移り変わりの資料を提示し、時間的な見方に着目させて気付いたことや疑問を引き出すようにし、本時のめあてにつなげる。

T　写真から気付いたことを発表しましょう。
C　田植えや稲かりは人から機械へ変わった。
T　疑問に思ったことを発表しましょう。 1
C　いつから機械を使うようになったのか。
T　今日は、このことについて調べていきましょう。
＊本時のめあてを板書する。 2

調べる　情報を集める・読み取る・考える・話し合う

板書のポイント
耕地整理や水の管理がコンピュータで行われている理由は、グループで考えホワイトボードに書かせたものを黒板に貼る方法も考えられる。

T　農家の人たちは、生産性を高めるためにどのような工夫をしていますか 3
C　水路や農道を整備している。
C　用水路と排水路の管理はコンピュータで行っている。
T　なぜ耕地整理やコンピュータ管理をする必要があったのでしょう。 4
C　米づくりが大変すぎるから。
C　少ない時間でたくさんの米を収穫できるようにするため

本時のめあて

農家の人々は、米の生産性を高めるためにどのような工夫をしてきたのだろう。

よそう

・機械が使いやすいように工夫していると思う。
・水の管理が簡単にできるしくみができたと思う

※教科書や資料集から拡大表示

耕地整理の前と後の様子

3
分かったこと　考えたこと

分：道がまっすぐになっている
考：農作業で使う道具が入りやすく納なったと思う。
分：田んぼの一つ一つが大きくなっている。
考：田んぼが大きくなったことで機械が使いやすくなっている。

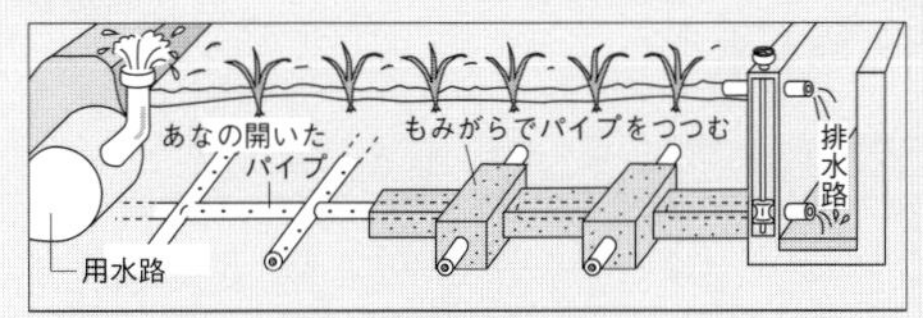

用水路と排水路のしくみ

4
話し合って考えたこと

○なぜ耕地整理やコンピュータ管理をする必要があったのか？
・作業の時間を減らすため
・米づくりが大変すぎるから。
・少ない時間でたくさんの米が収穫できるようにするため

5
本時のまとめ

・機械化　・耕地整理
・用水路と排水路
・労働時間　・効率的

まとめる　整理する・生かす

板書のポイント
調べて分かったことや考えたことの中から大切なことを板書する。振り返りは子供自身にめあてに対してまとめさせて、キーワードを板書する。

T　今日のめあてをみて、黒板に書かれている言葉を使いながら自分のまとめをしましょう。
C　たくさんの米が取れるように地域や農家が協力して田の形を整えたり水路や農道を整備したりしてきた。機械化が進み作業時間も短くなってきた。 5
T　学習したことを振り返って、さらに調べてみたいと思ったことはありますか。
C　農業で働く人がこれからどのように協力を進めていくのか知りたい。

学習のまとめの例

・農家の人々は、生産性を高めるために、機械化や耕地整理、水路や農道を整備などの工夫をしてきたことで、60年前には170時間かかっていた労働時間が現在は30時間くらいまで短くなった。

〈振り返りの例〉
・水の管理はコンピュータでしていることに驚いた。どこでだれが管理しているのかを調べてみたい。

調べる

情報を集める・読み取る・考える・話し合う

5/8

農家を支えている人たちは、どんなことをしているのか調べよう

本時の目標

農家の人々を支えるために協力している人々の工夫や努力を調べる活動を通して、地域には、農家を支えるしくみがあることを理解する。

本時の評価

・農家の人を支えるために、農業協同組合や水田農業試験場の人たちが、協力したり品種改良の研究をしたりするなどの工夫や努力を行っていることを理解している。【知①】

用意するもの

営農指導員との相談、米の宣伝、庄内平野で行われている水の管理、水田農業試験場の様子、つや姫や雪若丸ができるまで

はい。この時期にここまで育っていれば大丈夫です。

稲の育ちは順調ですか。

営農指導員との相談

1

気づいたこと

・農家の人と誰かが話している。
・農家の人はノートに何か書いている。
・後ろのほうに大きな建物がある。
・白い服の人は、手に何か持っている。
→営農指導員の人が稲の生育を調査

ぎもん

・営農指導員はどのような仕事なのか。
・営農指導員はどこから来たのか。

本時の展開 ▷▷▷

つかむ　出合う・問いをもつ

板書のポイント

農家の人と向き合っている人の資料を提示し、お互いが話していることを吹き出しに書かせることで、本時のめあてにつなげる。

T　写真からお互いが話していることを吹き出しに書きましょう。

C　稲の育ちは大丈夫ですか。

C　はい、ここまで育っていれば大丈夫です。

T　写真から気付いたことや疑問に思ったことを発表しましょう。

C　何か手に持っている物で調べている。 ◀1

＊本時のめあてを板書する。

T　どんなことが予想できますか。 ◀2

C　新しい米づくりの方法を教えてくれる。

調べる　情報を集める・読み取る・考える・話し合う

板書のポイント

品種改良が庄内平野で始まったことや、品種改良は今も続いていることを追加で板書し、話し合うときの根拠とさせていく。

T　農家の人たちをだれがどのように支えていますか。 ◀3

C　農業協同組合の人たちが、米の宣伝をしている。

C　水路の管理は企業の人が行っている。

C　水田農業試験場の人が品種改良をしている。

T　なぜ品種改良を続けているのでしょう。

C　土地や気候に合った米を作るため ◀4

C　よりおいしいお米を作るため

C　より品質の良いお米をつくるため

2 本時のめあて

農家の人々をだれがどのように支えているのでしょうか。

よそう

・新しい米づくりの方法を教えている人がいる。
・よりおいしい米を開発している人がいる。

米のせんでん

庄内平野で行われている水の管理

3 分かったこと　考えたこと

分：東京のスーパーでつや姫を売っている。
考：つや姫を宣伝していると思う。
考：宣伝してくれることで売り上げが伸びる。
分：コンピュータで水の管理をしている。
考：管理してくれていることで、農家の人は安心して米づくりに集中できる。

水田農業試験場

つや姫ができるまで

今では全国に900種以上の品種がある！

初めは阿部亀治さんが研究

4 話し合って考えたこと

○今でもおいしいお米が食べられるのに、なぜ品種改良を続けているのか？
・土地や気候に合った米を作るため
・輸入米よりも安くておいしいお米を作るため
・よりおいしいお米をつくるため
・より安全なお米をつくるため
・より品質の良いお米をつくるため

5 本時のまとめ

・営農指導員　・農業協同組合
・水の管理
・水田農業試験場・品種改良

まとめる　整理する・生かす

板書のポイント
調べて分かったことや考えたことの中から大切なことを板書する。振り返りは児童自身にめあてに対してまとめさせて、キーワードを板書する。

T　今日のめあてをみて、黒板に書かれている言葉を使いながら、自分のまとめをしましょう。
C　農家の人々を支えるために、農業協同組合の人や、水田農業試験の人たちが支えてくれている。 **5**
T　学習したことを振り返って、これからさらに調べてみたいと思うことはどんなことですか。
C　品種改良は全国にどのように広がっていったのか。
C　農業協同組合の人たちの思いや願い。

学習のまとめの例

・農家の人々を支えるために、農業協同組合の人が技術の指導や農機具、肥料の販売、米の宣伝をしてくれたり、水の管理をしてくれる人がいたり、水田農業試験の人たちが品種改良や稲の研究や品種改良をしてくれたりして支えてくれている。

〈振り返りの例〉
・品種改良した米がとても多いことに驚いた。これからどんなお米がつくられていくのか調べてみたい。

調べる
情報を集める・読み取る・考える・話し合う

収穫した米は、どこにどうやって運ばれているのか調べよう

本時の目標

庄内平野の米が、品質を保ったまま消費地に届けられるまでの流れを調べる活動を通して、運輸の働きや米づくりには多くの費用がかかることを理解する。

本時の評価

・運輸が生産地と消費地を結ぶ役割を担っていることや、流通や販売のための費用がかかっていることを理解している。【知①】

用意するもの

カントリーエレベーターからの出荷、カントリーエレベーターの中、庄内平野の米が全国に届くまで、遊 YOU 米

袋には１トンの米が入っている

トラックは10トン車

カントリーエレベーターからの出荷

気づいたこと

・トラックに大きな袋がのせてある。
・機械を使ってふくろを運んでいる。
・一つのふくろがとても大きい。

ぎもん

・ここはどこなのだろう。
・どうやって家まで届くのだろう。
・どこに運ばれていくのだろう。

本時の展開 ▷▷▷

つかむ　出合う・問いをもつ

板書のポイント

カントリーエレベーターの資料を提示し、運輸のはたらきに着目した発言を書かせることで、本時のめあてにつなげる。

T　写真から気付いたことや疑問を書きましょう。
C　機械を使ってふくろを運んでいる。
C　一つのふくろがとても大きい。　1
C　どうやって家まで届くのだろう。
C　どこに運ばれていくのだろう。
＊本時のめあてを板書する。
T　どんなことが予想できますか。
C　トラックや船を使って届けられていると思う。
C　東北地方にたくさん届けていると思う。　2

調べる　情報を集める・読み取る・考える・話し合う

板書のポイント

遊 YOU 米を買う人の思いを考える場面では、今までの学習を理由の根拠にする。分かったことと考えたことを意図的につなげて板書をする。

T　どのように消費者に届けられていますか。　3
C　カントリーエレベーターで保管して、計画的に全国へ出荷している。
C　関東地方に約半分の庄内米が運ばれている。
T　なぜ価格が高くても、農家から直接米を買うのですか。
C　生産者の人が誰か分かることで安心できる。
C　安全なお米が食べたいから。　4
C　より品質の良いお米が食べたいから。
C　少し高くてもおいしいお米がいいから。

2 本時のめあて

庄内平野の米はどのように消費者に届けられているのでしょうか。

よそう

・トラックや船を使って届けられていると思う。
・東北地方にたくさん届けていると思う。

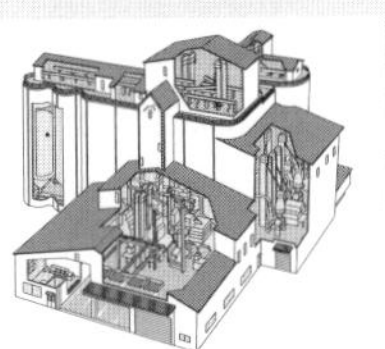

カントリーエレベーターの中の様子

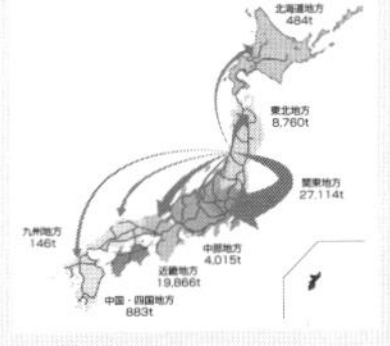

庄内平野の米が全国に届くまで

3 分かったこと　考えたこと

分：米をかんそうする場所がある。
分：庄内平野には 29 のカントリエレベーターがある。
考：庄内平野でとれた米を一度集めていると思う。
分：東北地方よりも関東地方に多く届けられている。
考：品質が良くておいしいお米だから、遠くにも届けられていると思う。

4 話し合って考えたこと

遊YOU米

○なぜ価格が高くても、農家から直接米を買うのですか？

消費者の声
・生産者の人が誰か分かることで安心できるから。
・安全なお米が食べたいから
・より品質のよいお米が食べたいから
・少し高くてもおいしいお米がいいから。

5 本時のまとめ

・カントリーエレベーター
・トラックや鉄道、フェリー
・米づくりにかかる費用
・消費者の願い

まとめる　整理する・生かす

板書のポイント
調べて分かったことや考えたことの中から大切なことを板書する。振り返りは子供自身に目当てに対してまとめさせて、キーワードを板書する。

T　今日のめあてをみて、黒板に書かれている言葉を使いながら、自分のまとめをしましょう。 5
C　庄内平野の米は、カントリーエレベーターで保管された後、トラックやフェリーなどで全国各地へと出荷される。輸送や販売などにも費用をかけながら消費者に届けられている。
T　学習したことを振り返って、これからさらに調べてみたいと思うことはどんなことですか。
C　農家から直接買うときの輸送費。

学習のまとめの例

・庄内平野の米は、カントリーエレベーターで保管された後、JA の計画にしたがって全国各地へと出荷される。米はトラックや鉄道、フェリーなどを使って運ばれていて、米づくりにかかる費用の他にも輸送や販売などにも費用をかけながら消費者に届けられている。

〈振り返りの例〉
・消費者が米を買う価格の中に、たくさんの費用がかかっていることに驚いた。インターネットで買ったときとのちがいを調べてみたい。

調べる

情報を集める・読み取る・考える・話し合う

農家の人たちがかかえている課題と解決策について調べ、関連図にまとめよう

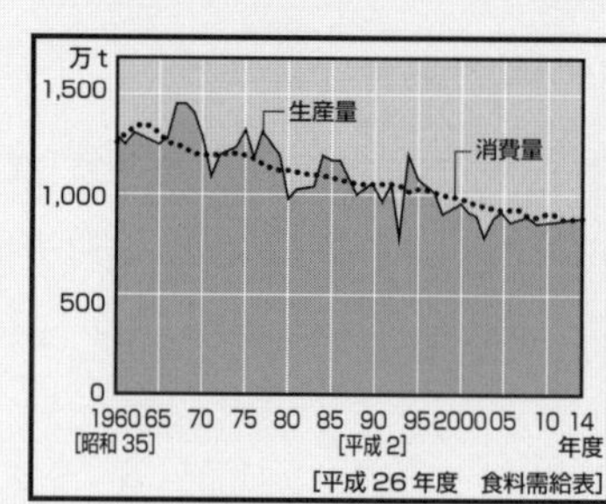

米の生産量と消費量の変化

1

気づいたこと

・生産量がへってきている。
・生産量が急に上がっている時期がある。
・消費量がへってきている。
・消費量は60年前より500tへっている。

ぎもん

・このままだと米はへり続けるのかな。
・なぜ米を食べる人がへったのだろう。
・消費量がへってきた理由は何だろう。

本時の目標

農家がかかえる課題や解決策を調べる活動を通して、理解する。

本時の評価

・農業に関わる人々は、様々な課題に対して生産性や品質を高めるよう努力したり輸送方法や販売方法を工夫したりして、良質な農産物を消費地に届けるなど、農業生産を支えていることを理解している。【知②】

用意するもの

米の生産量と消費量の変化、農作業の共同化、消費者との結び付き（学校での出前授業）

本時の展開 ▷▷▷

つかむ 出合う・問いをもつ

板書のポイント

米の生産量と消費量の変化の資料を提示し、農業の課題に着目した発言を書かせることで、本時のめあてにつなげる。

T グラフから気付いたことや疑問を書きましょう。

C 生産量がへってきている。

C 消費量は60年前より500tへっている。 1

C なぜ米を食べる人がへったのだろう。

＊本時のめあてを板書する。

T どんなことが予想できますか。 2

C 米をつくっている人がへってきていると思う。

C 農家の人同士が協力して新しい取組をしている。

調べる 情報を集める・読み取る・考える・話し合う

板書のポイント

４枚の写真は、黒板に掲示するとともに、子供にも配布（グループごとでもよい）する。子供の発言に合わせて新しい取り組みを板書する。

T 農家の人々がかかえている課題を、どのような解決策がありましたか。 3

C 農作業を共同化している。

C 出前授業などで消費者とつながりを持っている。

C 手間のかかる作業を減らす取り組みをしている。

T 調べて分かったことを図や分を使いながらまとめましょう。 4

C 生産者と消費者の間にたくさんの協力がある。

2 本時のめあて

農家の人々がかかえている課題を、どのように解決しようとしているのでしょうか。

よそう

- 米を作っている人がへってきていると思う。
- 農家の人同士が協力して新しい取組をしている。

農作業の共同化

農作業の機械化

出前授業の様子
※資料集等から
拡大表示

3 分かったこと　考えたこと

- 農家の人が学校で出前授業を行う。これだと農業に関心をもつ人が増えるのでは。
- 環境にやさしい肥料づくりを進めている。
- 種もみの直播など手間を省く工夫をしている
- 共同で農作業をすることで、高齢者だけの農家でも米作りができる。

4 【学習のまとめ】

- 生産量と消費量
- 転作
- 農作業の共同化
- 安全性の高いものづくり

まとめる　整理する・生かす

板書のポイント

調べて分かったことや考えたことの中から大切なことを板書する。振り返りは子供自身にめあてに対してまとめさせて、キーワードを板書する。

T　今日のめあてをみて、黒板に書かれている言葉を使いながら、自分のまとめをしましょう。

C　農家の人々は、課題に対して、効率よく進めたり、新たな方法を考えたりして、解決するための取組が行っている。

T　学習したことを振り返って、さらに調べてみたいと思うことはどんなことですか。

C　消費量を上げるためにどのような取組をしているか。

C　環境のことを考えた他の取組があるか。

学習のまとめの例

- 農家の人々は、米の消費量がへったり、農業で働く人が減ったりしている課題に対して、農作業を共同で行って効率よく進めたり、消費者との結びつきを深めたり、新たな販売の方法を考えたりして、解決するための取組が行われている。

〈振り返りの例〉

- 課題に対して新たな取り組みがあることに驚いた。消費量が上がるような取組が他にもあるか調べてみたい。

まとめる
整理する・生かす

学習問題に対する自分の考えをまとめ、農業の発展について考えをもとう

本時の目標

学習したことをもとに学習問題に対する考えを表現するとともに、これからの米づくりのために何が大切かを考える。

本時の評価

・農業生産の働きを、学習したことをもとにまとめたり、表現したりしている。【思②】
・よりよい社会を考え、農業の発展について、考えようとしている。【主②】

用意するもの

庄内平野の航空写真

1

本時のめあて

米づくりがさかんな地域の人々の工夫や努力についてまとめよう。

〈これまで調べたこと〉
・気候の特色を生かし、協力しながら生産を行っている。
・地域の人や、JAの人たちとも協力している。
・保管された米が計画的に全国へ運ばれている。
・消費量や働く人が減っているのは課題→新たな取組を始める

庄内平野の航空写真

本時の展開 ▷▷▷

つかむ 出合う・問いをもつ

板書のポイント
個人でまとめたノートをもとに、子供の発言を板書しながら学級で一つの関連図を作成する。

T　これまでの学習を振り返り、庄内平野の人々がどのような工夫をしていたか話し合いましょう。 1
C　生産者がいろいろな工夫をしている。
C　地域の人や、JAの人たちとも協力している。
C　保管された米が計画的に全国へ運ばれている。
＊本時のめあてを板書する。

調べる 情報を集める・読み取る・考える・話し合う

板書のポイント
まとめに当たって、まず学習問題を再掲するとともに、どんなポイントから記述するとよいか話し合い、黒板に示しておくようにする。

T　学習問題に対する自分の考えをまとめましょう。まとめるとき、どんなことを含めて書くといいでしょう。 2
C　自然をどのように生かしていたか。
C　米づくりの工夫
C　協力があったこと
T　ではノートにまとめましょう。図を使って書くのもよいと思います。
＊各自ノートに記述 3

2

学習問題に対する自分の考え

【学習問題】

庄内平野でおいしいお米を作り続けている人々はどのように米づくりをしているのだろう

まとめるときのポイント

・自然の生かし方
・米づくりの工夫
・人々の協力
・課題と解決方法

などを振り返る

3

【学習のまとめ】

庄内平野でおいしいお米を作り続ける人々は、様々な人とも協力しながら、おいしく安全にたくさん作る工夫や努力をして、お店まで届けられて売られている。また、米づくりの課題に対しても新たな取組を行い、解決しようとしている。

4

話し合って考えたこと

○農業がこれからも続いていくためには、どのようなことが大切なのだろう。

・米づくりは、関わる人々の努力が欠かせないことが分かった。だからこれからも工夫や努力をして消費者のために美味しいお米をつくってほしい。

・日本の米は品質がいい。外国でも　もっと売ってほしいし、日本の中でも消費量を増やしたい。

・どの取組も安全で美味しいお米をつくり、消費者に届けるための取組だから、これからも続いていってほしい。

・農家や米づくりに関わる人たちはすごい努力をしている。これからもお米を買って食べることで農家の人たちの支えになりたい。

まとめる　整理する・生かす

板書のポイント

これからの農業に対して大切にしていくとよいことをキーワードのみ板書する。

T　農業がこれからも続いていくためには、どのようなことが大切なのでしょうか 。 4

C　日本の米は品質がいい。外国でももっと売ってほしいし、日本の中でも消費量を増やしたい。

C　農家や米づくりに関わる人たちはすごい努力をしている。これからもお米を買って食べることで農家の人たちの支えになりたい。

学習のまとめの例

・庄内平野でおいしいお米を作り続ける人々は、様々な人とも協力しながら、おいしく安全にたくさん作る工夫や努力をしている。また、米づくりの課題に対しても新たな取り組みを行い、解決しようとしている。
・農家や米づくりに関わる人たちはすごい努力をしている。これからもお米を買って食べることで農家の人たちの支えになりたい。

3 水産業のさかんな地域

（7時間）

単元の目標

我が国の水産業における食料生産について、水産物の種類や分布、生産量の変化、生産工程、人々の協力関係、技術の向上、輸送、価格や費用などに着目して、地図や統計、インターネット等の各種資料を活用して調べまとめ、人々の工夫や努力を捉え、その働きを考え、食料生産を支えていることを理解できるようにするとともに、学習問題の解決に向けて主体的に追究し、消費者や生産者の立場などから多角的に考えて、これからの水産業の発展について自分の考えをまとめようとする。

学習指導要領との関連

内容(2)「我が国の農業や水産業における食料生産」アの(イ)及び(ウ)、イの(イ)

第1時	第2～4時
つかむ「出合う・問いをもつ」	調べる
〔第1時〕 ○わたしたちの食生活と水産業について考えてみよう。【思①・主①】 ・スーパーマーケットの魚売り場や水産加工品の写真を見て気付いたことを話し合う。 ・主な国の一人1年当たりの魚や貝の消費量のグラフを見て、気付いたことを話し合う。 ・主な漁港の水あげ量の地図を見て、主な漁場やとれる魚の種類から水産業と自然条件との関わりについて話し合う。 **★主な漁港やとれる魚の分布について着目する。** ・都道府県別の漁業生産額の割合のグラフから、長崎県に着目し、長崎県のパンフレットから読み取ったことを基に学習問題をつくる。 **【学習問題】** 長崎県で水産業に関わっている人々は、どのように魚をとり、消費者に届けているのだろう。 ・予想を考え、学習計画を立てる。	〔第2時〕 ○長崎漁港では、どのように魚をとっているのだろう。【知①】 ・長崎でとれる魚の種類や数について調べる。 ・長崎漁港近海のまきあみ漁について調べる。 **★船団を組み漁をしていることに着目する。** 〔第3時〕 ○長崎漁港に水あげされた魚は、どのようにしてわたしたちの食卓へ届くのだろう。【知①】 ・漁港での水あげから出荷までの流れを調べる。 ・出荷されてから店に並ぶまでの流れや輸送方法、価格の内訳を調べる。 **★水揚げされた魚に関わる人々に着目する。** 〔第4時〕 ○つくり育てる漁業は、どのように行われているのだろう。【知①】 ・養殖漁業の仕事の様子について調べる。 **★養殖漁業で働く人々の工夫や努力** ・栽培漁業の仕事の様子について調べる。

単元の内容

本小単元は前小単元である「米づくりのさかんな地域」の学習と関連している。各学習過程で既習を生かして考えたり、調べたりできるようにすることが大切である。

第1時では、水産業が自然条件とかかわりをもって行われていることに着目させる。第2時以降では、水産業に関わる人たちの工夫や努力について調べる。位置や空間的な広がりの視点、事象や人々の相互関係の視点から見ていくことで、より理解が深まる。

本小単元では、「食料生産（水産業）が国民生活に果たす役割を考え、理解すること」が指導要領の内容として設定されている。第7時では、水産業に関わる人たちの工夫や努力についてまとめるだけでなく、工夫や努力の意味についても考えさせたい。

単元の評価

知識・技能	思考・判断・表現	主体的に学習に取り組む態度
①生産の工程、人々の協力関係、技術の向上、輸送、価格や費用などについて、地図帳や各種の資料で調べ、必要な情報を集め、読み取り、水産業に関わる人々の工夫や努力を理解している。 ②調べたことを、図表や文などにまとめ、水産業に関わる人々は、生産性や品質を高めるよう努力したり輸送方法や販売方法を工夫したりして、良質な水産物を消費地に届けるなど、水産業を支えていることを理解している。	①生産の工程、人々の協力関係、技術の向上、輸送、価格や費用などに着目して、問題を見いだし、水産業に関わる人々の工夫や努力を考え、表現している。 ②比較・関連付け、総合などして、水産業の働きを考えたり、学習したことを基に、これからの水産業の発展について多角的に考えをまとめたり、表現したりしている。	①我が国の水産業について、予想や学習計画を立てたり、学習を振り返ったりして、学習問題を追究し、解決しようとしている。 ②よりよい社会を考え、水産業の発展について、考えようとしている。

【知】：知識・技能　【思】：思考・判断・表現　【主】：主体的に学習に取り組む態度　○：めあて　・：学習活動　★：見方・考え方

第５～６時	第７時
「情報を集める・読み取る・考える・話し合う」	まとめる「整理する・生かす」
〔第５時〕 ○長崎漁港の周辺では、どのようにして水産加工品がつくられているのだろう。【思①】 ・長崎漁港とすり身工場、かまぼこ工場の位置について調べる。 **★水産加工工場の位置** ・すり身工場の仕事の様子 ・かまぼこ工場の仕事の様子 **★水産加工工場で働く人々の工夫や努力** **〔第６時〕** ○日本の水産業にはどのような課題があるのでしょうか。【知②】 ・漁業別の生産量の変化のグラフから様々な漁業の生産量が低下していることを調べる。 ・200海里水域について調べる。 ・水産物輸入量の変化や漁業で働く人数の変化から水産業の課題について話し合う。 **★地図やグラフなどの資料を総合して考える**	**〔第７時〕** ○水産業がさかんな地域の人たちの工夫や努力について調べたことをまとめよう。【思②・主②】 ・水産業について調べてわかったことをカードにまとめる。 ・カードを基に工夫や努力について話し合う。 **★これまで学習してきたことを総合して考える** ○水産業がさかんな地域の人たちの工夫や努力とわたしたちの生活のかかわりについて考えよう。 ・水産業で働く人たちの工夫や努力とわたしたちの生活のかかわりについて考えたことを話し合う。 ○これからの水産業の発展について考えよう。 ・生産者、消費者の両方の立場からこれからの水産業の発展について考えたことを話し合う。

問題解決的な学習展開の工夫

つかむ過程では、前小単元の学習を想起させることで、これまでに働かせた社会的事象の見方・考え方を生かし、工夫や努力に着目して調べられるような学習計画を作成することができる。自分たちで作成した学習計画に沿った授業には、子供たちは主体的に取り組むことができるだろう。

調べる過程では、水産業に関わる人たちの話から工夫や努力について話し合う活動を取り入れることができる。これにより、対話的な学びが実現できる。

まとめる過程では、これからの水産業の発展について話し合う学習を設定している。学習してきたことを基に生産者と消費者など複数の立場や意見を踏まえて話し合うことで、深い学びにつなげていきたい。

つかむ
出合う・問いをもつ

資料から問題を見いだし、予想を基に学習計画を立てよう

本時の目標

主な漁港やとれる魚の分布を調べることを通して、学習問題を見いだし、予想する。

本時の評価

・主な漁港やとれる魚の分布に着目して、問題を見いだし、予想を考え、表現している。【思①】
・我が国の水産業について、予想や学習計画を立てたり、見通したりして、学習問題を追究し、解決しようとしている。【主①】

用意するもの

身近な水産物の写真、水産物の消費量のグラフ、主な漁港の水揚げ量、漁業生産額の割合、長崎県のパンフレット

本時のめあて

わたしたちの食生活と水産業について考え学習問題・学習計画をつくろう

1 気づいたこと

・お店にはいろいろな種類の魚が売られている
・魚からつくられているものもある

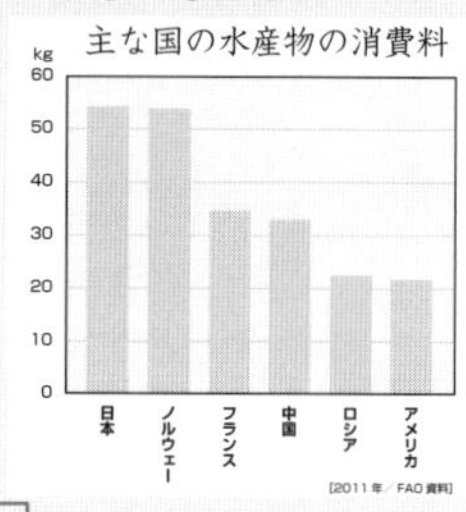

気づいたこと

・日本は世界でも魚をたくさん食べている

本時の展開 ▷▷▷

つかむ 出合う・問いをもつ

板書のポイント

スーパーの鮮魚コーナーの写真や日本の水産物の消費量のグラフを提示し、自分たちの生活と水産業のかかわりについて話し合う。

T　これは、昨日スーパーで買い物をしているときに撮った写真です。この写真を見て気付くことはありますか？
C　たくさんの種類の魚が売っています。
C　シールを見ると産地や値段も違います。
C　かまぼこのように、魚からつくられているものもあります。
T　こちらの資料を見て気づくことはありますか？ ◀1
C　日本はたくさんの魚を食べている国です。
＊本時のめあてを板書する。

調べる 情報を集める・読み取る・考える・話し合う

板書のポイント

「主な漁港の水あげ量」を提示し、読み取らせていくことで、水産業は自然条件と関わりがあることに気付かせることができる。

T　では、わたしたちが食べているたくさんの魚はどこでとられているのでしょうか？ ◀2
C　日本のまわりではたくさんの種類の魚がとれます。
C　日本のまわりには海流が流れていて、大陸だなと呼ばれる魚が集まるところがあります。
C　北海道や千葉県が多く魚をとっているみたいです。
T　ここに長崎県のパンフレットがあります。このパンフレットを見てみましょう。

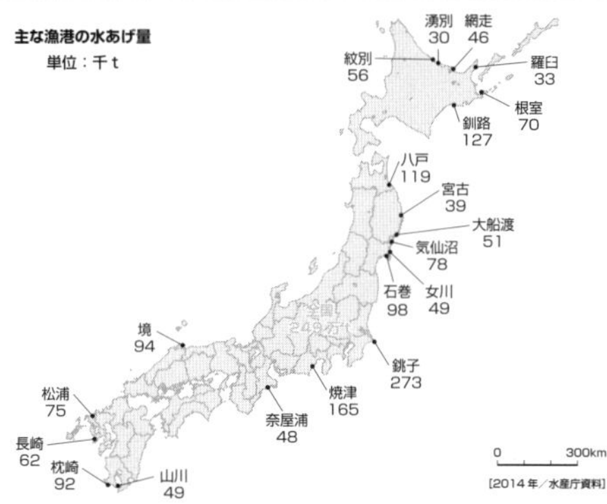

気づいたこと

- 日本のまわりではたくさんの種類の魚がとれる
- 日本のまわりはよい漁場になっている
- 長崎県ではたくさんの魚がとれる

3

【学習問題】

長崎県で水産業にかかわっている人々は、どのように魚をとり、消費者にとどけているのだろうか。

よそう

- 魚のとり方をくふうしている
- 養しょくをしてたくさんとっている
- とった魚を新鮮なまま運ぶくふうをしている
- とった魚を使った商品をつくっている

4

学習計画

調べること	調べ方
・魚のとりかた ・魚の運び方 ・魚をつかった商品の作り方	・漁をしているときの写真 ・運送会社の人の話・地図 ・工場の中の写真 工場で働く人の話

まとめる　整理する・生かす

板書のポイント

長崎県のパンフレットから読み取ったことを基に、学習問題をつくり、学習問題に対する予想と学習計画のつながりがわかるように板書する。

T　長崎県では200種類以上の魚をとっているようですが、どのようにしてたくさんの魚をとり、わたしたちのところへととどけているのでしょうか？（学習問題の提示）学習問題に対する予想をしてみましょう。　3

C　いろいろなとり方をしていると思います。

C　新鮮なまま運ぶ工夫もあると思います。

C　とった魚を使った商品があると思います。

T　では、これらの予想を確かめるための学習計画を立てましょう。　4

本時のワンポイント資料

子供の意識を事例地である長崎県の水産業に向けるための資料として、長崎県水産部のHPより「ながさきのさかな！ながさきの水産業！」を活用することができる。このパンフレットには、長崎でとれる魚の種類が200種類以上あることが記載されている。ここから、「どのようにしてたくさんの魚をとり、とどけているのか」という学習問題につなげていくことができる。

また、アジのまきあみ漁だけでなく、とらふぐの養殖についても記載されているため、第4時のつくり育てる漁業の学習にもつなげることができる。

調べる
情報を集める・読み取る・考える・話し合う

長崎県のまきあみ漁について調べ、工夫や努力を見つけよう

本時の目標

長崎漁港のまきあみ漁を調べることを通して、まきあみ漁をする人たちの工夫や努力を理解できるようにする。

本時の評価

・まきあみ漁における、人々の協力関係、技術の向上について調べ、まきあみ漁に関わる人たちの工夫や努力を理解している。【知①】

用意するもの

まきあみ漁の写真、まきあみ漁のイメージ図、魚群探知機の写真

本時のめあて

長崎漁港では、どのように魚をとっているのだろう。

1

様々な漁法
遠洋漁業…遠くの海で、長期間行われる
沖合漁業…10t 以上の船で数日かけて行われる
沿岸業業…10t 未満の船を使った漁や、定置あみ漁、地引あみ漁など

3

まきあみ漁

分かったこと

・船団を組んで漁をしている
（魚を運ぶ船、魚群探知機を積んだ船、あみを受け持つ船）
協力

本時の展開 ▷▷▷

つかむ　出合う・問いをもつ

板書のポイント
第１時の学習計画から、本時のめあてを提示し、予想させることで、様々な漁法について着目させる。

＊本時のめあてを板書する。

T　長崎漁港では、どのように魚をとっているのでしょうか？
C　あみで大量にとっていると思います。
C　遠くまで出かけ、何日もかけて魚をとっているのだと思います。
T　いろいろな漁の仕方があると考えたのですね。漁には、どのような方法があるのでしょうか？ 1
＊資料集や教科書から漁法について調べさせ、様々な漁法を板書する。

調べる　情報を集める・読み取る・考える・話し合う

板書のポイント
まきあみ漁の写真を中心資料とし、まきあみ漁のしくみと魚群探知機を補助資料とすることで、人々の協力と技術の向上に着目させる。

T　これは、長崎漁港で行われているまきあみ漁の様子です。この写真から気付いたことについて話し合いましょう。 2
C　２隻の船で漁をしています。
C　漁師さんの服の色に違いがあります。
C　一度にたくさんの魚がとれています。
T　他にもこのような資料もありましたよ。
＊まきあみ漁のしくみと魚群探知機の写真を提示し、教科書や資料集から工夫を調べさせる。 3 4

2

長崎漁港の沖合漁業（あじのまきあみ漁）

本時のまとめ

長崎漁港では、まきあみ漁でたくさんの魚をとっている。まきあみ漁をするときは、最新の技術を使い、協力して漁をしている。

4

魚群探知機

気づいたこと

・２隻の船が魚をとっている
・漁師さんの服の色に違いがある
・一度にたくさんの魚をとっている

分かったこと

・魚群探知機やソーナーを使っている
→魚の群れを見つけ、たくさんの魚をとるため

最新の技術

まとめる　整理する・生かす

板書のポイント
漁師の協力と最新の技術が生産性を高めているということを理解できるように学習のまとめへと導いていく。

T　長崎県がたくさんの魚をとることができるのは、どのような工夫があったからですか？
C　船の中で、また、船同士が協力して漁をするという工夫をしているからです。
C　さらに、最新の機械を使って情報を手に入れて、魚の群れを見つけていました。
C　これらの工夫があるので、たくさんの魚をとることができるのだと思います。
T　では、今日の学習のまとめを書きましょう。

学習のまとめの例

・長崎漁港では、まきあみ漁でたくさんの魚をとっている。まきあみ漁をするときは、最新の技術を使い、協力して漁をしている。
・長崎漁港では、漁師さんが役割を分担して漁をしたり、機械を使って情報を集めたりすることで、たくさんの魚をとっている。
・長崎漁港では、沖合漁業がさかんで、船同士が協力したり、情報をやりとりすることで、たくさんの魚をとっている。

調べる
情報を集める・読み取る・考える・話し合う

長崎県で水あげされた魚の流れを調べ、工夫や努力を見つけよう

本時の目標

長崎漁港に水あげされた魚が食卓に届くまでの流れを調べることを通して、輸送、価格や費用について読み取り、理解する。

本時の評価

・長崎漁港に水あげされた魚の輸送、価格や費用について、写真資料や、地図、グラフで調べ、必要な情報を読み取り、理解している。【知①】

用意するもの

水あげから売り場までの写真、高速道路地図、価格の内訳のグラフ

本時のめあて 1

長崎漁港に水あげされた魚は、どのようにしてわたしたちの食卓へとどくのだろう。

2

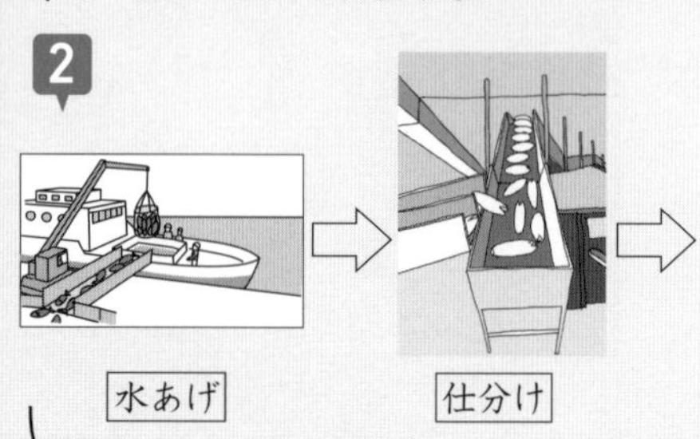

3

日本の高速道路網

※教科書や資料集から拡大掲示

分かったこと

日本全国に広がっている高速道路を使って全国へ輸送される。

本時の展開 ▷▷▷

つかむ　出合う・問いをもつ

板書のポイント

水あげされた魚の流れの最初と最後を提示し、その間をブラックボックスとして、児童に予想させる。

T　前回の学習でとられた魚が長崎漁港で水あげされました（水あげの様子を提示する）。そして、魚はスーパーの鮮魚コーナーにやってきました（魚売り場の様子を提示する）。この間はどうなっているのでしょうか？

C　お店に行く前に、市場で売られると思います。

C　いろいろな魚がとれるはずなので、種類ごとに分ける必要もあると思います。

＊本時のめあてを板書する。 

調べる　情報を集める・読み取る・考える・話し合う

板書のポイント

魚が水あげされてから売り場に届くまでの過程を黒板に位置づけ、それぞれの作業に共通している工夫を考えさせる。

T　では、この間の写真をいくつか用意しました。この間の流れを調べて、並び替え、工夫を見つけましょう。 2

C　やっぱり種類ごとに仕分けをしていました。たくさんの人の手で素早く分けています。

C　これはせりをしている様子です。氷につけて魚が傷まないようにしています。

C　これは積み込みをしている様子です。保冷トラックを使って冷やしながら運んでいます。

T　どの作業にも共通していることがありますね。

本時のまとめ

長崎漁港に水あげされた魚は、新鮮さを保ちながら、漁港から全国の市場や店に輸送される。魚には、生産者の費用や輸送費用がふくまれている。

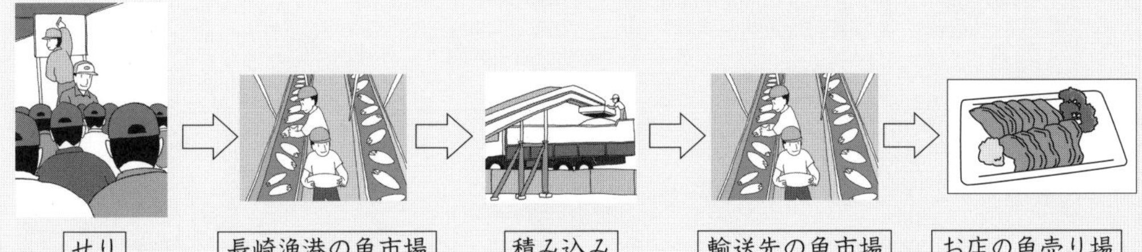

せり → 長崎漁港の魚市場 → 積み込み → 輸送先の魚市場 → お店の魚売り場

新鮮さを保ちながら全国へ

4

魚の価格のうちわけ

生産者（漁師など）の経費 28.9%
生産地の市場の経費 1.4%
出荷業者の経費 27.3%
消費地の市場の経費 9.0%
店（スーパーマーケットなど）の経費 33.4%

[2014年度／食品流通段階別価格形成調査]

分かったこと

魚の価格の内訳
生産者の費用、輸送費用、店の費用など
↓
魚の価格には、様々な費用がふくまれている。

まとめる　整理する・生かす

板書のポイント
高速道路の地図と価格の内訳のグラフを提示し、魚の価格には様々な費用が含まれていることに気付かせた上で、学習のまとめをする。

T　新鮮さを保つためには、たくさんの人が関わりながら、魚を輸送する必要がありますね。すると、これらの人たちの給料はどこから支払われているのでしょうか？　3

C　魚の売り上げからだと思います。

C　漁師さんの給料や漁船の燃料代も必要です。

C　魚を運ぶ運送会社の人の給料やガソリン代、高速道路の運賃も必要になります。

C　お店にも儲けがないと、困ります。

T　では、資料を見てみましょう。　4

学習のまとめの例

- 長崎漁港に水あげされた魚は、新鮮さを保ちながら、漁港から全国の市場や店に輸送される。魚には、生産者の費用や輸送費用が含まれている。
- 長崎漁港で水あげされた魚は、たくさんの人たちの手によって、新鮮さを保ちながら運ばれてくる。そのため、魚の価格にはそれらの人たちの仕事に対する費用が含まれている。
- 魚が長崎漁港からわたしたちのところへ届くまでには様々な作業があるが、どれも新鮮さを保つ工夫をしていた。新鮮さを保つための費用は魚の価格に含まれている。

調べる
情報を集める・読み取る・考える・話し合う

つくり育てる漁業について調べ、工夫や努力を見つけよう

本時の目標

つくり育てる漁業について調べることを通して、つくり育てる漁業に関わる人の工夫や努力を理解する。

本時の評価

・つくり育てる漁業の生産工程について調べ、つくり育てる漁業に関わる人たちの工夫や努力を理解している。【知①】

用意するもの

養殖漁業と栽培漁業の写真、養殖が占める割合のグラフ、栽培漁業のイメージ図

本時のめあて

つくり育てる漁業はどのように行われているのだろう。

1 養しょく漁業 …たまごから成魚までいけすで育てて、出荷する漁業

・エサやり（毎日）
・歯切り作業（年５～６回）
・健康管理
⇩
１匹１匹に手をかけながら１年半の期間育てる

フグの歯切り

本時の展開 ▷▷▷

つかむ　出合う・問いをもつ

板書のポイント
第１時で活用した長崎県のパンフレットから、つくり育てる漁業に着目させ、めあてを提示する。

T　長崎県では、アジのまきあみ漁の他にも、たくさんの魚を生産していましたね。
C　長崎県のパンフレットに、全国の半分以上のとらふぐを生産していると書いてありました。
C　とらふぐは養殖していると書かれていました。
T　養殖漁業は、魚が大きくなるまでいけすなどでつくり育てる漁業です。つくり育てる漁業ととる漁業とでは、どのような違いがあるのでしょうか？
＊本時のめあてを板書する。

調べる　情報を集める・読み取る・考える・話し合う

板書のポイント
つくり育てる漁業には養殖漁業と栽培漁業があることが理解できるように、板書を左右で２つに分け、調べたことをまとめていく。

T　まずは、養殖漁業について、働く人たちの工夫や努力について調べましょう。 1
C　毎日のエサやりが必要で大変です。
C　歯を何度も切らないといけないみたいです。
T　なぜそれ程の苦労をしてまで養殖をするのでしょうか？ 2
C　いつでも魚を出荷することができるからだと思います。とりに行くより確実です。
T　養殖漁業はよいことばかりなのでしょうか？ 3

本時のまとめ

つくり育てる漁業には、養しょく漁業とさいばい漁業があり、安定した生産のために、たくさんの作業をしている。

つくり育てる漁業

日本の水産業の養しょくがしめるわりあい

養しょく 24.5%

そのほか 75.5%

2016年 総生産量 430万トン

［平成28年 漁業・養殖業生産統計］

2

養殖業業のよさ

・いつでも出荷できる

↓

・安定して生産することができる

3

養殖業業の課題

・赤潮によるひ害

・施設や設備に費用がかかる

さいばい漁業…たまごからち魚を育て、海や川に放流し、成長してからとる漁業

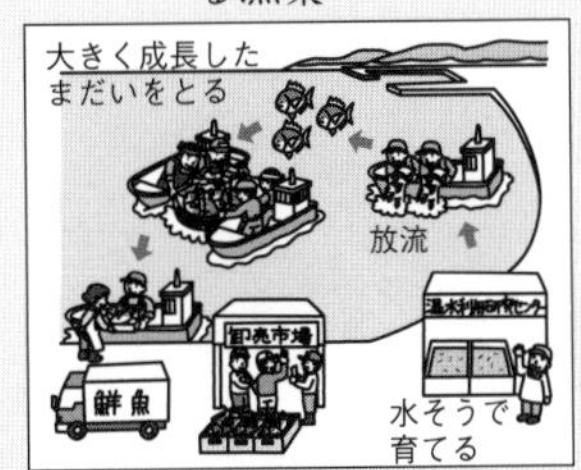

・水産センターでたまごをかえし、ち魚を育てる

・海にち魚を放流する

・岩やテトラポットをしずめて、岩場や岩しょうをつくる

・魚をとる

まとめる 整理する・生かす

板書のポイント

つくり育てる漁業のメリットについて、黒板を基に振り返らせながら、学習のまとめをしていく。

T　黒板を見ると、つくり育てる漁業には2つの方法がありましたね。では、改めて聞きますが、とる漁業とつくり育てる漁業を比べて、どのような違いがありましたか？

C　どちらにも工夫や努力がありましたが、つくり育てる漁業は、自然に左右されないというよさがあると思います。

C　とる漁業だと、魚がとれない日は収入がありません。

C　特に養殖漁業だと収入も安定すると思います。

学習のまとめの例

・つくり育てる漁業には、養しょく漁業とさいばい漁業があり、安定した生産のために、たくさんの作業をしている。

・つくり育てる漁業にも工夫や努力があった。それらの工夫や努力によって、いつでも魚を出荷することができる。

・つくり育てる漁業にもたくさんの作業が必要だった。長い期間がかかるけれども、魚を確実にとることができるようになるというよさがある。

調べる

情報を集める・読み取る・考える・話し合う

水産加工工場について調べ、工夫や努力を見つけよう

本時の目標

水産加工工場について調べることを通して、加工工場の役割を考える。

本時の評価

・水産加工工場の位置や工夫を調べ、加工工場の役割を考え、適切に表現している。【思①】

用意するもの

加工工場の地図、すり身工場とかまぼこ工場の写真

本時のめあて

長崎漁港の周辺では、どのようにして水産加工品がつくられているのだろう。

2 すり身工場

なぜ、加工工場は漁港の近くにあるのだろうか？

↓

・新鮮な状態で加工するため

・輸送費用をおさえるため

分かったこと

手作業で1匹1匹 →

↘

本時の展開 ▷▷▷

つかむ 出合う・問いをもつ

板書のポイント

長崎漁港周辺の地図を提示し、水産加工工場が漁港の近くに位置している意味を考えさせる。

T　魚の中には、かまぼこのように加工されて製品になるものもありましたね。では、加工工場はどこにあるのでしょうか？この地図から探してみましょう。 1

C　加工工場は漁港のすぐ近くにあります。

T　では、なぜ加工工場は漁港の近くにあるのでしょうか？

C　漁港の近くにあると運ぶ時間が短くなります。

C　そうすると、新鮮なまま加工することができます。

＊本時のめあてを板書する。

調べる 情報を集める・読み取る・考える・話し合う

板書のポイント

すり身工場の写真とかまぼこ工場の写真を提示し、魚が製品に加工されるまでの流れと、作業の工夫が理解できるように板書する。

T　まずは、すり身工場の様子です。どのように作業をしているでしょうか？ 2

C　たくさんの魚を手作業でさばいています。

C　頭や骨など、捨てる部分は魚のエサにしているようです。

C　次は、かまぼこ工場です。どのように作業をしているでしょうか？ 3

C　機械を使って練ったり、蒸したりしています。

C　魚の姿がどんどん変わっていきますね。

本時のまとめ

長崎漁港の周辺では、漁港でとれた魚を新鮮なうちに加工工場へ運び、手作業や機械を使って加工している。加工することによって、いつでも水産物を食べられるようにしている。

3 かまぼこ工場

分かったこと

身　→　機械ですり身に　機械で練り、むす、やく、あげるなどの様々な方法で製品に

頭・骨　→　魚のエサに

4 なぜ、加工するのだろうか？

↓

・長持ちさせるため

いつでも

・いろいろな食べ方ができるようにするため

多様なニーズ

まとめる　整理する・生かす

板書のポイント

加工工場の工夫や努力だけでなく、なぜ、加工するのか？と問いかけることで、加工することのメリットを考えさせる。

C　加工工場で働く人は様々な工夫や努力をしていました。

T　加工工場では、新鮮な魚を加工していますが、なぜ、わざわざ新鮮な魚を加工してしまうのでしょうか？　4

C　加工するといいことがあるのだと思います。

C　例えば、腐りにくくなって長持ちします。

C　いつでも、食べられるようになります。

C　料理によって使い分けられるし、赤ちゃんでも魚を食べることができるようになります。

学習のまとめの例

・長崎漁港の周辺では、漁港でとれた魚を新鮮なうちに加工工場へ運び、手作業や機械を使って加工している。加工することによって、いつでも水産物を食べられるようにしている。

・長崎漁港周辺の加工工場では、新鮮な魚をすぐに加工することで、おいしい魚をいつでも食べられるようにしている。また、いろいろな人のニーズに合わせることもできる。

調べる

情報を集める・読み取る・考える・話し合う

水産業の課題について考えよう

本時の目標

漁業別の生産量、輸入量、働く人の数の変化を調べることを通して、水産業の課題を読み取り、理解する。

本時の評価

・水産業の課題について、地図やグラフで調べ、必要な情報を読み取り、理解している。【知②】

用意するもの

漁業別の生産量、輸入量、働く人の数のグラフ、200海里水域の地図

本時のめあて

日本の水産業にはどのような課題があるのだろう。

1

漁業別生産量

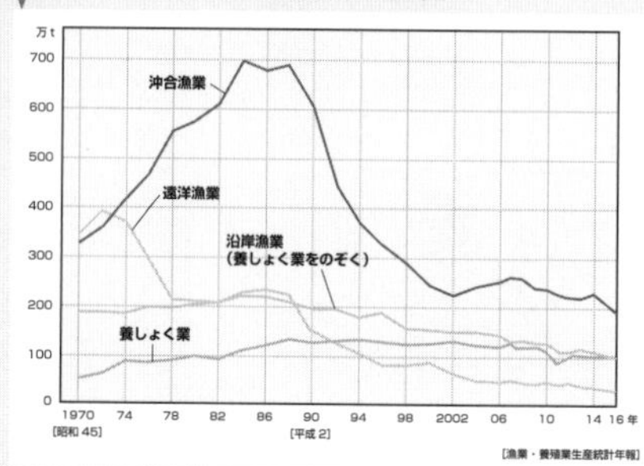

気づいたこと

・1974年ごろから遠洋漁業が減っている

・1990年ごろから沖合漁業や沿岸漁業も減っている

なぜ減ってきた？

本時の展開 ▷▷▷

つかむ　出合う・問いをもつ

板書のポイント

第2時で学習した様々な漁法がどのぐらいの生産量を生み出しているのか問いかけ、資料を提示することで、水産業の課題に着目させる。

T　長崎漁港のまきあみ漁の他にも様々な漁法がありましたね。では、どの漁法がどれくらいの魚をとっているのでしょうか？次の資料から調べてみましょう。 1

C　一番多いのは沖合漁業です。

C　でも、グラフを見ると、どの漁法も生産量が昔に比べて少なくなっています。

C　1974年頃から遠洋漁業が減っています。

T　なぜ、少なくなってきたのでしょうか？今日はこれらの課題について考えてみましょう。

＊本時のめあてを板書する。

調べる　情報を集める・読み取る・考える・話し合う

板書のポイント

拡大した地図を提示し、教科書や資料集の記述と合わせて読み取ることで、200海里経済水域の広がりと、意味を理解できるようにする。

T　この資料が、その理由の一つです？ 2

C　200海里水域と書いています。

C　世界の国々の周りがその水域になっています。

C　この中では、他の国は魚をとることができないようです。

C　そうなると、遠洋漁業ができる場所が限られてきます。

C　だから、遠洋漁業が減ってきたのですね。

本時のまとめ

日本の水産業は 200 海里水域のきまりから、生産量が減り、輸入量が増えてきている。そのため、働く人の数も少なくなり、高齢化が進んでいる。

2

200海里漁業水域と日本漁船の主な漁場

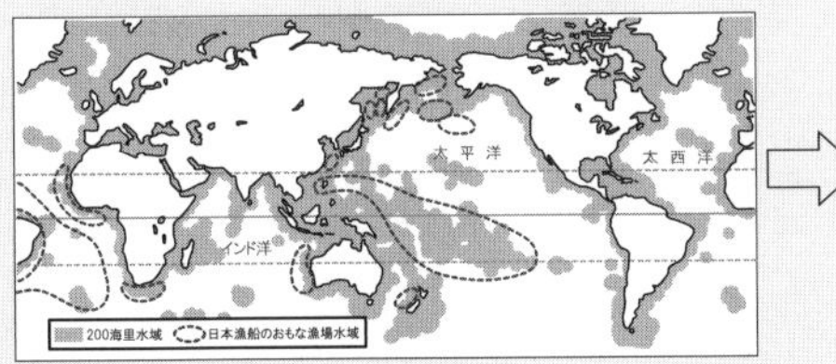

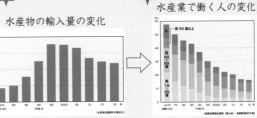

分かったこと

200 海里水域…沿岸から 200 海里の海は、
外国の船が漁をすることを制限するきまり
（日本では 1977 年にきめられた）

3

水産物の輸入量の変化

分かったこと

・1990 年ごろから輸入量が増えている
・沖合漁業や沿岸漁業が減ってきていることにも関係している

4

水産業で働く人の変化

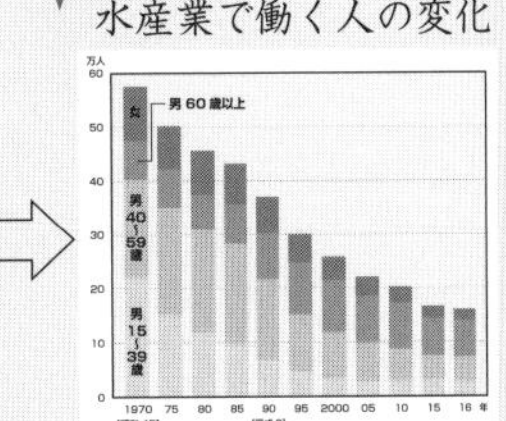

・水産業で働く人の数が少なくなる
・特に若い人の数が減り、高齢化している

まとめる 整理する・生かす

板書のポイント

輸入量のグラフを提示するときは、漁業別の生産量のグラフと関連付けるようにするとともに、様々な要因によって働く人の数が減っていることに気づけるようにする。

T 他にもこのような資料があります。 3

C 1990年頃から輸入が増えています。

C 沖合漁業や沿岸漁業が減っている時期と重なっています。

T すると、働く人の数はどのように変わりますか。このグラフから読み取りましょう。 4

C 水産業で働く人の数が減っています。

C 特に若い人の数が減って、高齢化しています。

学習のまとめの例

・日本の水産業は200海里水域のきまりから、生産量が減り、輸入量が増えてきている。そのため、働く人の数も少なくなり、高齢化が進んでいる。

・日本の水産業の生産量が減り、働く人の数が減っているという課題がある。それは、200海里水域や輸入量の増加、環境の変化などが原因になっている。

まとめる
整理する・生かす

7/7

学習問題のまとめをし、これからの水産業の発展について考えよう

本時の目標

生産者の工夫や努力と国民生活を関連付けることを通して、学習問題のまとめを考え、これからの水産業の発展について、多角的に考える。

本時の評価

・生産者の工夫や努力と国民生活を関連付け、水産業の働きを考えている。【思②】
・よりよい社会を考え、水産業の発展について、多角的に考えようとしている。【主②】

用意するもの

第2時から第5時までの写真資料、グラフ「鮮魚を購入する場合どの点に注意して購入するか」農林水産省「食料品の購買行動」より

本時のめあて
これまでの学習をふり返り、学習問題について考えよう。
1
生産者(水産業にかかわる人たち)
たくさん
新鮮
いつでも
いつでも
鮮度
価格
おいしさ
生産者の工夫や努力と消費者が求めているものは一致している

本時の展開 ▷▷▷

つかむ 出合う・問いをもつ

板書のポイント
第2時から第5時までに活用した資料を黒板に位置付け、学習のまとめを振り返ることで、水産業で働く人たちの工夫や努力をまとめる。

T　これまでに学習したことを振り返りましょう。
＊学習問題と本時のめあてを板書する。 1
C　長崎漁港の近海では、まきあみ漁をして、たくさんの魚をとっていました。
C　水あげされた魚は新鮮さを保ちながら全国へ輸送されていました。
C　加工工場では、いつでも食べられるようにするために魚を加工していました。
C　つくり育てる漁業もいつでも魚を出荷できるようにしていました。

調べる 情報を集める・読み取る・考える・話し合う

板書のポイント
水産業に関わる人たちの工夫や努力の意味について話し合い、消費者が求めていることと一致していることがわかるように線で結ぶ。

T　では、水産業に関わる人たちは、なぜこのような工夫や努力をしているのでしょうか?
C　たくさんの魚を消費者に届けるためだと思います。
C　新鮮な魚を届けたいという思いがあるからではないですか。
C　消費者がいつでも食べられるようにという意味もあるのではないでしょうか。
T　消費者は、どのような願いをもっているのでしょうか? 2

【学習問題】
長崎県で水産業に関わっている人々は、どのように魚をとり、消費者に届けているのだろう。

2 消費者（わたしたち）

消費者の願いは？

「鮮魚を購入する場合どの点に注意して購入するか」農林水産省 HP 等のグラフ

学習問題のまとめ
長崎県で水産業にかかわっている人々は、消費者が新鮮な魚をいつでもたくさん食べられるようにするために工夫や努力をしている。

3 これからの水産業は大丈夫？

水産物の輸入量の変化
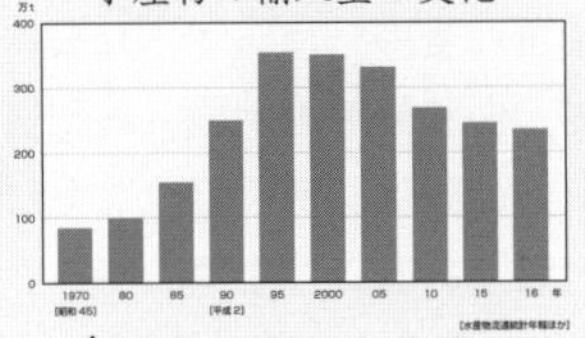

水産業で働く人の変化
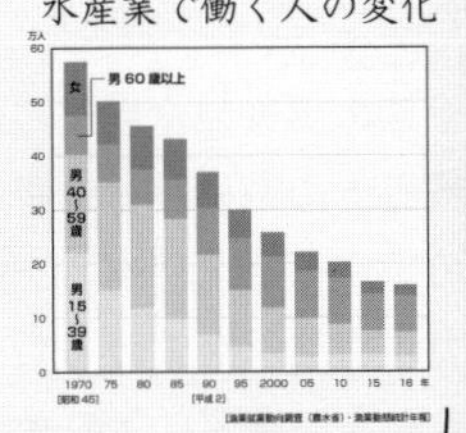

とれる魚の量も減り、働く人の数も減っていく可能性が高い

4 どのようなことが必要か？

生産者ができること

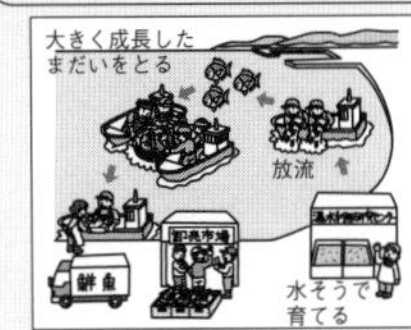

つくり育てる漁業を進めていく

消費者ができること

海のエコラベル
持続可能な漁業で獲られた水産物
MSC認証
www.msc.org/jp

環境や資源を大切にしてとられた魚を買う

まとめる 整理する・生かす

板書のポイント
前時の資料を提示し、水産業が抱える課題を解消していくために、どのようなことが必要か、生産者と消費者の立場から考えさせ、板書する。

T これは、前回見た資料ですが、この続きはどうなると思いますか？ 3
C このまま生産量は減っていき、働く人の数も減っていくと思います。
T そうすると、どのようなことが起きますか？
C 魚を食べられなくなるかもしれません。
T そうならないようにするためには、どのようなことが必要か、考え、話し合いましょう。 4

学習のまとめの例

・長崎県で水産業に関わっている人々は、消費者が新鮮な魚をいつでもたくさん食べられるようにするために工夫や努力をしている。
・長崎県で水産業に関わっている人々は、たくさんの魚を取り、新鮮さを保ちながら消費者にとどけている。他にも、消費者がいつでも食べられるようにするために、つくり育てる漁業をしたり、加工したりしている。

4 （5時間） これからの食料生産とわたしたち

単元の目標

我が国の農業や水産業における食料生産について、食料自給率や輸入など外国との関わり、食の安全・安心への取組などに着目して、地図帳や地球儀、各種資料で調べ、まとめることを通して、食料生産の課題を捉え、食の安全・安心の確保、持続可能な食料生産・食料確保が重要な課題であることや、食料自給率を上げることが大切であることを理解できるようにするとともに、学習したことを基にこれからの農業などの発展について考えようとする態度を養う。

学習指導要領との関連

内容(2)「我が国の農業や水産業における食料生産」アの(ア)及び(ウ)、イの(ア)

第1時	第2・3時
つかむ「出合う・問いをもつ」	調べる
〔第1時〕 ○食料生産の課題について話し合い、学習問題をつくりましょう。【思①・主①】 ・これまで学習した農業や水産業の学習を振り返り、どのような課題があったか話し合う。 **★生産量の変化や働く人の変化に着目する。** ・日本の食料生産について、疑問に思うことを話し合い、学習問題をつくる。 **★食料の輸出入品目や相手国、食料自給率の変化に着目する。** **【学習問題】** 日本の食料生産にはどのような課題があり、これからの食料生産をどのように進めたらよいのでしょうか。	〔第2時〕 ○食生活の変化は、食料生産にどのような影響を与えているのでしょうか。【思②】 ・和食と洋食の写真を見ながら、食生活の変化について話し合う。 **★和食と洋食の食べ物や食材の種類に着目する。** ・食生活の変化や食料品別の輸入量の変化について資料から調べる。 **★年代や輸入品の種類、量の変化に着目する。** ・調べて分かったことを関連付けて、食生活の変化や食料生産と食料の確保にどう影響しているのかを考え、話し合う。 〔第3時〕 ○食の安全・安心に対する取組は、どのように行われているのでしょうか。【知①】 ・食の安全・安心に対する取組について、知っていることや輸入食品で問題になっていること等を話し合う。

単元の内容

本小単元は、日本の食料生産について、農業や水産業などについて学習した後の単元として位置付けられている。これまで学習したことを基に、日本の食料生産が抱えている課題や、それに対する様々な取り組みについて学習し、子供一人一人がこれからの食料生産について考える内容となっている。

日本人の食生活が変化してきたことにより生産物の種類や量が変化してきたことや、外国から輸入する食品が増えてきたことにより食料自給率が低下してきていることなどを、グラフや地図帳なども活用して具体的に把握できるようにしたい。一方で、食の安全・安心を確保するための取組や6次産業化など、生産者が新たに取り組んでいる工夫や努力についても理解を深められるようにしたい。

単元の評価

知識・技能	思考・判断・表現	主体的に学習に取り組む態度
①食料自給率や輸入など外国との関わり、食の安全・安心への取組などについて、地図帳や地球儀、各種の資料で調べて、必要な情報を集め、読み取り、食料生産の課題を理解している。 ②調べたことを図表や文などにまとめ、食の安全・安心の確保、自給可能な食料生産・食料確保が重要な課題であることや、食料自給率を上げることが大切であることを理解している。	①食料自給率や輸入など外国との関わり、食の安全・安心への取組などに着目して、問いを見いだし、食料生産の課題について考え表現している。 ②食料自給率と食生活の変化を関連付けたり、食料生産について学習してきたことを総合したりして食料生産の課題について考え、学習したことを基に、消費者や生産者の立場などから多角的に考えて、これからの農業や水産業の発展について考え表現している。	①これからの食料生産について、予想や学習計画を立てたり、学習を振り返ったりして学習問題を追究し、解決しようとしている。 ②学習したことを基に、消費者や生産者の立場などから多角的に考えて、これからの農業などの発展について考えようとしている。

【知】：知識・技能　【思】：思考・判断・表現　【主】：主体的に学習に取り組む態度　○：めあて　・：学習活動　★：見方・考え方

第４時	第４・５時
「情報を集める・読み取る・考える・話し合う」	まとめる「整理する・生かす」
・スーパーマーケットの店長さんの話と検疫所で働く人の話を基に、食の安全・安心のためにどのような取組があるか調べる。 **★食の安全・安心を確保するための工夫や努力、人々の協力関係に着目する。** ・調べたことをもとに、食の安全・安心に対する取組がどのように行われているか考え、話し合う。 〔第４時前半〕 ○食料を安定して確保し続けるためには、どのようなことが大切なのでしょうか。【知②】 ・人口の変化や土地利用の変化から、食料の安定確保にとって課題となることを話し合う。 **★産業別の人口の割合の変化や土地利用の変化に着目する。** ・JA の方の話をもとに、食料を安定して確保するために大切なことを調べ、考えたことを話し合う。 **★食料の安定確保のための工夫や努力に着目する。**	〔第４時後半〕 ○これからの食料生産について調べたことをもとに、学習問題に対する考えをまとめましょう。【思②】 ・これまでに調べたことをカードに書いて分類する。分類したカードを見ながら、これからの食料生産で大切だと思うことを発表し合う。 **★これまでの学習を総合して、日本の食料生産について大切に思うことをまとめる。** 〔第５時〕 ○新しい食料生産の工夫を紹介し合い、これからの食料生産について考えましょう。【思②・主②】 ・食料生産の新たな取組について、グループ内で分担して調べ、発表し合う。 **★新しい食料生産における生産の工程、人々の工夫や努力に着目する。** ・これからの食料生産に対する考えを文章でまとめる。

問題解決的な学習展開の工夫

この単元では、日本の食料生産の現状と抱える課題について、導入の段階で子供に切実感をもって捉えさせるようにしたい。そのために、スーパーマーケットの売り場における産地や値段の違いを調べたり、食料生産に関する新聞記事の切り抜きを集めたりするなど、本単元の内容が子供にとって身近な事象として興味・関心をもたせることが大切である。また、ファストフードを例にとり、外国産の食材が無かったらメニュー通りに揃えることができないことや価格が上がってしまうことなど、食生活と食料自給率との関連性をもたせながら学習問題づくりにつなげるようにしたい。単元終末では、食料の安定確保や食の安全・安心に向けた取組について、生産者や消費者など、様々な立場から多面的に考え、深い学びへとつなげていきたい。

1/5

つかむ
出合う・問いをもつ

これまでの学習や資料から、食料生産における課題を話し合おう

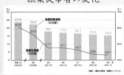

本時の目標

これまでの学習を振り返ったり、食料自給率のグラフなどを読み取る活動を通して、食料生産について話し合い、学習問題を設定する。

本時の評価

・食料自給率のグラフなどから問いを見いだし、食料生産の課題について考え表現している。【思①】
・これからの食料生産について、予想や学習計画をたて、追究し、解決しようとしている。【主①】

用意するもの

これまでの学習の振り返り、実際の写真資料、主な食料の自給率のグラフなど

資源料の変化や
漁業従事者の変化

これまでの学習のふりかえり

・日本人の食生活が、和食中心から洋食へと移った。
・米の生産量や消費量が減ってきている。
・米から別の作物にかえたところもある。
・資源量が減り、とれる魚の量が減っている。
・農業も水産業も、働く人が減ってきている。
・新しい技術の開発が進んでいる。

本時の展開 ▷▷▷

つかむ 出合う・問いをもつ

板書のポイント

農業や漁業について、これまで学習した内容で使用した資料をもう一度活用し、どのような課題があったか学習を振り返ることができるようにする。

T　これまで学習した農業や水産業には、どのような課題があったか、振り返りましょう。 1

C　日本人の食生活が変化して、米の消費量が減り、生産量も減ってきている。資源量が減り、とれる魚が減ってきている。農業も水産業も、働く人が減ってきている。

＊本時のめあてを板書する。 2

調べる 情報を集める・読み取る・考える・話し合う

板書のポイント

自給率のグラフだけではなく、本時で取り上げる事象を具体的に把握できるようにするために、身近な食事の場面を例にした写真資料を用意する。

T　このグラフや写真から気付くことはなんですか。 3

資料「食料自給率のグラフ」

資料「食事の様子の写真」

C　日本の食料自給率が低い

小麦や大豆は、特に自給率が低い

輸入している食料を除くと、ファストフードが食べられなくなるか、値段がすごく上がりそう。 4

T　疑問を出し合い、学習問題をつくりましょう。

2 本時のめあて

食料生産の課題について話し合い、学習問題をつくりましょう。

主な食料の自給率

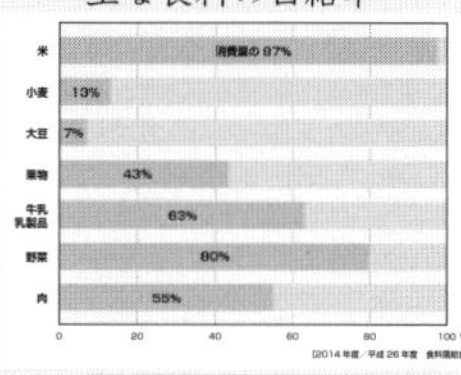

3 気づいたこと

・日本の食料自給率が低い
・日本は食料の多くを輸入に頼っている。
・国産のものだけだとファストフードが食べられない。

4 ぎもん

・日本の食料自給率が低いのはなぜだろうか。
・食料を輸入できなくなったらどうなってしまうのだろうか。
・自給率を上げるためにどのような取り組みがあるだろうか。

5 【学習問題】

日本の食料生産にはどのような課題があり、これからの食料生産をどのように進めたらよいのでしょうか。

6 調べること

・食生活の変化により、どのようなえいきょうがあるか。
・食の安全・安心の取り組み
・食料の安定的な確保の取り組み

本時のまとめ

日本の食料生産には、働く人の減少やなどにより、生産量が減ってきている作物がある。また、食料自給率が低いことが問題であり、それに対する取り組みを調べていきたい。

まとめる　整理する・生かす

板書のポイント

食料生産についての現状や課題を整理し、これからの食料生産における疑問を追究できるよう、学習問題や学習計画をまとめる。

学習問題：日本の食料生産にはどのような課題があり、これからの食料生産をどのように進めたらよいのでしょうか。 5

T　これから調べることをまとめましょう。 6

C　食生活の変化により、どのような影響があるか。

食の安全・安心の取組。

食料を確保するための取組には、どのようなものがあるか。

学習のまとめの例

・食生活の変化により、日本人の食べるものが昔に比べてかわってきている。
・日本人の食べ物が変わったことで、米のように消費量や生産量が減ってきている作物がある。
・資源量や働く人が減ってきている中で、農業や水産業がかかえる問題が多い。
・日本は食料自給率が低く、多くの食料を輸入している。
・安全・安心な食料を安定して確保するために、どのような取り組みが行われているのか、調べたい。

調べる
情報を集める・読み取る・考える・話し合う

食生活の変化を具体的にとらえ、食料生産への影響を考えよう

本時の目標

輸入量の変化のグラフや食べ物の割合の変化のグラフを読み取ることを通して、食生活の変化と食料自給率を関連付けて食料生産の課題を考えることができる。

本時の評価

・食生活の変化と食料自給率を関連付けて、食生活の変化が食料自給率の低下に影響していることなど、食料生産の課題について考え表現している。【思②】

用意するもの

和食と洋食の写真、輸入量の変化のグラフ、一人一日あたりの食べ物の割合のグラフ、地図帳

1

気づいたこと

(食材)
米、魚、大豆、たまご、のり、うめぼし
日本で生産されているものが多い。
ふだんは、あまり食べない。

(食材)
パン、ハム、トマト、たまご、コーヒー、キウイ
パンやハムを作る小麦や豚肉は、輸入していることが多い。
朝食はパンという家が多い。

洋食を食べる機会が増えた。

本時の展開 ▷▷▷

つかむ 出合う・問いをもつ

板書のポイント
和食と洋食の写真を用意し、それぞれどのような食材が使われているのかに着目させ、食生活の変化を具体的なものとして捉えられるようにする。

T　和食と洋食では、それぞれどのような食材が使われていますか。 1

C　和食…米、魚、豆腐、納豆、のり、うめぼし洋食…パン、ハム、コーヒー、卵、トマト

T　ふだんの自分たちの食事と比べて気付いたことはありますか。

C　写真のような和食は食べる機会があまりない。朝食は洋食の写真のように、パンが多い。和食は、日本で生産されているものが多い。パンで使われる小麦は輸入している。

調べる 情報を集める・読み取る・考える・話し合う

板書のポイント
輸入量の変化と食べ物の割合の二つのグラフを関連付けて、食生活の変化が食品輸入量の増加につながっていることを理解させるようにする。

＊本時のめあてを板書する。 2

T　二つのグラフをみて、どんなことがわかりますか。 3

C　肉や乳製品、大豆の輸入量が増えている。1960年と比べて、米を食べる量が減ってきている。輸入された食品がたくさんある。

2 本時のめあて

食生活の変化は、食料生産にどのようなえいきょうをあたえているのでしょうか。

よそう

・洋食を食べる機会が増えて、米を食べる量が減ったのではないか。
・和食は作る手間がかかるから、手軽に調理できる洋食が増えてきたのではないか。

輸入量の変化

3

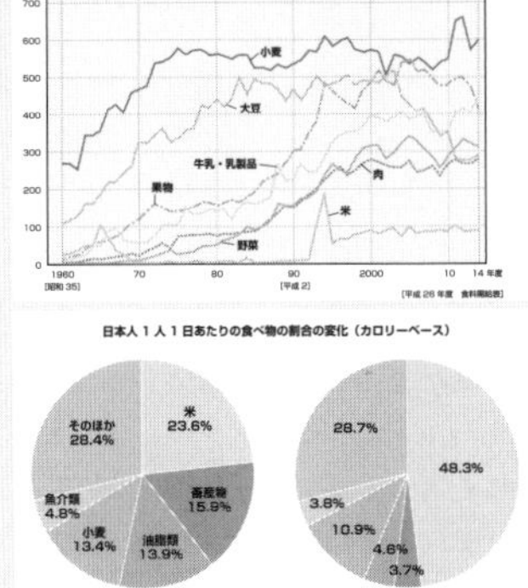

分かったこと

・肉や乳製品、大豆の輸入が増えている。
・1960 年と比べて、米を食べる量が減っている。
・畜産物を食べる量がとても増えている。

考えたこと

・洋食を食べる機会が増え、食生活が変化したことで、小麦や肉、乳製品などの輸入が増えた。
・ふだん食べているものには輸入された食品がたくさんある。
・食品ロスという新しい問題もある。

4 本時のまとめ

食生活の変化は、輸入される食品の増加や、食料自給率の低下にえいきょうを与えている。

まとめる　整理する・生かす

板書のポイント
食事の様子と、それを裏付ける資料の読み取りで分かったことの中から、食品輸入量の増加や食料自給率の低下につながるものを強調する。

T　調べて分かったこと、考えたことをもとに、食生活の変化と食料生産への影響について自分の考えをまとめましょう。 **4**

C　洋食を食べる機会が増えてきたことで、小麦や肉、乳製品などを多く食べるようになった。洋食で使われる食材は、輸入されているものが多く、そのことが輸入される食品の増加や食料自給率の低下に影響を与えてきている。豊かになった食生活に対し、食品ロスという新しい問題もでてきている。

学習のまとめの例

・食生活の変化により洋食を食べる機会が増えて、使われる食材も変化してきた。
・米の消費量が減り、小麦や肉、乳製品を食べることが多くなったため、輸入される食品も増えた。
・今の食生活は豊かであるが、輸入される食品が増えると、日本の食料自給率が低下していく。
・食生活の変化が、輸入される食品の増加や食料自給率の低下に影響を与えている。

調べる

情報を集める・読み取る・考える・話し合う

食の安全・安心を守るために働く人に迫り、その取組を理解しよう

本時の目標

スーパーマーケットや検疫所で働いている人の取り組みについて調べることを通して、食の安全・安心に対して行われていることを理解する。

本時の評価

・スーパーマーケットや検疫所で働く人の活動を調べ、食料生産の課題や食の安全・安心への取り組みについて理解している。【知①】

用意するもの

食の安全に関する新聞記事の切り抜き、トレーサビリティなどに関する資料、スーパーマーケットや検疫所の人の話

食に関する新聞記事などの拡大

トレーサビリティや生産者の顔や名前がわかる資料

1

気づいたこと

・輸入食品に含まれる農薬の問題
・食品偽装や期限のごまかし
・産地や生産者を調べられるようになっている。
・生産者の顔や名前がわかる。

ぎもん

・だれが、どのような検査をしているのだろうか。
・輸入している食品の安全は、どのように確かめているのだろう。
・販売するお店の取り組みはなんだろう。

本時の展開 ▷▷▷

つかむ 出合う・問いをもつ

板書のポイント

新聞記事の切り抜きなど、世の中の動きを取り上げることで、食の安全・安心の確保が社会全体で求められていることを把握できるようにする。

T　この写真を見て気付くことを発表しましょう。 1

C　輸入食品に日本では使ってはいけない農薬が使われていたことが記事になっています。産地や期限をごまかしたことが書かれています。産地や生産者がわかる売り場になっています。

＊本時のめあてを板書する。 2

調べる 情報を集める・読み取る・考える・話し合う

板書のポイント

教科書をはじめとする、食の安全・安心を守るためにどのような人々の取り組みがあるのか、写真で示したり要点をまとめたりして板書する。

T　スーパーマーケットでは、どのような取り組みがあるでしょうか。 3

C　生産者の顔が見える野菜の販売やトレーサビリティなどの取組があります。

T　検疫所の人は、どのような取り組みをしているでしょうか。 4

C　使われている農薬が日本の法律に合格できるか検査したり、指導したりしています。

T　なぜこのようなことをしているのでしょうか。

C　消費者も安全・安心を求めているからです。

2 本時のめあて

食の安全・安心に対する取り組みは、どのようにおこなわれているのでしょうか。

よそう

・食品を輸入する会社が行う。
・お店が検査方法を決めている。
・食品の検査を専門とする人たちがいるのではないか。

3

店長さんの話
スーパーマーケットの取り組み

・生産者の顔が見える野菜の販売
・農産物の生産者やさいばいの記録がわかるようにしている。
・トレーサビリティ

食の安全に関する取り組み

4

検疫所の人の話
検疫所の取り組み

・日本と外国で使用できる農薬や食品てんか物がちがう。
・日本の法律に合格できるかチェックする。
・検査や指導を中心に行う。

考えたこと

・食の安全・安心を確保するために、食品の検査や生産の記録をしている。
・輸入にばかりたよると、気候のえいきょうなどで輸入できなくなることがある。

5 本時のまとめ

消費者の関心が高まる中で、店や検疫所では、検査や記録など食の安全・安心を守るための取り組みをしている人たちがいる。

まとめる 整理する・生かす

板書のポイント

食料生産の課題やそれに対する取り組みを振り返り、消費者という立場も交えて、食の安全・安心に対する願いや取り組みをまとめるようにする。

T　食の安全・安心は、誰のねがいでもあるでしょうか。
C　わたしたち消費者の願いです。
T　消費者というキーワードも使って、今日の学習をまとめましょう。 5
C　食の安全・安心は、消費者の願いでもあり、それに対してスーパーマーケットや検疫所では、検査や記録などの取り組みをしている。食料を安定して確保することも食の安全を守ることにつながると思う。

学習のまとめの例

・食の安全・安心は、消費者の願いでもあり、安心して買い物ができるよう店では工夫している。
・生産者の顔を分かるようにしたり、トレーサビリティのように生産から出荷まで記録をしたりしている。
・輸入食品が日本の法律に合格しているか、検査・指導している検疫所の人の働きがある。
・異常気象など、気候の影響で食品を輸入できなくなる可能性もある。食料の安定確保も食の安全になる。

調べる・まとめる

情報を集める・読み取る・考える・話し合う・整理する・生かす

4/5

食料の安定確保のための取組を知り、これまでの学習を整理しよう

本時の目標

農協で働く方の話などから食料の安定確保のために大切なことを理解する。これまでの学習をまとめ、学習問題に対する自分の考えをまとめる。

本時の評価

・各種資料を使って調べ、食料自給率を上げることの大切さについて理解している。【知②】
・食料生産について学習してきたことを総合して、食料生産の課題について考え、表現している【思②】

用意するもの

各種グラフ、農協の方の話、これまでの学習成果など

産業別の人口のわりあいと変化　　土地利用の変化

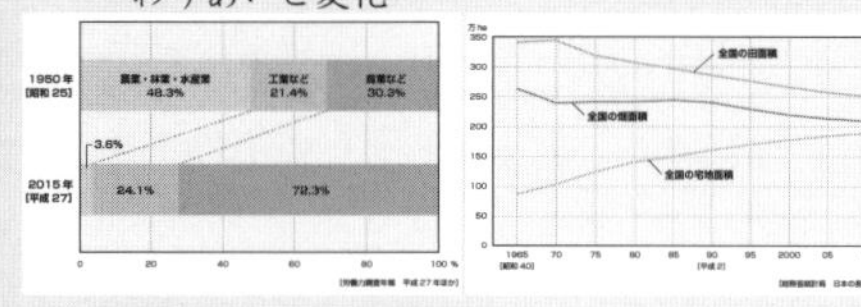

1 気づいたこと

・65年前にくらべて、商業で働く人が増えた。
・農業、林業、水産業で働く人が減ってきている。
・田や畑の面積は減り続けている。
・宅地面積は増えてきている。

2 ぎもん

・農業や水産業で働く人が減ってしまうと、私たちの食料がとれなくなってしまうのではないか。
・田や畑も減ってしまうと、食料をますます輸入しなければいけないのではないか。

本時の展開 ▷▷▷

つかむ　出合う・問いをもつ

板書のポイント

二つのグラフを比較して読み取り、耕地面積の減少や農業・水産業従事者の減少といった食料の安定確保に対する課題に気付かせる。

T　二つのグラフを見比べて、気付くことを発表しましょう。 ◀1

C　商業で働く人が増えてきている。農業や水産業で働く人が減っている。田や畑の面積が減っている。

T　疑問に思ったことを発表しましょう。 ◀2

C　働く人が減ると、食料生産ができなくなってしまうのではないか。国内での生産が減ると、ますます輸入に頼ることになるのではないか。

調べる　情報を集める・読み取る・考える・話し合う

板書のポイント

JAで働いている人の話から、食料の安定確保のための取り組みや願いを知り、食料自給率を高めるために大切なことを理解できるよう板書する。

＊本時のめあてを板書する。 ◀3

T　JAの方の話から分かったことを発表しましょう。 ◀4

C　国内の自給率を高めることが大切。
国産のものを食べるようにすること。
地産地消に取り組んでいる人たちを応援し、地元の食材を食べるようにする。

3

本時のめあて

食料を安定して確保し続けるためには、どのようなことが大切なのでしょうか。

JA の方の話

・国内の自給率を高めることが大切。 **4**
・国産のものを食べること。
・地産地消の取組

考えたこと

・今の食生活には輸入された食品は欠かせないけれど、国内の食料自給率を高めることも大切。
・地産地消に取り組みことで、国内のものを食べ、自給率を上げることにつながるのではないか。

5

【学習のまとめ】

これからの食料生産について、調べたことをもとに、学習問題に対する考えをまとめましょう。

①日本の食料生産の課題
・多くを輸入している。
・働く人や耕地が減少している。

②安全・安心への取り組み
・生産者の名前やさいばいの記録がわかる。
・トレーサビリティ

③食料の安定確保のために
・自給率を高める。地産地消。

6

自分の考えをまとめよう

・安定した食料確保のために、地産地消に取り組んで、食料自給率を高めていきたい。
・食の安心、安全のために、トレーサビリティの仕組みを整えていってほしい。

まとめる　整理する・生かす

板書のポイント
これからの食料生産について、これまで学んだことをカードや掲示物に整理し、それらを板書の材料として生かす。

T　これからの食料生産について、これまで学習してきたことをまとめましょう。 **5**
C　多くを輸入に頼る日本の食料生産の課題、安全・安心への取組、食料の安定確保のための取り組み。
T　学習問題に対する、自分の考えをまとめましょう。 **6**
C　食料自給率を高めるために、地元の食材を食べる地産地消に取り組んでいきたい。トレーサビリティを続けてほしい。

学習のまとめの例

〈単元全体のまとめを考える〉
・食料自給率を高めるために、家の人と協力してなるべく国産や地元で作られたものを食べていきたい。
・食料自給率を上げることは、農業や水産業の活性化につながっていくと思う。
・食料自給率を高めることで、輸入に頼り過ぎない安定した食料生産が可能になっていくと思う。
・食の安全・安心の確保は消費者の願いでもあるから、これからもトレーサビリティなどに取り組んでほしい。

まとめる
整理する・生かす

これからの食料生産について、取組や考えをまとめよう

本時の目標

新しい食料生産の取組について調べることを通して、これからの農業・水産業などの発展について考える。

本時の評価

・消費者や生産者の立場などから多角的に考えて、これからの農業や水産業の発展について考え表現している。【思②】
・これからの農業などの発展について考えようとしている。【主②】

用意するもの

新しい食料生産の取組、地図帳

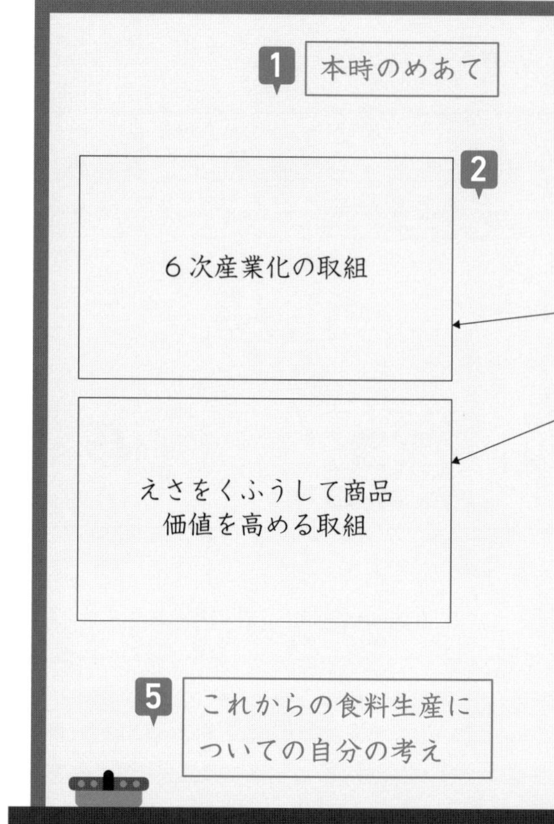

本時の展開 ▷▷▷

つかむ　出合う・問いをもつ

板書のポイント
教科書の資料などをもとに、全国各地で行われている取組を例として提示し、子供が調べる活動にスムーズに入れるようにする。

＊学習問題を板書する。 1
T　グループに分かれて全国各地で取り組まれている食料生産の新たな取組を調べ、まとめましょう。 2
C　生産、加工、販売まで自分たちで行う取組を工夫して価値を高める
持続可能な漁業を行う　有機減農薬の米づくり
(例)・生産、加工、販売を自分たちで行う取組
・えさを工夫して価値を高める取組
・持続可能な漁業をすすめる取組

調べる　情報を集める・読み取る・考える・話し合う

板書のポイント
様々な取組について、その理由を生産者と消費者の両面から考え、図に示すことで両者の思いや願いを捉えやすくする。

T　自分たちの住んでいる都道府県では、どのような取り組みがあるでしょうか。 3
C　農家レストランや給食に地元の食材を取り入れる地産地消の動きがあります。
T　なぜこのような取組をするのでしょうか。 4
C　消費者の願いにこたえるためです。
T　どのような願いがありますか。
C　そこでしか味わえないものを食べたい環境のことを考えて食材を選びたい安心・安全なものを食べたい

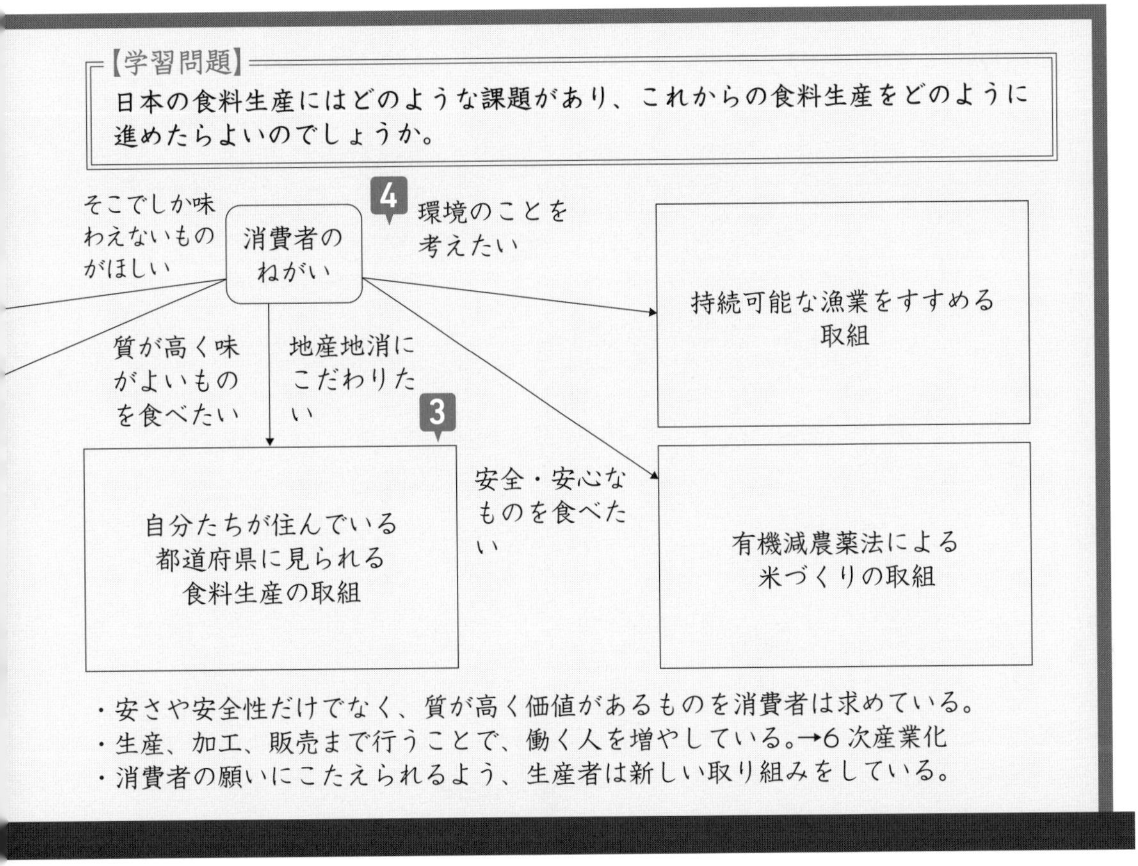

【学習問題】
日本の食料生産にはどのような課題があり、これからの食料生産をどのように進めたらよいのでしょうか。

そこでしか味わえないものがほしい

消費者のねがい

4 環境のことを考えたい

持続可能な漁業をすすめる取組

質が高く味がよいものを食べたい

地産地消にこだわりたい

3

自分たちが住んでいる都道府県に見られる食料生産の取組

安全・安心なものを食べたい

有機減農薬法による米づくりの取組

・安さや安全性だけでなく、質が高く価値があるものを消費者は求めている。
・生産、加工、販売まで行うことで、働く人を増やしている。→6次産業化
・消費者の願いにこたえられるよう、生産者は新しい取り組みをしている。

まとめる　整理する・生かす

板書のポイント

本時の板書に示されている消費者と生産者の思いや願いを捉え、児童も消費者の一人であることを意識させてまとめさせるようにする。

T　これまで学習してきたことをもとに、これからの食料生産についての自分の考えをまとめましょう。 5

C　消費者は安さや安全性だけでなく、質が高いものやそこでしか味わえないものを求めていることなど、様々なねがいをもっている。生産者も、働く人を増やすことなど、農業の発展に努力している。消費者の願いにこたえられるよう、生産者はくふうや努力をしている。

学習のまとめの例

・安さや安全性だけでなく、質が高く価値があるものやそこでしか味わえないものを、消費者は求めている。
・生産者は、生産、加工、販売まで自分たちで行うことで、働く人を増やし、農業の発展に努力している。
・農家レストランなど、6次産業化とよばれる取組も進められている。
・消費者の願いにこたえられるよう、生産者もくふうや努力をしている。
・一人の消費者として、国内の生産を増やせるよう、地産地消に取り組んで応えんしていきたい。

3

わたしたちの生活と工業生産

1時間

0 導入（オリエンテーション）

単元の目標

現在の家庭の様子の資料や、電化製品の進化についての資料を見て、身の回りにある工業製品の種類や、その移り変わりを確認することを通して、わが国の工業製品は国民生活の向上に重要な役割を果たしていることを理解し、国民生活を支える工業生産に関心をもつことができるようにする。

学習指導要領との関連　内容⑶「我が国の工業生産」

つかむ「出合う・問いをもつ」	調べる
○身の回りにある工業製品について考えよう。 ・「工業製品」という言葉について理解する。 ・現在の家庭の様子の写真を見ながら、電化製品や衣料品、食料品の袋など、身の回りの工業製品を見つける。 ・自分達の日常生活は工業製品に支えられていること、家庭だけでなく学校や外出先でも、同じように多くの工業製品があることなど、気付いたことを話し合う。 **★日常生活の様子と関連付ける。**	○日本の工業生産額はどのようになっているのだろう。 ・自分達の生活を支えている工業製品には、生産している場所があることを押さえ、日本の工業生産額の変化の資料をもとに、その生産額が1970年から1980年、1990年と急激に増えていることに気付く。 ・工業生産額の変化と、生活の変化について話し合い、工業生産の発展が自分たちの生活の向上につながっていることを理解する。 **★工業製品の改良に着目する。**

単元の内容

このオリエンテーションの１時間は、大単元「わたしたちの生活と工業生産」の大導入として位置付けられている。大単元の「めあて」をつくり、見通しをもって単元の学習を進めていく上で重要であると考える。

子供たちの身の回りにある工業製品の種類や、その移り変わりについて確認することを通して、自分たちの生活は様々な工業製品に支えられていることや、それぞれどこでどのように生産されているかについて関心をもつことができるようにすることが大切である。

また、貿易や運輸が工業生産を支える重要な役割を果たしていることについても理解させることが必要である。

単元の構成

○本大単元は、学習指導要領第５学年(3)に位置付き、わが国の工業生産の概要に関する内容と工業生産に関する人々の工夫や努力に関する内容、工業生産を支える貿易や運輸に関する内容から構成されている。主として、「現代社会の仕組みや働きと人々の生活」に区分されるものである。
○本書では、以下のように単元を構成している。
第１ くらしを支える工業生産
第２ 自動車をつくる工業
第３ 工業生産を支える輸送と貿易
第４ これからの工業生産とわたしたち
○指導時数は本時を含め21時間であり、長い時間をかけて取り組む学習である。そこで、４つの単元の大導入（オリエンテーション）として、工業生産に関する興味・関心を高め、これから先の学習を意欲的に取り組めるようにしたいと考えている。

【知】：知識・技能　【思】：思考・判断・表現　【主】：主体的に学習に取り組む態度　○：めあて　・：学習活動　★：見方・考え方

「情報を集める・読み取る・考える・話し合う」	まとめる「整理する・生かす」
○電化製品の移り変わりについて考え、話し合おう。 ・工業生産額の変化と関連させながら、３年生で学習した「昔の道具」の洗濯板と、現在の家庭にある洗濯機とを比較し、洗濯の移り変わりに気付く。 ・洗濯板から電気洗濯機の進化を予想し、資料をもとに、電気洗濯機の進化・改良が自分達の生活を便利にしていることを理解する。 ・洗濯機だけでなく、冷蔵庫や掃除機、携帯電話なども同じように、新しい製品が開発されたり、改良されたりしていることについても話し合う。 **★様々な工業製品について触れ、それを支える生産活動との関係に着目させる。** ・工業製品の原材料について知り、工業製品ののつくり方や輸送方法など、不思議に思うこと、これからの工業生産の発展など、興味・関心のあることについて話し合う。	○これからの学習を見通そう。 ・私たちの生活を支える工業生産について調べることを知り、興味・関心のあることや調べ方について話し合う。 【単元のめあて】 わたしたちの生活を支えている工業製品は、どこでどのようにしてつくられ、運ばれてきているのだろうか。 【評価】主体的に学習に取り組む態度 **★本時は、単元の導入のオリエンテーションにあたることから、工業生産への興味・関心、学ぼうとする意欲に着目して評価する。**

問題解決的な学習展開の工夫

自分たちの生活とのつながりを意識させるためには、子供にとって身近な、家庭の様子の写真を素材として使い、授業を進めることが望ましいと考える。教科書の資料でも、教師の用意した資料でも、あるいは各家庭で調べてくるという方法もある。写真資料を用意する際には、できるだけ多くの工業製品が入るように作成し、工業製品の多さに着目し、自分たちの生活に工業製品が欠かせないものだということを実感させたい。

また、写真資料から工業製品を消したものを見せるなど、もし工業製品がなかったら、という視点で話し合いをするのもおもしろい。

まとめの場面では、工業生産について学習することや学習のめあてを教師と子供たちで共有し、見通しをもたせたい。

導入
(オリエンテーション)

大単元を見通しためあてをもとう

本時の目標

現在の家庭の様子の資料や、電化製品の進化についての資料を見て、身の回りにある工業製品の種類や、その移り変わりを確認することを通して、わが国の工業製品は国民生活の向上に重要な役割を果たしていることを理解し、国民生活を支える工業生産に関心をもつ。

本時の評価

・工業製品に、興味・関心をもち、工業生産について主体的に学ぼうとしている。【主】

用意するもの

教科書資料の拡大、自作資料（洗濯機の変遷）など

本時のめあて

身の回りの工業製品について考えよう。

ものに道具や機械を使って手を加え、形を変えたり組み立てたりしてできている製品。
例：黒板・えんぴつ・車…

1

工業製品に○を付けていく

わたしたちの身の回りにあるものは、ほとんどが工業製品
→毎日の生活になくてはならないもの

本時の展開 ▷▷▷

つかむ　出合う・問いをもつ

板書のポイント

大きな写真資料を掲示して、自分自身の生活と重ねながら、身の回りにあるもののほとんどが工業製品だと気付けるようにする。

T　今日は身の回りの工業製品について考えます。
＊本時のめあてを板書する。
C　工業製品ってなんだろう。
T　工業製品とは、…（板書参照）
C　えんぴつも、黒板も、洋服も？！
T　学校だけでなく、家の中ものぞいてみましょう。 1
C　工業製品がなかったら大変なことになってしまう。

調べる　情報を集める・読み取る・考える・話し合う

板書のポイント

グラフを読み取った後で洗濯機の資料を出すことにより、工業生産の発展と自分たちの生活の発展とのつながりに気付かせるようにする。

T　このグラフからどんなことが分かりますか。 2
C　1970年から1980年が急激に増えている。
T　工業生産額が増えて、何か生活は変わる？
C　工業生産が増えたということは、様々なものができたということだから、生活は便利になったのでは？
T　では、こちらの資料を見て見ましょう。 3
C　工業製品の進化は、生活の便利さにつながっている。

2

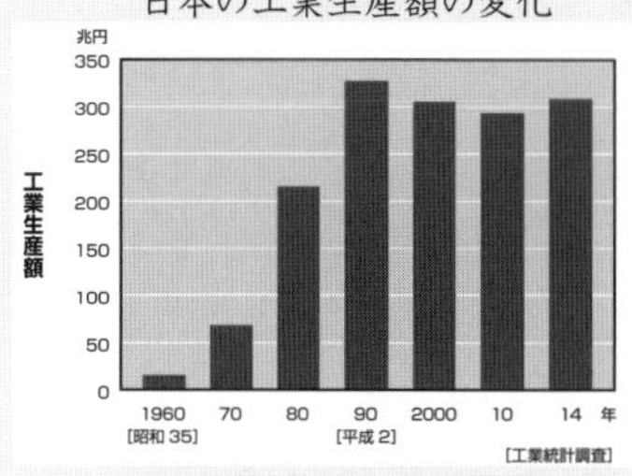

分かったこと・考えたこと

・1960年から1990年まで、どんどん増えている↑
・特に1970年から1980年が急激に増えている↑　何かあった？
・近年は増えたり減ったり→大きな変化はない。
・工業生産額が増えた。＝便利になった？

【学習のまとめ】
わたしたちの生活は多くの工業製品に支えられている。また、工業製品の進化が暮らしを便利にしてくれている。

3

分かったこと・考えたこと

・昔はせんたく板→時間がかかった
せんたく機に進化→便利になった
今→タイマー・乾燥機能→もっと便利
・せんたく機が大きく進化したのは1980年、1990年。
→生産額が増えたところと重なる。
→他の工業製品はどうなのだろう。
→どうやってつくられているのかな？

単元のめあて
わたしたちの生活を支える工業製品は、どのようにしてつくられているのか調べよう。

まとめる　整理する・生かす

板書のポイント
左から順に板書を追いながら、本時の学習を振り返り、大切な所に線を引く。「つまり…」と教師が語りかけ、児童の発言をもとにまとめる。

T　今日は身の回りの工業製品について、資料を読み取りながら、考えてきました。学習をまとめると、「つまり、私たちの身の回りには、…」（と問い、児童の発言をつなぎながらまとめを作っていく。）
C　私たちたちの身の回りには、多くの工業製品がある。
C　私たちの生活は、工業製品に支えられている。
C　工業生産の発展が、私たちの生活を、より便利にしている。

学習のまとめの例

・わたしたちの生活は、多くの工業製品に支えられている。また、工業製品の進化が暮らしを便利にしている。
・私たちの身の周りにはたくさんの工業製品があり、工業製品の発展は、私たちの生活を豊かにしてくれている。
子供のノートには、まとめのあとに考えたことを書かせてもよい。
例：生活の中にあるもののほとんどが工業製品と知って驚いた。これから、いろいろな工業製品の作られ方や新しい商品の生み出し方を知りたい。

3時間

1 くらしを支える工業生産

単元の目標

工業の種類、工業の盛んな地域の分布などに着目して、統計や地図を活用して調べ、工業生産が国民生活に果たす役割について考え、表現することを通して、我が国では様々な工業生産が行われていることや、国土には工業の盛んな地域が広がっていること及び工業製品は国民生活の向上に重要な役割を果たしていることを理解できるようにするとともに、学習の問題を解決しようとする態度を養う。

学習指導要領との関連

内容⑶「我が国の工業生産」アの㋐及び㋓、イの㋐

第1時（前半）	第1時（後半）
つかむ「出合う・問いをもつ」	調べる
〔第1時〕（前半） ○身の回りにはどのような工業製品があるのだろう。【思①・知①】 ・教室にある工業製品や知っている工業製品を出し合う。 ・「○○工業」を手がかりに、出し合った工業製品を6つに分類する。 **【学習問題】** 身の回りの工業製品は、どこで生産されているのだろう。 ・予想や学習計画を立てる。 ・「工業生産が盛んな地域はどのあたりか。地図を使って調べたい。」「日本ではどのような種類の工業が盛んになってきたのか。地図や統計を使えば分かるのではないか。」	**〔第1時〕（後半）** ○身の回りにある工業製品はどこで生産されたのだろう。【知①・主①】 ・教室や家庭にある工業製品がどこで生産されたのかを調べて白地図に表し、工場が日本全国に広がっていることを話し合う。 **★工業の盛んな地域の分布に着目する。**

単元の内容

本単元は、日本の工業に関わる大単元の導入に位置しており、工業の種類や工業の盛んな地域の分布などを調べることを通して、日本の工業の概要を捉えたり役割を理解したりすることをねらいとしている。

具体的には、統計を基にして、機械工業や化学工業が盛んになってきていることや、生産を支えている中小工場の働きを捉える。また、地図帳を活用して、工業のさかんな地域が海沿いを中心に広がっていることを捉える。

単元終末では、日本の工業生産の特色を総合したり、国民生活の向上と関連付けたりしながら、考えたことを白地図や文にまとめるようにする。

単元の評価

知識・技能	思考・判断・表現	主体的に学習に取り組む態度
①工業の種類、工業の盛んな地域の分布などについて、地図や統計資料などの資料で調べて、必要な情報を集め、読み取り、工業生産の概要を理解している。 ②調べたことを、白地図や文などにまとめ、我が国では様々な工業生産が行われていることや、国土には工業の盛んな地域が広がっていることを理解している。	①工業の種類、工業の盛んな地域の分布などに着目して、問いを見いだし、工業生産の概要について考え、表現している。 ②学習してきたことを関連付けたり総合したりして、工業生産が国民生活に果たす役割について考え、表現している。	①我が国の工業生産について、予想や学習計画を立てたり、学習を振り返ったりして、学習問題を追究し、解決しようとしている。

【知】：知識・技能　【思】：思考・判断・表現　【主】：主体的に学習に取り組む態度　○：めあて　・：学習活動　★：見方・考え方

第 2 時	第 3 時
「情報を集める・読み取る・考える・話し合う」	まとめる「整理する・生かす」
(第 2 時) ○日本の工業生産には、どのような特色があるのだろう。【知①・主①】 ・工業製品が盛んに生産されている場所を地図で調べ、白地図に書き出す。 ・工業地帯や工業地域が海沿いや高速道路が発達した内陸部に位置していることを話し合い、工業生産の広がりを考える。 **★工業の盛んな地域の分布に着目する。** ・工業種類別生産額の割合の変化を読み取り、機械工業や化学工業が盛んになってきたことを話し合う。 ・大工場と中小工場の割合に関する資料を読み取り、工場や働く人の数は中小工場の方が多いことや、生産額では中小工場よりも大工場の方が多いことを話し合う。 **★工業の種類に着目する。** ・調べて分かったことを文に表現する。	(第 3 時) ○工業の盛んな地域は、なぜ海や高速道路の近くに広がっているのだろう。【知②・思②】 ・生産額が全体の半分以上を占めている大工場が広がる工業地帯や工業地域が、輸送に便利な海沿いや高速道路が発達した内陸部に広がっていることを話し合う。 **★工業の種類や生産額、工業の盛んな地域の分布などの情報を総合する。** **★国民生活の向上と関連付ける。** ○身の回りの工業製品は、どこで生産されているのだろう。 ・学習したことを振り返り、学習問題に対する考えを白地図や文にまとめる。

問題解決的な学習展開の工夫

「つかむ」段階では、身の回りの工業製品を分類させたり工業製品の変化が分かる写真を提示したりすることで、学習問題につながる疑問を喚起する。

「調べる」段階では、〈工業の盛んな地域の分布→工業の種類〉の順で調べる内容を設定することで、子どもの問いを連続させるようにする。ここでは、地図と統計を活用させて、子どもが見方・考え方を働かせて調べることができるようにする。

「まとめる」段階では、情報を総合したり、国民生活の向上と関連付けたりして、自分の考えを白地図や文にまとめさせる。また、工業生産と自分の生活との関わりについて考えさせることで、工業生産を身近なものとして捉え、次の学習に生かすことができるようにする。

つかむ
出合う・問いをもつ

身の回りの工業製品について話し合って学習問題をつり、予想を出し合おう

本時の目標

身の回りの工業製品について話し合うことを通して、工業生産が盛んな地域に対する関心を高めたり、学習計画を立てたりする。

本時の評価

・身の回りにある工業製品に着目し、学習問題や学習の見通しを立てている。【思①】
・日本の各地に工場があり、様々な工業製品が生産されていることを地図や統計資料などで調べ、理解している。【知①】

用意するもの

資料、実物、地図帳、日本白地図（拡大）

1 身の回りの工業製品

機械工業
・自動車
・パソコン

金属工業
・ねじ

食料品工業
・かんづめ
・ガム

せんい工業
・シャツ
・ズボン

2 話し合って考えたこと

・工業製品はどこで生産されているのか？ →
・どんな工業製品がよく生産されているのか？ →
・もしなくなったらくらしが不便になる。

本時の展開 ▷▷▷

つかむ 出合う・問いをもつ

板書のポイント
身の回りにはたくさんの工業製品があり、生活を支えていることを捉えさせるために、工業の種類に沿って分類しながら工業製品を板書する。

T　教室や家には、どんな工業製品がありますか。
C　鉛筆や机、服、テレビなどたくさんあります。
T　工業には、機械工業・金属工業・化学工業・食料品工業・繊維工業・その他の工業の6つに分けられます。 1
C　こんなにたくさんの工業製品は、どこで生産されているのかなと思いました。
C　もし工業製品がなくなったら、いつものくらしがとても不便になりそうです。 2

調べる 情報を集める・読み取る・考える・話し合う

板書のポイント
調べる問いをもたせるために、予想を「工業生産の盛んな地域」「工業の種類」に分類しながら板書する。

T　疑問に思うことや関心のあることを話し合い、学習問題をつくりましょう。
C　工業生産は、どんなところで盛んなのかを調べたいです。
C　日本では、どんな工業が盛んなのかも気になります。 3
＊学習問題を板書する。

4 本時のめあて　身の回りにある工業製品は、どこで生産されているか白地図にまとめよう。

化学工業
・タイヤ

そのほかの工業
・ノート
・つくえ

3 ぎもん
・工業生産はどんなところでさかんなのか。
・どんな工業がさかんなのか。

【学習問題】
身の回りの工業製品はどこで生産されているのだろう。

本時のまとめ
・日本全国

分かったこと **5**
・タイヤは福岡県久留米市
・南部鉄器は岩手県盛岡市
↓
・日本全国に広がっている。

ふりかえり
・工業製品はくらしに欠かせない。
・日本各地で工業製品が作られていて驚いた。

まとめる　整理する・生かす

板書のポイント
工業製品が作られたところが全国に広がっていることを視覚的に捉えさせるために、調べたことを持ち寄って白地図に書き込ませる。

T　地図帳を使って、工業製品がどこで作られたのか調べましょう。
＊本時のめあてを板書する。 4
T　調べたことを白地図にまとめましょう。
C　タイヤは福岡県久留米市で作られています。
C　南部鉄器は岩手県盛岡市で作られています。
C　工業の盛んな地域は、日本全国に広がっていることが分かりました。 5

学習のまとめの例

・日本の工業は、機械工業、金属工業、化学工業、食料品工業、せんい工業、そのほかの工業の６つに分けられる。
・身の回りの工業製品が生産されたところは、日本全国に広がっている。

〈振り返りの例〉
身の回りには、思ったよりもたくさんの工業製品がありました。工業製品がなくなったら、くらしがとても不便になります。工業製品は、どんなところで生産されているのかをもっとくわしく調べてみたいです。

調べる
情報を集める・読み取る・考える・話し合う

資料をもとに調べて、日本の工業の様子を話し合おう

本時の目標

地図や統計を基に調べたり話し合ったりすることを通して、日本の工業の特色や工業生産のさかんな地域の広がりを理解することができるようにする。

本時の評価

・工業の盛んな地域の分布や工業の種類について、地図や統計で調べて、読み取り、日本の工業生産の概要を理解している。【知①】
・日本の工業の特色や産地について学習問題を基に主体的に追究している。【主①】

用意するもの

資料、地図帳

1 本時のめあて

日本の工業生産にはどのような特色があるのだろう。

2 よそう

・生産している製品が関係している？
・消費者がたくさんいるまちの近く？

工業地帯や工業地域の分布と生産額

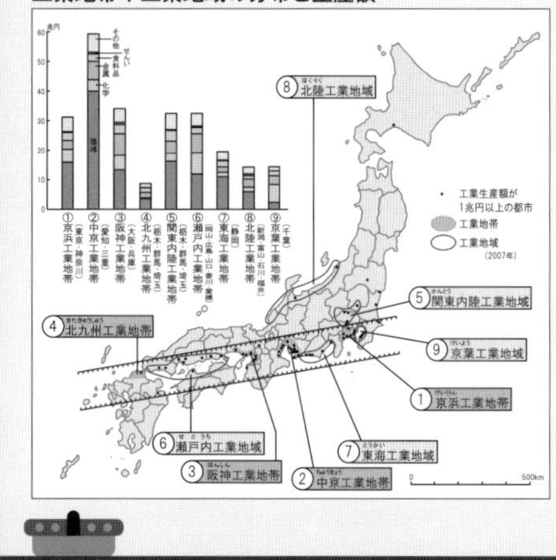

本時の展開 ▷▷▷

つかむ 出合う・問いをもつ

板書のポイント
調べる問いをもたせるために、前時で作成した地図を提示し、工業が盛んな地域の分布の特徴に目を向けさせる。

T　工業のさかんな地域は、日本全国に広がっていましたね。
C　でも、場所によってばらつきがあるようです。
T　今日は、工業のさかんな地域がどのように広がっているのかを調べましょう。
＊本時のめあてを板書する。 1
C　生産している製品が関係していると思います。 2

調べる 情報を集める・読み取る・考える・話し合う

板書のポイント
工業の盛んな分布の特徴を捉えさせるために、提示した地図から共通点を考えさせたり、交通の様子と重ねて考えさせたりする。

・資料「日本の工業生産の分布」
T　工業の盛んな地域は、どのように広がっていますか。
C　海の近くや高速道路の近くに、工業地域が広がっています。
C　工業の盛んな地域では、どのような工業生産を行っているのかなと思いました。 3
T　工業生産額はどのように変化していますか。
C　機械工業や化学工業の割合が大きくなって繊維工業は小さくなってきています。 4

工業種類別の工業生産額のわりあいの変化

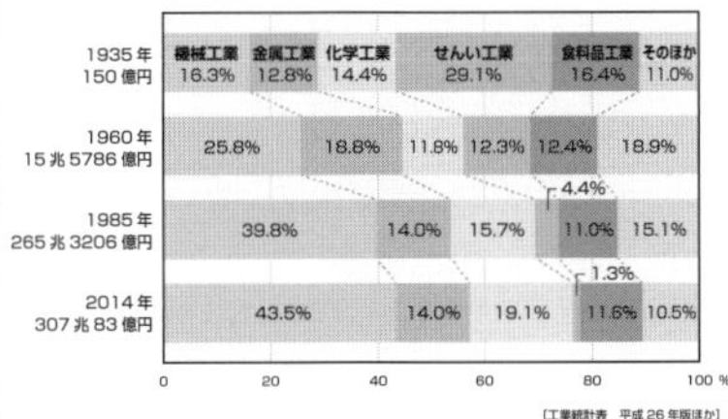

大工場と中小工場のわりあい

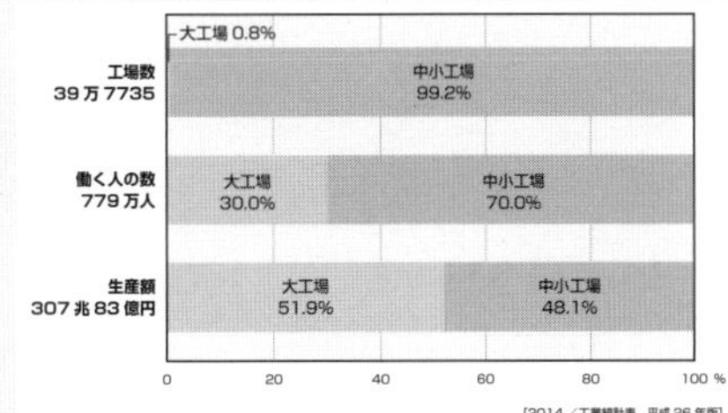

3 分かったこと

・工業地帯や工業地域とよばれる。
・中京工業地帯が、生産額が一番大きい。
・海の近くにある。
・高速道路の近くにも広がってきている。

4 分かったこと

・機械工業や化学工業のわりあいが大きくなってきている。
・工場や働く人の数は、中小工場の方が多い。
・生産額のわりあいはほとんど同じ。

本時のまとめ 

・工業地帯や工業地域
・海や高速道路の近く
・生産額のわりあい
・中小工場

ふりかえり

・日本の工業は中小工場によって支えられている。
・工業と交通の関係も調べたい。

まとめる　整理する・生かす

板書のポイント

日本の工業生産の特色を捉えさせるために、統計を提示し変化や割合の違いを問いながら読み取らせる。

・統計「大工場と中小工場の割合」

T　この資料から、どんなことが分かりますか。

C　工場や働く人の数は、中小工場が多いです。

T　工業の盛んな地域の広がりや生産額などに着目して、日本の工業の特色をノートにまとめましょう。

C　工業が盛んな地域は、太平洋側に広がっています。また、工場のほとんどは中小工場で、繊維工業が盛んだった頃から、最近では機械工業が中心になっています。 **5**

学習のまとめの例

・工業のさかんな地域は、海や高速道路の近くに広がっている。
・日本の工業は、機械工業や化学工業の生産額のわりあいが大きくなってきている。
・日本の工業は、工場や働く人の数では大工場よりも中小工場の方が多くなっている。

〈振り返りの例〉

日本の工業は、あまり知らない中小工場によって支えられていると分かりました。なぜ海や高速道路の近くに広がっているのかが疑問です。

まとめる
整理する・生かす

調べたことをもとに話し合って、学習問題に対する考えをまとめよう

本時の目標

工業の盛んな地域が海や高速道路の近くに広がっている理由について話し合うことを通して、工業生産と国民生活の関連について考え、表現する。

本時の評価

・工業生産の概要について文や白地図でまとめている。【知②】
・分かったことを関連付けて工業生産の盛んな地域の特色を考えまとめている。【思②】

用意するもの

資料、地図帳、日本地図（拡大）

1 本時のめあて

工業のさかんな地域は、なぜ海や高速道路の近くに広がっているのだろう。

2 よそう

・製品を輸送しやすいから？

【学習問題】
身の回りの工業製品は、どこで生産されているのだろう。

本時の展開 ▷▷▷

つかむ 出合う・問いをもつ

板書のポイント
話し合う問いをもたせるために、前時の地図を提示し、工業の盛んな地域が海や高速道路の近くに広がっている理由に疑問をもたせる。

・地図「日本の工業生産の分布」
T　工業の盛んな地域は、どんなところに広がっていましたか。
C　海や高速道路の近くに広がっていました。
T　なぜ、海や高速道路の近くに広がっているのでしょうか。
＊本時のめあてを板書する。 1
C　生産した製品を輸送しやすいからではないかと思います。 2

調べる 情報を集める・読み取る・考える・話し合う

板書のポイント
問いについて話し合わせるために前時の統計を提示し、原材料や製品の輸送のための工夫に気付かせる。

・統計「工業種類別生産額の割合の変化」
C　日本の工業は、機械工業や化学工業が盛んになってきています。生産した製品を輸送しなければならないので、海や高速道路の近くに広がっていると思います。
C　海の近くは海外へ、高速道路の近くは国内へ向けて輸送しているのだと思います。
C　工業の盛んな地域へ原材料を輸送してくるためにも、海や高速道路の近くに広がっていると思います。 3

工業種類別の工業生産額のわりあいの変化

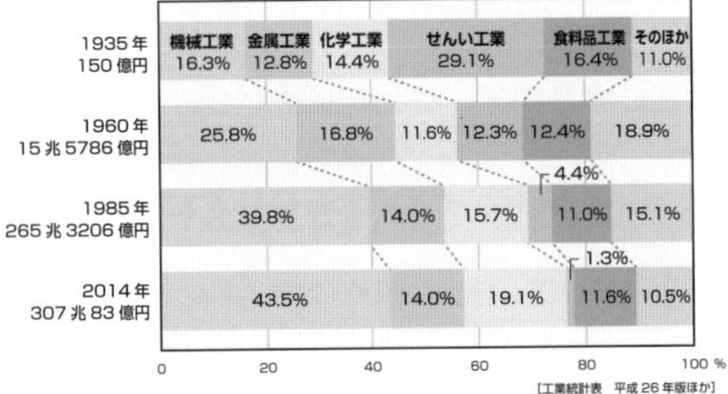

3
・機械工業や化学工業がさかん
　→製品の輸送
・海の近く…海外へ
　高速道路の近く…国内へ
・原材料を輸送してくるため。

工業地帯や工業地域の分布と生産額

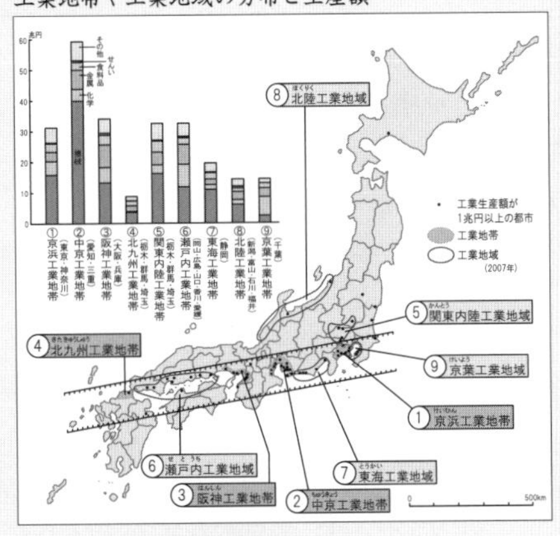

工業のさかんな地域
・海や高速道路の近くに広がっていた。
↓
なぜ？

4
もし海や高速道路の近くではなかったら
・すぐに生産したり輸送したりできない。
・くらしに必要な製品が届かない。
↓
工業生産は便利なくらしに欠かせない。

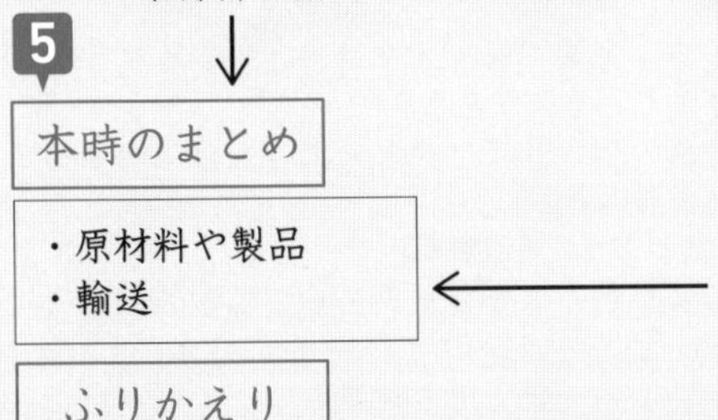

まとめる　整理する・生かす

板書のポイント

工業生産と国民生活の関連について考えさせるために、地図上で工業の盛んな地域と自分の住む地域をつなげて話し合わせる。

T　もし、工業の盛んな地域が海や高速道路から離れて広がっていたら、どうなりますか。

C　すぐに生産したり輸送したりすることができません。

C　わたしたちのくらしに必要な製品が届かなくなります。くらしに影響が出そうです。

C　工業生産は、今の便利なくらしに欠かせないものなんだと思いました。 4

T　学習問題に対するあなたの考えを白地図や文にまとめましょう。 5

学習のまとめの例

・工業のさかんな地域が海や高速道路の近くに広がっているのは、原材料や製品の輸送に便利だからである。

〈振り返りの例〉

身の回りの工業製品は、太平洋ベルトを中心に広がる工業地帯や工業地域で生産されています。それは、原材料や製品の輸送に便利だからです。工業製品がなければ、くらしがとても不便になってしまいます。わたしたち消費者にとって、工業生産はとても大切なものだと思いました。

7時間

2 自動車をつくる工業

単元の目標

我が国の自動車工業について、製造の工程、工場相互の協力関係、優れた技術などに着目して考え、表現することを通して、自動車工業に関わる人々は、消費者の需要や社会の変化に対応し、優れた製品を生産するよう様々な工夫や努力をして、工業生産を支えていることを理解できるようにするとともに、自動車工業の発展について考えようとする態度を養う。

学習指導要領との関連

内容⑶「我が国の工業生産」アの(イ)及び(エ)、イの(イ)

第1・2時	第3・4時
つかむ「出合う・問いをもつ」	調べる
〔第1時〕 ○わたしたちの生活を支える自動車はどのような地域でつくられているのだろう。【主①】 ・自動車の移り変わりの様子を見て気付いたことを話し合う。 **★自動車の改良に着目する** **★昔と今の自動車の違いを比較する。** ・地図などの資料で、日本の自動車生産がさかんな地域を調べる。 〔第2時〕 ○自動車工業がさかんな理由を考え、学習問題・学習計画をつくろう。【思①・主①】 **【学習問題】** 自動車づくりにたずさわる人々は、よりよい自動車をたくさんつくるために、どのようなくふうや努力をしているのでしょうか。 ・予想や学習計画を立てる。 大きな工場でたくさんの自動車をつくっているのではないか。	〔第3時〕 ○組み立て工場で働く人々は、どのような工夫を行っているのだろう。【知①】 ・自動車の組み立てにはどのような作業があるのかを調べる。 **★製造の工程に着目する。** ・働く人がどのような工夫をしているのかを考える。 ・組み立てラインで行う作業について調べたことをもとに、働く人たちの工夫や努力を考える。 〔第4時〕 ○自動車の部品はどのように作られているのだろう。【知①・思②】 ・自動車には主にどんな部品が使われているのか振り返る。 ・関連工場の部品生産の工夫や努力を調べる。 ・シート工場の人の話や写真から、どのようなことに気を付けて作業しているのかを調べる。 ・自動車工場と組み立て工場の関わりについて話し合う。 **★工場相互の協力関係に着目する。**

単元の内容

本小単元は、内容⑶「我が国の工業生産」に関する内容で構成した単元である。この内容は、主として「現代社会の仕組みや働きと人々の生活」に区分されている。

教材の事例として、金属工業、機械工業、化学工業、食料品工業などの中から取り上げることが示されている。その際、第3学年において取り上げた事例に配慮する必要がある。

ここで習得する内容は、「工業生産に関わる人々は、消費者の需要や社会の変化に対応し、優れた製品を生産するよう様々な工夫や努力をして、工業生産を支えていること」である。

単元の評価

知識・技能	思考・判断・表現	主体的に学習に取り組む態度
①製造の工程、工場相互の協力関係、優れた技術などについて、統計や写真などの資料、コンピュータなどを使って調べて、必要な情報を集め、読み取り、工業生産に関わる人々の工夫や努力を理解している。 ②調べたことを図表や文章などにまとめ、工業生産に関わる人々は、消費者の需要や社会の変化に対応し、優れた製品を生産するよう様々な努力をして、工業生産を支えていることを理解している。	①製造の工程、工場相互の協力関係、優れた技術などに着目して、問いを見いだし、工業生産に関わる人々の工夫や努力について考え、表現している。 ②消費者の需要や社会の変化を関連付けて工業生産に関わる人々の働きを考えたり、工業の発展について選択・判断したりして、適切に表現している。	①我が国の工業生産について、予想や学習計画を立てたり、学習を振り返ったりして、学習問題を追究し、解決しようとしている。 ②よりよい社会を考え学習したことを基に、これからの工業生産の発展について多角的に考えようとしている。

【知】：知識・技能　【思】：思考・判断・表現　【主】：主体的に学習に取り組む態度　○：めあて　・：学習活動　★：見方・考え方

第５・６時	第７時
「情報を集める・読み取る・考える・話し合う」	まとめる「整理する・生かす」
〔第５時〕 ○完成した自動車は、どのようにして世界中の消費者に届けているのだろう。【思①】 ・世界地図を基に日本の自動車が世界中に届けられていることを調べる。 ・消費者に届けられるまでの過程を調べて、現地生産が増えている背景を考える。 ・自動車会社の人の話から、現地生産のよさを考える。 **★交通網の広がりに着目する。** 〔第６時〕 ○新しい自動車はどのように開発されているのだろう。【知②・思②】 ・どのような自動車があるといいかを話し合う。 ・資料を基に、人々の願いや社会の動きと関連付けながら自動車開発について調べる。 **★優れた技術に着目する。** **★人々の願いや社会の動きと関連付ける。**	〔第７時〕 ○日本の自動車づくりのよさをまとめよう。【主②】 ・自動車づくりにたずさわる人々は、よりよい自動車をたくさんつくるために、組み立てラインで作業したり、ロボットを活用したりするなど様々な工夫をしていた。 ・組み立て工場と関連工場が協力してより良い製品をつくっていた。 ・自動車は、消費者の願いや社会の動きに合わせて変化している。

問題解決的な学習展開の工夫

指導の際には、資料を通して「製造の工程」「工場相互の協力関係」「優れた技術」などに着目し、工業生産に関わる人々の工夫や努力を捉え、その働きを考え、表現する学習展開が考えられる。

また、人々の安全、環境、利便性などに対する願いが工業生産によって実現されていることや、優れた技術の工場が我が国の工業をより発展させることなど、工業の発展について消費者や生産者の立場などから多角的に考え、自分の考えをまとめるなどの学習活動の工夫が考えられる。

地域の実態に応じて、見学できる工場がある場合には、見学を取り入れて情報を収集する活動もある。

つかむ
出会う・問いをもつ

資料から自動車産業の様子を調べよう

本時の目標

自動車の移り変わりや自動車工業のさかんな地域を調べることを通して、自動車工業への関心を高め、産業の様子について興味をもつ。

本時の評価

・自動車の移り変わりの様子や、自動車工場の位置を調べ、自動車づくりについて興味をもって調べようとしている。【主①】

用意するもの

自動車の移り変わりが分かる写真、日本の乗用車生産台数の変化、日本の輸送機械の生産額のわりあい

1

４０年間の自動車の移り変わり

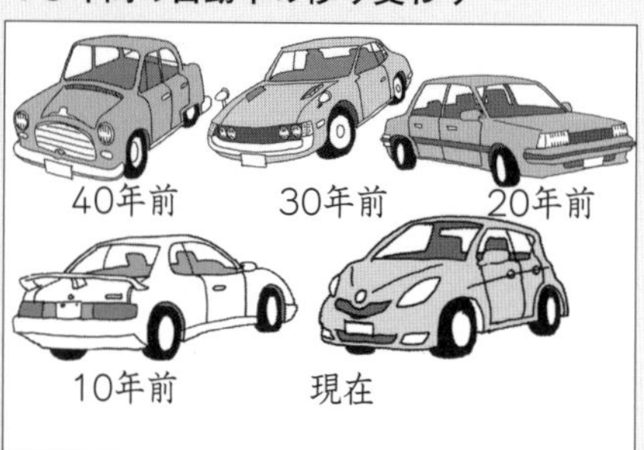

◯資料から分かること
・今と昔では自動車の形が違う。
・時代が進むにつれてハイブリッド車など性能が良い自動車がでてきた。

本時の展開 ▷▷▷

つかむ 出合う・問いをもつ

板書のポイント

形や性能などが分かる写真資料を提示して、気付いたことを自由に発言させる中から、時代とともに自動車も変化してきていることを押さえる。

T　資料を見て気付くことを発表しましょう。
C　今と昔では自動車の形が違います。 1
C　時代が進むとハイブリッド車など性能が良い自動車も出てきています。
T　今も昔も自動車は私たちの生活を支えています。その自動車はどのような地域でつくられているのでしょう。 2
＊本時のめあてを板書する。

調べる 情報を集める・読み取る・考える・話し合う

板書のポイント

乗用車生産台数の変化のグラフの読み取りでは、グラフから分かったことを板書しながら1970年ごろから急に増えていることを押さえる。

T　２枚の資料からどのようなことが分かりますか。
・資料「日本の乗用車生産台数の変化」 3
・資料「日本の輸送機械の生産額のわりあい」
C　1970年ごろから急に増えています。
C　生産額は愛知県が一番です。
T　愛知県はどのような場所なのか地図で調べましょう。
C　豊田市のまわりには、自動車工場がたくさんあります。 4

2 本時のめあて

わたしたちの生活を支える自動車はどのような地域でつくられているのでしょうか。

3

日本の乗用車生産台数の変化

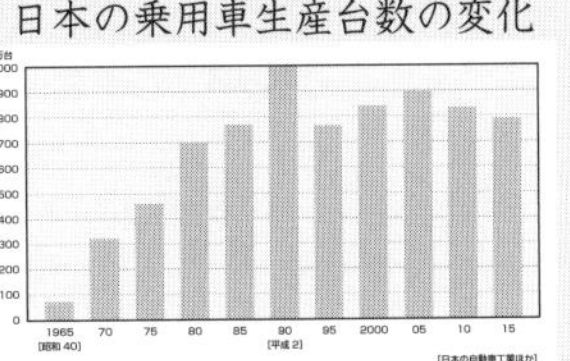

日本の輸送用機械の生産額わりあい

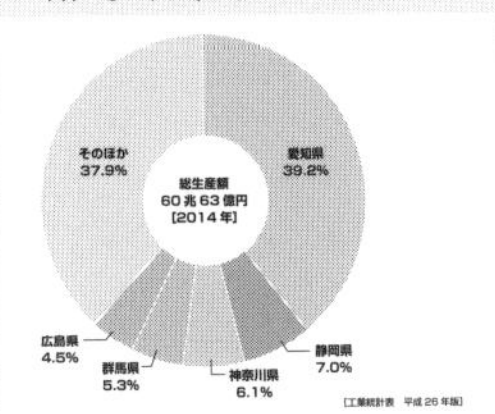

・1970年ごろから急に増えている。
・生産額は愛知県が一番多い。

 愛知県とはどのような場所？

4

豊田市周辺の自動車工業

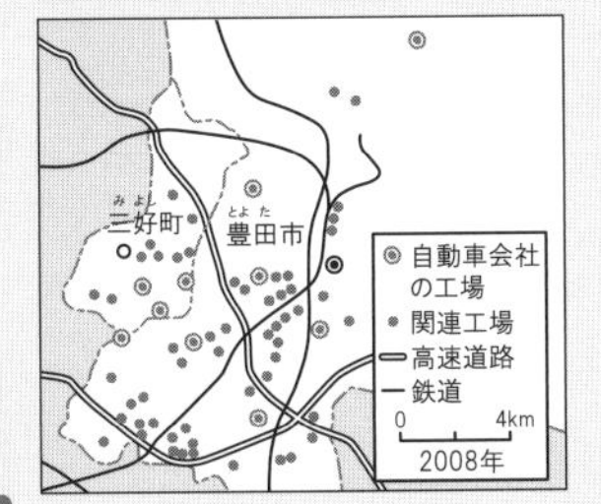

・豊田市の周りには自動車工場がたくさんある。
・海が近い場所にある。

5 本時のまとめ

・日本の自動車の生産台数は増えており、今も昔も自動車は私たちの生活を支えている。また、各地で自動車はつくられており、中でも愛知県豊田市は多くの自動車工場や関連工場がある。

まとめる 整理する・生かす

板書のポイント

自動車の普及率がのびていること、愛知県豊田市に工場が多くあることを板書で押さえ、生産に目をむけさせる。

T　めあてを見て、今日の学習を振り返りましょう。

C　日本の自動車の生産台数は増えており、今も昔も自動車は私たちの生活を支えている。また、各地で自動車はつくられており、中でも愛知県豊田市は多くの自動車工場や関連工場がある。 5

学習のまとめの例

・自動車の普及率が伸びていることから、自動車は今も昔もわたしたちの生活を支えていることが分かった。その自動車をつくる工場は愛知県豊田市に多く集まっている。
・愛知県豊田市には、自動車工場が多く集まっており、周りには自動車の関連工場が多くある。

つかむ
出合う・問いをもつ

疑問を出し合い、学習問題をつくろう

本時の目標

国内外で評価の高い日本の自動車の作り方について話し合うことを通して、学習問題をつくり、学習計画を立てる。

本時の評価

・国内外でさかんである日本の自動車工業と自動車工場の様子に着目し、学習問題を立てている。【思①】
・学習問題について予想し、追究・解決の為の学習計画を立てようとしている。【主①】

用意するもの

機械工業のうちわけ（円グラフ）、世界自動車メーカー売上高ランキング、豊田市にある自動車工場（写真）

日本の輸送用機械の生産額わりあい

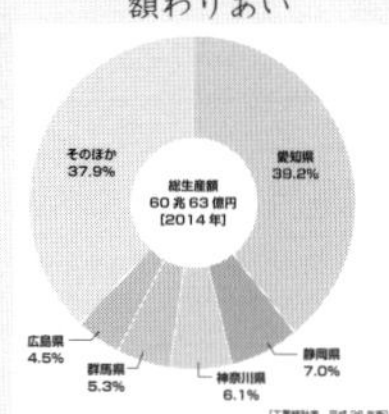

売上高	前年	社名	売上高 億円	売上高 前年比
1	2	VW（フォルクスワーゲン）※1	307,547	2.7%
2	1	トヨタ自動車	302,257	2.9%
3	3	ダイムラー※1	218,240	2.0%
4	4	フォード・モーター※2	177,013	2.3%
5	5	GM（ゼネラル・モーターズ）※2	162,342	1.0%
6	6	本田技研工業	158,886	3.4%

1

分かったこと

・日本国内では、工業の中でも特に自動車工業がさかん。

2

・世界で見ると日本の自動車メーカーが売れていることが分かる。

日本の自動車工業は国内・国外どちらもさかんである。

本時の展開 ▷▷▷

つかむ 出合う・問いをもつ

板書のポイント

自動車メーカの売り上げランキングを提示し、世界でも日本の自動車メーカーが評価されていることを板書で位置付ける。

T　愛知県豊田市で自動車産業がさかんであることを学習しました。日本全体ではどのようになっているのか、グラフから調べましょう。
C　工業の中でも自動車工業が盛んです。 1
T　この資料から分かることは何ですか。 2
C　世界から見ても日本の自動車メーカーが売れていることが分かります。
＊本時のめあてを板書する。

調べる 情報を集める・読み取る・考える・話し合う

板書のポイント

自動車工場の写真を拡大表示し、敷地の大きさや建物がいくつも分かれていることに着目させる。

T　豊田市にある自動車工場を見てみましょう。
C　とても大きいです。
C　建物がいくつもあります。建物によって行っている作業が違うのかな。 3
T　疑問に思うことをまとめて学習問題をつくりましょう。
＊学習問題を板書する。

本時のめあて

自動車工業がさかんな理由を考え、学習問題・学習計画をつくろう。

【学習問題】

自動車づくりにたずさわる人々は、よりよい自動車をつくるために、どのような工夫や努力をしているのだろうか。

自動車工場

・とても大きな工場。
・建物がいくつかに分かれている。

3 ぎもん

・どうやって自動車をつくっているの？
・建物によって作業内容は違うの？

4 よそう

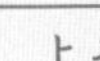

・安全に走行できるように細かいところまでチェックをしていると思う。

5 学習計画

・工場見学
・働いている人へのインタビュー
・世界とのつながり

まとめる　整理する・生かす

板書のポイント

予想を分類して板書し、調べる項目を視覚的に把握できるようにする。調べる順番や調べ方も考えながら板書する。

T　自動車づくりに携わっている人はどのような工夫や努力をしていると思いますか。

C　安全に走行できるように細かいところまでチェックをしていると思います。 4

C　部品ごとに手分けをしながら自動車をつくっていると思います。

T　これらの予想を学習計画に位置付けていきましょう。 5

学習のまとめの例

・細かいところまで入念にチェックをしていると思います。なぜなら、しっかりと確認することで壊れにくい安心・安全な自動車になるからです。
・自動車のパーツごとに手分けをしながら作っていると思います。それぞれのプロが手分けをして作業をすることで、より品質のよい自動車になるからです。
・人々の願いや時代に合わせた自動車を開発していると思います。

調べる
情報を集める・読み取る・考える・話し合う

工場見学を通して働く人たちの工夫や努力を考えよう

本時の目標

自動車工場（組み立て工場）を見学して、自動車ができるまでの工程や働く人たちの作業の様子を調べることを通して、生産に込められた工夫や努力を理解する。

本時の評価

・見学や資料などで自動車工場の仕事を調べ、各生産工程や自動車工場で働く人々の工夫や努力を理解している。【知①】

用意するもの

自動車工場への見学、組み立て工場で働く方の資料

1 本時のめあて

組み立て工場で働く人々は、どのような工夫を行っているのだろうか。

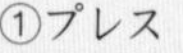

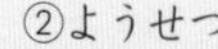

①プレス　②ようせつ

本時の展開 ▷▷▷

つかむ　出合う・問いをもつ

板書のポイント

自動車工場で働いている様子の写真を提示して、仕事の様子に関心をもてるようにする。

T　今日はどのようなことを学習しますか。学習計画を確認しましょう。
C　自動車工場ではどのような工程でどのような工夫をしながら自動車をつくっているかを調べます。 1

＊本時のめあてを板書する。

調べる　情報を集める・読み取る・考える・話し合う

板書のポイント

この後のまとめる活動の際に「安全」「正確さ」といった工夫と関連付けることができるよう、分類しながら板書していく。

・見学「自動車工場」
・資料「組み立て工場で働く人の話」 2 3
T　自動車を生産するためにはどのような工程がありましたか。
C　プレス、溶接、塗装などが行われていました。
C　指示ビラがあることで、間違いのないように作業していました。
C　部品を余らせない工夫も行われている。
C　大きな部品や重い部品を取り付ける際は、ロボットや機械を使っていると言っていました。

3

考えたこと

③とそう

④組み立て

⑤検査

指示ビラ

安全	正確さ
・危険な作業は機械を活用し、検査は人間で行っている。	・指示ビラで利用者の希望通りの製品をつくる。

2

分かったこと

・プレス、溶接、塗装などが行われていた。
・指示ビラを利用して作業していた。
・部品を余らせない工夫。
・作業内容によってはロボットを使っている。

4

【学習のまとめ】

・組み立て工場では、
（　　　　　　　　　　　　）。

まとめる　整理する・生かす

板書のポイント
見学や資料で分かったことと工夫を矢印等で結び付けながら板書し、一つ一つの作業と工夫が関連付けられるようにする。

T　安全に正確に生産するための工夫はどのようなものがありますか。 **4**

C　危険な作業は機械を活用し、大事な検査は人間が行うことで、正確性が高まっていると思います。

C　部品が余らないように、使った分の部品だけを注文するようにしていました。

C　消費者の需要に応えるために、指示ビラを使いながら製造していました。

学習のまとめの例

・組み立て工場では、自動車をたくさんつくるために、大きな部品や重い部品を取り付ける時はロボットや機械を使っています。
・１つのラインの上で作業を行っていました。そして、指示ビラなどを確認しながら注文に合わせた自動車をつくっていました。
・自動車をつくるだけでなく、部品が余らないように必要な数だけ取り出せるような工夫も行われている。

調べる
情報を集める・読み取る・考える・話し合う

関連工場について調べ、工場同士のつながりについて考えよう

1
○自動車の部品
・シート
・ドア
・ワイパー
2
約３万個の部品

本時の目標

関連工場で働く人の工夫や努力を調べることを通して、自動車工場と関連工場との結び付きを理解する。

本時の評価

・自動車づくりを支える関連工場のはたらきや、自動車工場と関連工場の協力関係を理解している。【知①】
・工場相互の協力関係を調べ、人々の工夫や努力を適切に表現している。【思②】

用意するもの

自動車の拡大イラスト、シート工場の各工程、働く人の資料

本時の展開 ▷▷▷

つかむ　出合う・問いをもつ

板書のポイント
自動車の拡大イラストから自動車についている部品をどんどん挙げさせ、約３万もの部品ができていることを位置付ける。

T　自動車にはどのような部品があるでしょうか。 1
C　シートやドアがあります。
T　部品の数はどのくらいあるか確かめましょう。
C　約３万個の部品でつくられています。 2
T　今日はこれらの部品がどのようにつくられているのかを調べていきましょう。 3
＊本時のめあてを板書する。

調べる　情報を集める・読み取る・考える・話し合う

板書のポイント
ラインの上で作業していることや人の目で検査をしていることなど自動車工場と共通している部分を整理する。

・資料「シートをつくる様子」 4
T　シートをつくる流れを資料から読み取りましょう。
C　組み立て工場からシートの情報を受け取り、つくっている。
C　完成したシートは、検査をしてトラックに積みこみ、組み立て工場へ運びます。

本時のめあて

自動車の部品は、どのようにつくられているのでしょうか。

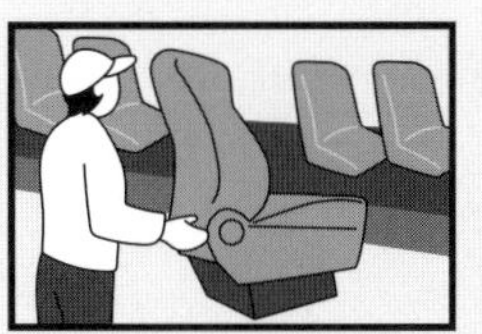

分かったこと

組み立て工場が組み立てる作業に合わせて、関連工場が必要な部品だけをつくって届けています。
関連工場の一つが止まってしまうと、自動車工場の生産も止まってしまう。

4

分かったこと

・組み立て工場からシートの情報を受け取りつけている。
・完成したシートは、検査をしてトラックに積みこみ、組み立て工場へ運びます。

5

【学習のまとめ】

自動車の部品は、
（　　　　　　　　　　　　　　　　）。

まとめる　整理する・生かす

板書のポイント

組み立て工場と関連工場のつながりが分かるような関係図を板書で示す。

T　関連工場は組み立て工場とどのようにかかわっているでしょうか。

C　組み立て工場が組み立てる作業に合わせて、関連工場が必要な部品だけをつくって届けています。

C　関連工場の一つが止まってしまうと、自動車工場の生産も止まってしまう。

C　関連工場も必要な部品を部品工場から仕入れている。

学習のまとめの例

・自動車の各部品は、関連工場でつくられている。関連工場では、正確にかつ丁寧に部品をつくり、検査をしてから組み立て工場に届けている。5
・関連工場では、組み立て工場から届いた情報をもとに、必要な部品を必要な時刻に届けている。
・関連工場が止まってしまうと、組み立て工場も生産がストップしてしまう。組み立て工場と関連工場全体が一つの大きな工場のようにつながっている。

調べる
情報を集める・読み取る・考える・話し合う

完成した自動車の行方を考えよう

本時の目標

工場で生産された自動車の輸送について調べることを通して、トラックや運搬船に積み込む仕事の様子や現地生産の特徴を理解する。

本時の評価

・消費者に届けるまでの仕事の様子について調べたことをもとに、自動車を大切に運ぶ人々の工夫や現地生産の特徴を理解し適切に表現している。【思①】

用意するもの

自動車を運んでいるキャリアカー、世界への自動車の輸出先、自動車の海外生産台数の変化

1 キャリアカー

世界への自動車の輸出先

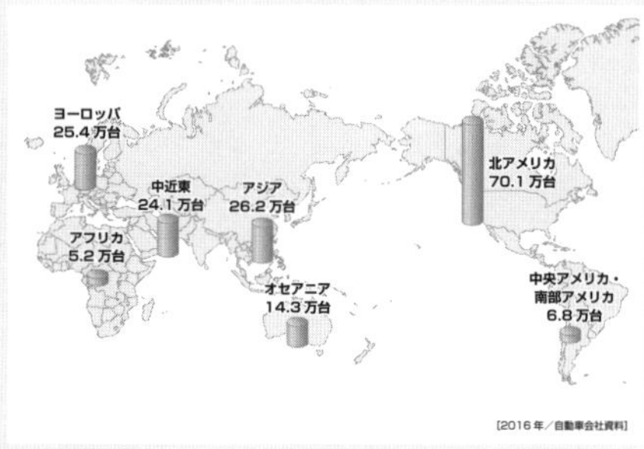

・完成した自動車を運んでいる。
・海外にも多くの自動車を輸出している。

本時の展開 ▷▷▷

つかむ　出合う・問いをもつ

板書のポイント
日本国内だけでなく、海外にも完成した自動車を届けていることを板書で示し、自動車の届け方に関心をもたせる。

・資料「自動車を運ぶキャリアカー」 1
T　この写真は何をしているところでしょうか。
C　出来上がった自動車を運んでいます。
・資料「日本からの自動車の主な輸出先」
C　海外にも日本の自動車を多く輸出していることが分かります。 2
＊本時のめあてを板書する。

調べる　情報を集める・読み取る・考える・話し合う

板書のポイント
黒板に問いに対する予想を板書した上で調べる活動に入る。海外生産台数の変化を捉えた後、「現地生産」という言葉を板書する。

T　本時のめあてに対する予想をしてみましょう。 3
C　海外へは、船にたくさんの自動車を積んで運んでいるのではないか。
T　資料をもとに分かったことは何でしょうか。
C　キャリアカーで港まで運び、自動車専用船で何千台もの自動車が出荷されます。
・資料「自動車の海外生産台数の変化」 4
C　海外で自動車を生産する数が年々増えてきています。

2

本時のめあて

完成した自動車は、どのようにして世界中の消費者に届けているのだろうか。

3 よそう

・船にたくさんの自動車を積んで運んでいるのではないか。
・飛行機で海を渡っている？

自動車の海外生産台数の変化

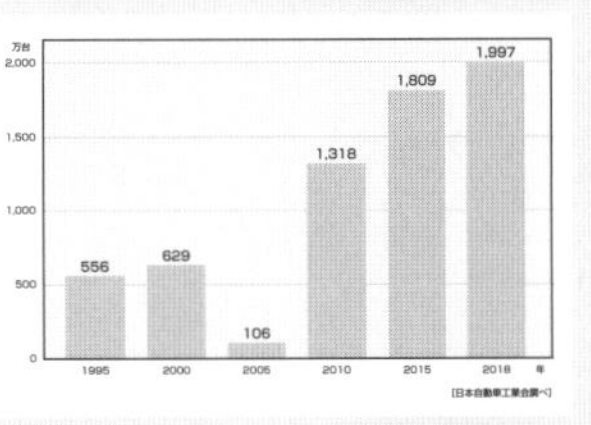

海外で自動車を生産する台数が年々増えていっている。

現地生産

話し合って考えたこと 4

・日本でつくってから海外に輸出するとすごくお金がかかるのでは。
・その国の環境に合わせた自動車がつくりやすいのではいか。
・日本の自動車が海外にも認められはじめた？

・それぞれの国に住む人の暮らしや好みにあった自動車をより早く届ける。
・現地の工場で作っても、品質が保たれるように技術指導を行っている。

5

【学習のまとめ】

技術指導、国のくらしに合った自動車、産業の発展

まとめる　整理する・生かす

板書のポイント

「技術指導」「国の暮らしにあった自動車」「産業の発展」というキーワードを板書し、現地生産に取り組むことの価値に気付けるようにする。

T　なぜ、現地生産が増えてきているのでしょう。
C　日本でつくって海外に届けるまでにすごく費用がかかるのではないか。
T　自動車会社の方のお話から、その背景を考えましょう。
C　それぞれの国に住む人のくらしや好みにあった自動車をより早く届けるため。
C　現地の工場で作っても、品質が保たれるように技術指導を行っている。

学習のまとめの例

・完成した自動車は、トラックや船で国内外に運ばれている。船で輸送する際は、傷などがつかないようにきれいにならべて積みこんでいる。
・それぞれの国のくらしや好みに合わせた自動車を届けるために現地生産が増えてきている。現地の工場では、日本の工場から技術指導を受け、品質を保っている。こうした現地生産は、その国の産業を発展させることにもつながっている。5

調べる
情報を集める・読み取る・考える・話し合う

自動車はどのように開発されているのか考えよう

本時の目標

自動車の開発について調べることを通して、消費者のニーズに合わせた自動車づくりが進められていることを理解する。

本時の評価

・新しい自動車の開発の様子について調べ、消費者のニーズに合わせた自動車づくりを理解している。【知②】
・新しい自動車の開発に関わる人々の働きについて考えたり、工業の発展について考えたりして、適切に表現している。【思②】

用意するもの

環境に優しい自動車開発の資料、安全性の高い自動車開発の資料、自動車開発担当者の話

これからの自動車

・環境に優しい車がいいな。
・安全が守れる車。
・踏み間違い防止がついている車。

2

様々な願い

・環境面
・安全面

本時の展開 ▷▷▷

つかむ　出合う・問いをもつ

板書のポイント

自動車に乗る人の気持ちを考えながら、意見を板書する。そのままだと多岐に渡る可能性があるので、調べる活動で扱う視点に焦点化していく。

T　自動車に乗る人はどのような自動車がほしいと考えていると思いますか。
C　環境に優しい車。 1
C　安全が守れる車。
T　自動車に乗る人々の願いが自動車づくりにどのように生かされているのでしょうか。 2
＊本時のめあてを板書する。

調べる　情報を集める・読み取る・考える・話し合う

板書のポイント

それぞれの願いを叶える自動車にはどのような特徴があるのかをまとめながら板書する。

・「環境に優しい自動車開発の資料」 3
T　環境に優しい自動車とはどのような自動車でしょうか。
C　水素と酸素から電気をつくり、水だけを出す自動車。
・「安全性の高い自動車開発の資料」 4
T　安全性の高い自動車とはどのような自動車でしょうか。
C　衝突実験を行い、安全性の向上に努めている。

本時のめあて

新しい自動車はどのように開発されているのだろうか。

5

・いくつもの課題や苦労を乗り越えて開発を行っている。
・使う人の要望や社会の動きに合わせて開発を行うようにしている。

3

・水素と酸素から電気をつくり、水だけを出す自動車。
・排気ガスを出さない。

4

・衝突実験を行い、安全性の向上に努めている。

本時のまとめ

新しい自動車は、
（　　　　　　　　　　　　　　）。

まとめる　整理する・生かす

板書のポイント
自動車開発のためには、自動車会社で働く人々の新しい技術開発といった工夫や努力の視点も資料から押さえる。

・「自動車開発を担当する方のお話」 5
T　どのようにして自動車開発を行っているのでしょうか。
C　使う人の要望や社会の動きに合わせて開発を行うようにしている。
C　いくつもの課題や苦労を乗り越えて開発を行っている。
C これからもどのような自動車が求められているか考えながら時代に合った開発を行っていく。

学習のまとめの例

・新しい自動車は、自動車を利用している人々の様々な願いや時代の流れに合わせて、開発されている。
・消費者のニーズに合わせた自動車を作るために、自動車会社の人たちは多くの課題を乗り越えながら、また、協力しながら開発を行っている。
・人々の願いや社会の動きを考えて、自動車の開発を行っている。

まとめる
整理する・生かす

既習内容をもとに日本の自動車づくりのよさをまとめよう

本時の目標

自動車づくりにたずさわる人々がどのような工夫や努力をしているかを、消費者・生産者の視点から関係図にまとめ、自動車工業や国民生活の向上について考える。

本時の評価

・自動車づくりにたずさわる人々の工夫や努力を関係図にまとめつながりを理解するとともに、これからの自動車工業について考えようとしている。【主②】

用意するもの

関係図（ワークシート）

1

本時のめあて

2

組み立て工場

・人とロボットを使い分けて作業をしていた。
・指示ビラを活用。

本時の展開 ▷▷▷

つかむ 出合う・問いをもつ

板書のポイント
発言を「組み立て工場」「関連工場」などに分類して板書し、既習事項を整理しやすくする。

T　これまでの学習を振り返り、よりよい自動車をつくるための工夫や努力をまとめましょう。 1
＊本時のめあてを板書する。

調べる 情報を集める・読み取る・考える・話し合う

板書のポイント
関連図では、消費者（私たち）を中心に置いてそれぞれの工夫や努力と関連性をもたせながら図をまとめられるようにする。

T　調べたことを関係図にまとめましょう。 2
C　誰もが安全で安心できる自動車づくりが大切。
C　引き続き社会の変化に合わせた自動車づくりが必要になってくる。
C　これからも利用する人の願いや社会の動きに合わせた自動車がつくられてほしい。
C　利用する人の願いに合わせて工場同士が協力して自動車づくりを行っている。

日本の自動車づくりのよさをまとめよう。

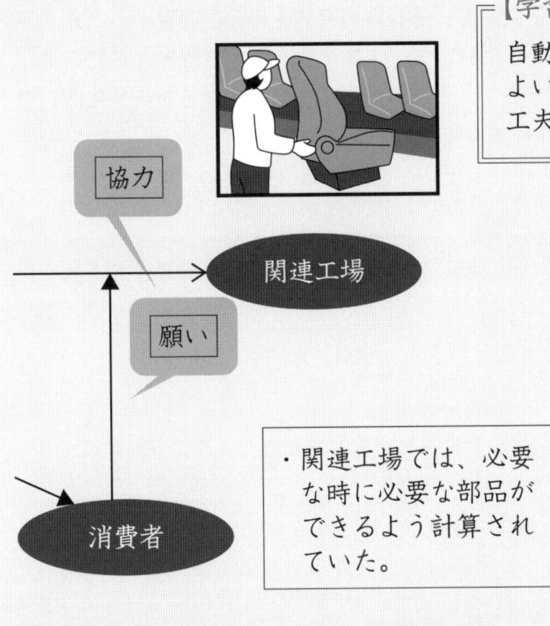

【学習問題】

自動車づくりにたずさわる人々は、よりよい自動車をつくるために、どのような工夫や努力をしているのだろうか。

・関連工場では、必要な時に必要な部品ができるよう計算されていた。

4

【学習のまとめ】

日本の自動車工業は、安全や環境などにも配慮しながら工場同士が協力し合いながら自動車づくりを行っている。
利用する人たちの希望をかなえるために、高い技術を生かして自動車づくりを行っており、世界でも評価されている。

まとめる　整理する・生かす

板書のポイント

消費者や社会のことを考えた生産者の工夫や努力が、私たちの生活の向上に役立っていることを板書で押さえる。

学習問題に対する考えをまとめましょう。 3

C　日本の自動車工業は、安全や環境などにも配慮しながら工場同士が協力し合いながら自動車づくりを行っている。

C　利用する人たちの希望をかなえるために、高い技術を生かして自動車づくりを行っており、世界でも評価されている。

学習のまとめの例

・日本の自動車工業は、安全や環境、バリアフリーなど社会の動きや利用する人たちの願いに応じるために、新しい技術を開発し、自動車開発を行っている。
・組み立て工場と関連工場が相互に協力し合い、よりよい自動車をつくっている。その結果、私たちの生活もよりよくなっている。
・国内だけでなく、海外でも利用者やその土地の環境に合った自動車をつくるために、現地生産を行い、その国の産業を支える役割も担っている。

5時間

3 工業生産を支える輸送と貿易

単元の目標

我が国の工業生産について考え、交通網の広がり、外国との関わりなどに着目して、地図帳や地球儀、各種の資料で調べてまとめ、貿易や運輸の様子を捉え、それらの役割を考え、表現することを通して、貿易や運輸は、原材料の確保や製品の販売などにおいて、工業生産を支える重要な役割を果たしていることを理解するとともに、学習したことを基に、消費者や生産者の立場などから多角的に考えて、わが国の今後の工業の発展について考えようとする態度を養う。

学習指導要領との関連

内容⑶「我が国の工業生産」アの(ウ)及び(エ)、イの(ウ)

第1時	第2〜4時
つかむ「出合う・問いをもつ」	調べる
〔第1時〕 ○日本の輸送や貿易について考え、学習問題をつくろう。 ・普段は移動手段に使っている飛行機や電車には、物を運ぶ運輸の働きがあることについて気付き、話し合う。【思①・主①】 ・もしも、道路が封鎖されてしまったら、部品が届かない、部品がないと車が作れないなど、工業生産に大きな影響を与えることを知り、輸送や貿易の重要性に気付く。 **★自分の生活と関連付ける。** ・輸送や海外とのつながりについて振り返りながら疑問を出し合い、学習問題をつくる。 **【学習問題】** 輸送や貿易は、日本の工業生産をどのように支えているのだろう。 ・予想をもとに、学習計画を立てる。	〔第2時〕 ○工場でつくられた工業製品は、どのように運ばれているのか調べよう。【知①】 ・自動車工場の学習を振り返り、作られた場所や、その製品によって運び方が違うのではないか、などの予想を立てる。 ・資料や地図帳をもとに、日本の主な交通網を調べ、工場で作られた工業製品がどのような輸送手段で運ばれているのかについてまとめる。 ・輸送方法により、それぞれ特徴があることや、交通網の変化や、工業生産の変化によって、輸送手段も変わってきていることを理解する。 **★交通網の広がりに着目しながら調べる。** 〔第3時〕 ○日本の輸入の特色と変化について調べよう。【知②】 ・これまでの学習や、生活経験をもとに予想を立てる。 ・輸入量と国内生産量の割合や、主な輸入品の

単元の内容

本単元は、前単元までの工業生産についての学習を踏まえ、それらの工業製品の生産には、原材料の確保や製品の販売において、貿易や運輸の働きが重要であることなどについて調べ、理解する内容である。

貿易や輸送方法の特色について学習するだけでなく、それらが日本の工業生産を支える重要な役割を果たしているということを、これまでの学習を振り返りながら理解できるようにしたい。また、もしもこれらの交通網や輸送手段が途絶えてしまったらどうなるのかを、自分の生活と結び付け、身近な物を取り上げながら考えることを通して、貿易と運輸の役割の重要性を捉えさせたい。

単元の評価

知識・技能	思考・判断・表現	主体的に学習に取り組む態度
①交通網の広がり、外国との関わりなどについて、地図帳や地球儀、統計などの資料を使って調べて、必要な情報を集め、読み取り、貿易や運輸の様子を理解している。 ②調べたことを白地図や図表、文章などにまとめ、貿易や運輸は、原材料の確保や製品の販売などにおいて、工業生産を支える重要な役割を果たしていることを理解している。	①交通網の広がり、外国との関わりなどに着目して、問いを見いだし、貿易や運輸の様子を考え、表現している。 ②貿易や運輸と工業生産を関連付け、その働きを考えたり、今後の貿易や運輸の発展について選択・判断したりして、適切に表現している。	①工業生産を支える貿易や運輸について、予想や学習計画を立てたり、学習を振り返ったりして、主体的に学習問題を追究し、解決しようとしている。 ②よりよい社会を考え、学習したことを基に、これからの工業生産の発展と貿易や運輸の働きについて、考えようとしている。

【知】：知識・技能　【思】：思考・判断・表現　【主】：主体的に学習に取り組む態度　○：めあて　・：学習活動　★：見方・考え方

	第５時
「情報を集める・読み取る・考える・話し合う」	まとめる「整理する・生かす」
輸入相手国、輸入品目、輸送方法について調べる、まとめる。 ・エネルギー原料が少ないという日本の特色を踏まえ、日本の工業生産と外国との関わりの重要性に着目しながら、考えたことをまとめる。 〔第４時〕 ○日本の輸出の特色と変化について調べよう。【思②】 ・これまでの学習をもとに、予想を立てる。 ・主な輸出品や輸出相手国について調べ、入手した原材料をもとに、日本で生産した製品を輸出しているという、日本の工業生産の特色を捉えながらまとめる。 ・交通網の発達により、外国との関わりが深まる中で、国内の産業を守る大切さについて考える。	〔第５時〕 ○学習問題に対する自分の考えをまとめよう。【主②】 ・資源が少ない日本は、貿易で原材料を確保し、輸入した原材料や国内で生産した工業製品を各地に輸送し、工業製品を生産ていること、輸送には交通網の広がりが欠かせないこと、輸送方法にも工夫があることなどについてまとめる。 ・また、外国との貿易がなくなってしまうと、日本の工業生産に大きな影響があることや、国内で生産したものも海外で売ることができなくなってしまうことについても考え、世界との結び付きを大切にしながら、国内の産業についても新たな取組が必要であることを理解する。 **★交通網の広がりや海外との関わりなどに着目する。**

問題解決的な学習展開の工夫

自分たちの生活とのつながりを意識し、主体的に学ぶためには、子供にとって身近な物を取り上げたい。そのため、つかむ段階では、もしも道路が封鎖されてしまった場合、コンビニやスーパーに物が届かなくなるなど、自分たちの生活にも大きな影響が出ることについて考え、交通網や輸送の重要性に気付かせたい。

調べる段階では、輸入品の原材料と自分とのつながりが見えにくいため、第３時で輸入品について調べる際には、子供にとって身近な物と原材料がつながるような資料を用いて、自分の生活との関連に気付かせながら、調べた事実が誰に、どのような影響を与えるのか、見方や考え方を働かせて考えられるようにしたい。

まとめでは、調べた事実を結び付けながら共有し、考えを深めたい。

つかむ
出合う・問いを持つ

1/5

疑問を出し合い、学習問題をつくろう

本時の目標

日本の輸送や貿易について考え、話し合う活動を通して、工業生産を支える運輸や貿易への関心を高める。

本時の評価

・交通網の広がり、外国との関わりなどに着目して、問いを見いだし、貿易や運輸の様子を考え、表現している。【思①】
・工業生産を支える貿易や運輸について、主体的に予想や学習計画を立てている。【主①】

用意するもの

教科書資料の拡大（掲示用）、教科書資料（児童配布用）、地図帳など

1

本時のめあて　日本の輸送や貿易について考え、学習問題を作ろう。

乗り物の働き…移動手段

①②生産された自動車を運ぶトラックと自動車を運ぶ船
③工業製品を運ぶトラック
④貨物列車⑤成田国際空港
⑥横浜港⑦東京港に入るコンテナ船の拡大資料

気づいたこと　2

・トラック、船、飛行機などいろいろな輸送手段で工業製品は運ばれている。
・船は、外国からも来ているのでは？
・工業製品を運ぶのに重要な役割をしている。

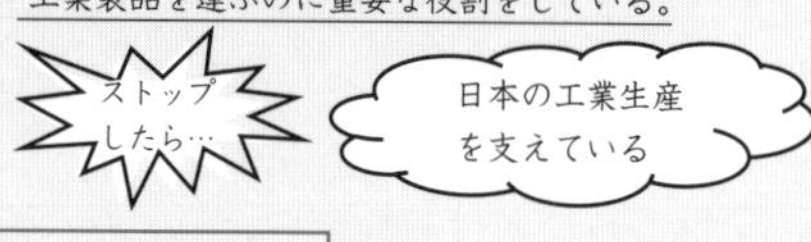
ストップしたら…
日本の工業生産を支えている

ぎもん

・どんな工業製品が、どんな手段で運ばれているのか。
・どんな工夫があるのか。
・外国から運ぶのには、どのくらいかかるのか。

本時の展開 ▷▷▷

つかむ　出合う・問いをもつ

板書のポイント

自動車の学習での輸送手段などを振り返りながら、子供たちの発言に合わせて、順を追って大きな写真資料を掲示し、じっくり向き合っていく。

T　身の回りにある乗り物には、どのような働きがあるでしょう。
C　移動に使う。
C　物を運ぶ働きもある。
T　今日のめあてはこれです。
＊本時のめあてを板書する。 ◀1
T　物を運ぶ手段にはどんなものがありますか。
C　トラック、船…

調べる　情報を集める・読み取る・考える・話し合う

板書のポイント

子供の発言に合わせて、一緒に丁寧に資料を読み取る。疑問を出す際には、視点がずれないように子供の発言を修正していく。

T　出てきた輸送手段の資料を配ります。気付いたことや考えたことをノートに書きましょう。
C　工業製品は、いろいろな交通手段で運ばれている。運ばれているものは、手段によって違うのは？… ◀2
＊発言を板書し、さらに疑問を出し合う。
T　外国から船で？という疑問がありました。追加で資料を配ります。

⑧主な港や空港の貿易額
の拡大資料

易…外国とものやサービスを売り買いすること。
輸出…外国に商品などを売ること。
輸入…外国から商品などを買うこと。

貿易は日本に
かかせない

分かったこと・考えたこと

・工業地帯や工業地域にある港から、輸出や輸入が多く行われている。
・この資料で見ると、日本の輸入額と輸出額は同じくらいだ。
・輸出入の多い空港や港では、輸入額の方が多い。

ぎもん

・日本は、どんなものを輸出したり輸入したりしているのだろう。
・輸出と輸入、どちらが多いのだろう。
・輸入する方法はどんな方法なのだろう。

3

【学習問題】

→ 輸送や貿易は、日本の工業生産をどのように支えているのだろう。

調べること 4

・輸送手段
・工夫
・輸出の特色
・輸入の特色
・輸出品、輸入品の変化

工業製品

学習計画

①工業製品はどのように運ばれているか。
②日本の輸入の特色と変化
③日本の輸出の特色と変化
④学習問題に対するまとめ

振り返り

まとめる 整理する・生かす

板書のポイント

学習問題を解決するために、どのようなことを調べればよいか、疑問に戻りながら計画を立てる。振り返りでは、調べる見通しについて書く。

T　2つの資料をもとに、日本の輸送や貿易について疑問が出ました。みんなの疑問をまとめながら学習問題を作りましょう。

＊学習問題を板書する。 3

T　学習問題を解決するためには、どのようなことを調べればよいでしょう。 4

＊板書のように、調べることを箇条書きにしてから、時数を伝え、集約しながら計画立てをする。

学習のまとめの例

・食料生産の学習でも、輸出や輸入は大きな課題だったので、工業生産でも同じように課題があると思う。
・輸送や貿易は工業生産にとって大切なものだと思うけれど、どのように大切なのかが分からないから調べたい。
・３時間で何を調べるか計画が立ったので、図書室で見た輸送の本を借りておきたい。

調べる
情報を集める・読み取る・
考える・話し合う

資料から情報を読み取り、考えよう

本時の目標

交通網の広がりに着目しながら、工場でつくられた工業製品はどのように運ばれているのかを調べることを通して、運輸が果たす工業生産を支える働きについて理解する。

本時の評価

・交通網の広がりについて、地図帳や地球儀、統計などの資料を使って調べて、必要な情報を集め、読み取り、運輸のようすを理解している。【知①】

用意するもの

教科書資料の拡大、資料集、地図帳など

本時のめあて 

工場でつくられた工業製品は、どのように運ばれているのか調べよう。

船や自動車などで、人やものを運ぶこと→ 運輸

よそう

・場所や距離に合わせて、トラックや船で運んでいる。
 →自動車の学習でそうだった。
・大きいものは船、小さいものは飛行機で運んでいる。
 →飛行機にのらないものもあるはずだから。
・列車はコンテナをそのまま乗せている。
 →見たことがある。
・燃料費なども考えられていると思う。
 →水産業の学習のときに学んだ。

本時の展開 ▷▷▷

つかむ 出合う・問いをもつ

板書のポイント

前時の振り返りをし、学習計画を基に子供の発言で本時のめあてを確認する。予想を出し合う際には、なぜその予想を立てたか、根拠をもたせるようにする。

C　前回は、日本の輸送と貿易について考え、学習問題をつくって学習計画を立てました。

T　今日のめあてはなんですか。

＊本時のめあてを板書する。 1

T　予想を書きましょう。

調べる 情報を集める・読み取る・考える・話し合う

板書のポイント

中心に、日本の主な交通網の資料を置き、そのほかの資料を線でつないでピックアップしていく。

T　１枚資料を配ります。これを中心にして、教科書や資料集を使って調べたことをノートにまとめましょう。 2

T　分かったことや考えたことについて話し合いましょう。

C　日本全体に、交通網が広がっている。

C　トラックターミナルの周りに貨物ターミナル、港や空港があり、そこから様々な交通手段で運ばれている。

C　それぞれの輸送手段にメリットとデメリットがある。

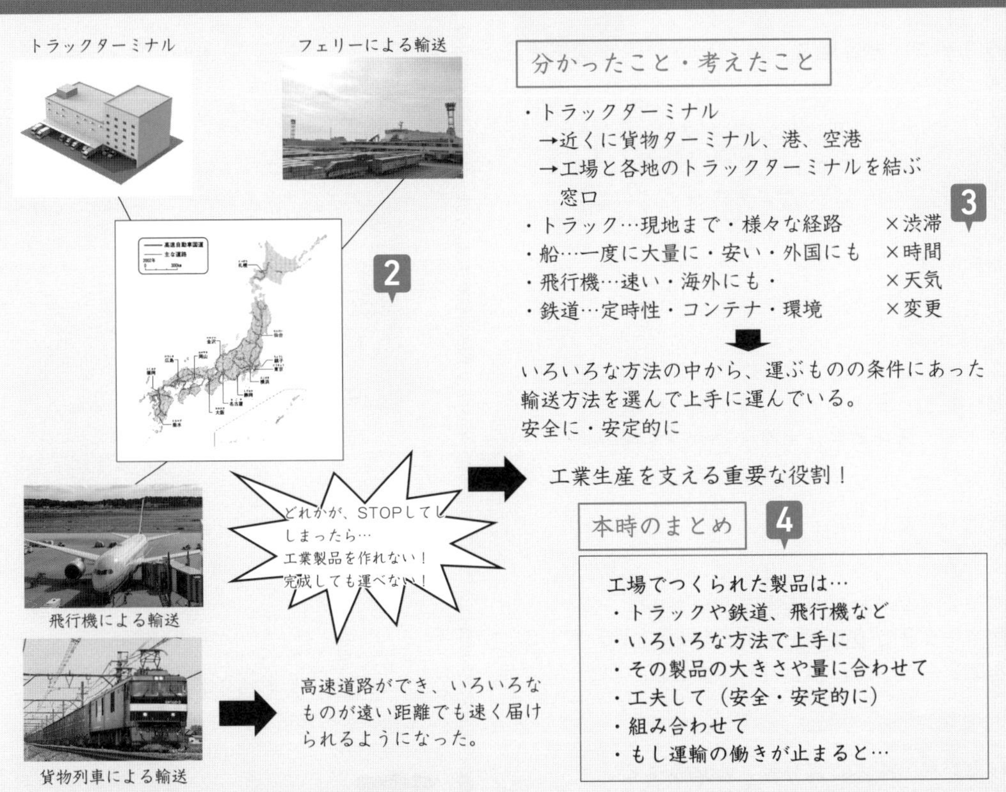

トラックターミナル
フェリーによる輸送
分かったこと・考えたこと
・トラックターミナル
→近くに貨物ターミナル、港、空港
→工場と各地のトラックターミナルを結ぶ窓口
3
・トラック…現地まで・様々な経路　×渋滞
・船…一度に大量に・安い・外国にも　×時間
・飛行機…速い・海外にも・　×天気
・鉄道…定時性・コンテナ・環境　×変更
2
いろいろな方法の中から、運ぶものの条件にあった輸送方法を選んで上手に運んでいる。
安全に・安定的に
どれかが、STOPしてしまったら…
工業製品を作れない！
完成しても運べない！
工業生産を支える重要な役割！
本時のまとめ
4
工場でつくられた製品は…
・トラックや鉄道、飛行機など
・いろいろな方法で上手に
・その製品の大きさや量に合わせて
・工夫して（安全・安定的に）
・組み合わせて
・もし運輸の働きが止まると…
飛行機による輸送
貨物列車による輸送
高速道路ができ、いろいろなものが遠い距離でも速く届けられるようになった。

まとめる　整理する・生かす

板書のポイント

本時と、学習問題がつながっている意識をもたせたい。そのため、「工業生産を支えている」という視点に気付けるような発問と板書にする。

T　現在、輸送の半分を占めているのは自動車で、他の手段もデメリットがあるので、手段を自動車だけにしぼってはどうでしょう。

C　もし、渋滞で動かなくなったら工業製品が届かなくなります。 3

C　外国から部品などを運ぶことができないと、作れない工業製品もある。外国に売れない。だから運輸には、工業生産を支える重要な役割がある。

T　黒板に書かれている言葉を参考に、今日のめあてに対する自分のまとめと、考えを書きましょう。 4

学習のまとめの例

・工場で作られた工業製品は、その製品や条件に合わせて、いろいろな方法で運ばれている。

・工場で作られた製品は、その製品に合わせて、いろいろな輸送手段をうまく組み合わせながら運ばれている。

〈考えたこと〉

・１つの輸送手段が使えなくなってしまうと、工業製品が作れなかったり、運べなかったりする。だから、運輸の働きは、工業生産に欠かせないものなのだと思った。 など

調べる
情報を集める・読み取る・考える・話し合う

読み取った情報を、白地図にまとめながら考えよう

本時の目標

日本の輸入品や、輸入量、国内生産の割合などを調べることを通して、日本の輸入の特色について考え、貿易が果たす役割について理解する。

本時の評価

・調べたことを図や文章などにまとめ、貿易は原材料の確保や製品の販売などにおいて、工業生産を支える重要な役割を果たしていることを理解している。【知②】

用意するもの

教科書資料の拡大、資料集、地図帳など

本時のめあて 

日本の輸入の特色と変化について調べよう。

原油を運ぶタンカー

よそう

・外国からは、主に船で輸入している。→遠いから
・洋服が多いのでは？→タグのメイドイン
・自動車が多い→外車とよく聞くから
・食べ物の輸入が多い→果物、肉など外国産をよく見る

本時の展開 ▷▷▷

つかむ 出合う・問いをもつ

板書のポイント
前時の振り返りをし、学習計画をもとに子供の発言で本時のめあてを確認する。予想を出し合う際には、根拠をもたせるようにする。

C　前回は、工場でつくられた工業製品の運ばれ方について調べました。
C　工場でつくられた工業製品は…
T　では、今日のめあてはなんですか。
C　「日本の輸入の特色と変化について調べよう」です。
＊本時のめあてを板書する。 1
T　予想をしてみましょう。
C　外国からは、主に船で輸入している。
C　自動車や食べ物が多いと思う。

調べる 情報を集める・読み取る・考える・話し合う

板書のポイント
子供には白地図を配布し、調べた情報を書きいれながらまとめさせる。板書も同じように、子供の発言に合わせて書き入れていく。

T　白地図を配ります。教科書や資料集を使って調べたことを白地図に書き入れながら、ノートにまとめましょう。 2
T　分かったことや考えたことについて話し合いましょう。
T　日本でほとんど採れない石油の使い道は…
C　もし石油が輸入できなくなったら大変だ。
C　輸入に頼り過ぎてもよくないんだな。 3
C　前回の運輸と同じように、輸入には、工業生産を支える重要な役割がある。

白地図に書き込む
【資料】
①主な輸入品の相手国
②輸入量と国内生産のわりあい

2

石油→
○ビニールぶくろ、ペットボトル、プラスチック製品などの原材料。
○ガソリン、飛行機の燃料
○石油ストーブ

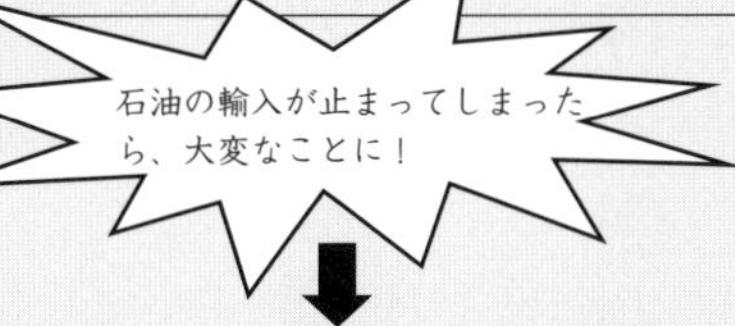

石油の輸入が止まってしまったら、大変なことに！

輸入は工業生産を支える重要な役割！

【資料】
③主な輸入品の取り扱い額のわりあいの変化

分かったこと・考えたこと 3

・世界中から輸入している。
・石油は、サウジアラビアなど中東が多い。
→石油と天然ガスの99.7%は輸入
→日本ではほとんど採れない。
・鉄鉱石は、オーストラリア、ブラジル。
→100%輸入
輸入品の変化
・1962年に比べると、機械類の輸入↑
・昔：貿易に使うための燃料や原材料
・今：アジア地域で生産された安くて品質のよ工業製品↑
【良】日本にないものが手に入る
安い
【課】国内のものの方が高くて売れなくなる
輸入に頼り過ぎると、何かあったときに大変→国内の産業を守ることも大切

本時のまとめ 4

日本の輸入は
・日本では採れない原料や燃料を多く輸入
・世界中から様々なものを輸入
・安くて品質のよいものを輸入
・国内の産業を守ることも大切

まとめる　整理する・生かす

板書のポイント
本時と、学習問題がつながっている意識をもたせたい。そのため、「工業生産を支えている」という視点に気付けるような発問と板書にする。

T　では、黒板に書かれている言葉を参考に今日のめあてに対するまとめと自分の考えを書きましょう。 4

C　日本は世界中からいろいろなものを輸入している。
　特に、日本では採れない原料や燃料を多く輸入しており、そのおかげで工業製品を作ることができている。

C　日本の輸入の特色は、原材料や燃料を多く輸入していることだ。近年は、機械や安くて品質のよい工業製品を多く輸入するようになった。

学習のまとめの例

・日本がこんなに輸入に頼っているとは知らなかった。特に、石油や鉄鉱石は日本ではほとんど採れず、それらがないと作れない工業製品がたくさんあると知り、輸入が工業生産を支えているのだと改めて感じた。
・多くのものを輸入している日本は、貿易相手との関係をよい関係にしていないと、手に入らなくなってしまうものあるのだと知り、外国との関係を保つことが大切だと思った。

調べる
情報を集める・読み取る・考える・話し合う

調べた事実をつなげながら考えよう

本時の目標

日本の輸出品や、輸出量、世界との結び付きなどを調べることを通して、日本の輸出の特色について考え、貿易が果たす役割について理解する。

本時の評価

・貿易や運輸と工業生産を関連付け、その働きを考えたり、今後の貿易や運輸の発展について選択・判断したりして、適切に表現している。【思②】

用意するもの

白地図、資料の拡大、資料集、地図帳など

本時のめあて 1

日本の輸出の特色と変化について調べよう。

第3時に書き込みをした
白地図と資料

よそう 

・自動車が多い。
→自動車についての学習
・電化製品
→よく外国の人が買うと聞く
日本のものは安心？高性能？

本時の展開 ▷▷▷

つかむ　出合う・問いをもつ

板書のポイント
前時の振り返りをし、学習計画を基に子供の発言で本時のめあてを確認する。予想を出し合う際には、根拠をもたせるようにする。

C　前回は、日本の輸入の特色と変化について調べました。
C　日本の輸入は…
C　今日のめあては、「日本の輸出の特色と変化について調べよう」です。
＊本時のめあてを板書する。 1
T　予想をしてみましょう。
C　自動車を多く輸出していると思う。 2
C　電化製品も多いと思う。

調べる　情報を集める・読み取る・考える・話し合う

板書のポイント
前時に作成した白地図資料を掲示し、輸出と輸入を関連付けながら考えられるようにする。子供の発言に合わせてまとめていく。

T　白地図を配ります。教科書や資料集を使って調べたことを白地図に書き入れながら、ノートにまとめましょう。
T　分かったことや考えたことについて話し合いましょう。
T　輸入と輸出について調べた資料を見て、気付くことはありますか。
C　日本は、輸入した原材料を国内で他のものに加工して輸出している。
C　輸出にも、工業生産を支える重要な役割がある。 3

《２つの図から分かること》
・日本は原材料を輸入して、国内で加工して、完成品を外国へ輸出している。
・世界中と貿易でつながっている

3

輸出と輸入、両方に支えられている

主な輸出品の相手国

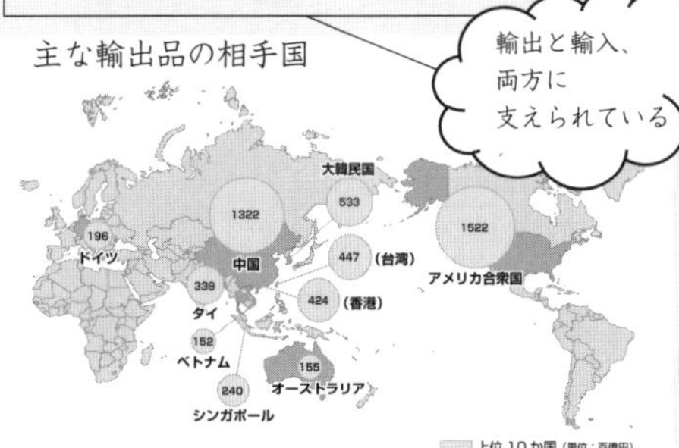

主な輸出品の取りあつかい額のわりあいの変化

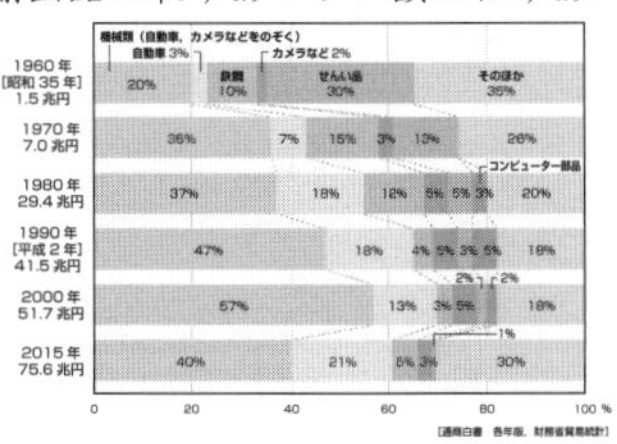

分かったこと・考えたこと

・昔の主役はせんい品
・今は…機械製品
↓
○自動車
（アメリカ・オーストラリア）
○鉄鋼
○電子機器の集積回路
（中国を中心にアジア）
→現地で生産される工業製品に使われる

【資料A】せんい品・鉄鋼・集積回路の写真

高い技術に支えられた製品が世界中に！

輸出された機械類は、海外での生産のために使われている。

・輸出額が1960年と2016年で46倍！

本時のまとめ

4

日本の輸出は
・アメリカ、中国などへの輸出が多い
・機械類はトップクラス
・大量に生産して輸出→日本の工業の支え
・輸入→生産→輸出・・・日本の貿易

まとめる　整理する・生かす

板書のポイント

次時の学習問題のまとめにつながるよう、輸出と輸入を合わせて考えられるように掲示を工夫する。

T　では、黒板に書かれている言葉を参考に今日のめあてに対するまとめと自分の考えを書きましょう。 4

C　日本は世界中からいろいろなものを輸入している。そして、輸入した原材料を使って様々な物を作り、主にアメリカ、中国へ輸出している。

C　日本は、高い技術に支えられた高性能な機械類を様々な国に輸出している。世界との結びつきも深まっている。

学習のまとめの例

・日本は、多くのものを輸入していたが、その分様々なものを輸出していた。輸入したものを利用して生産した機械類を輸入相手国に輸出しているものもあり、お互いにとって貿易は欠かせないものなのだと思った。
・日本の工業生産は、輸入と輸出といった外国との貿易に支えられているのだと考えた。

まとめる
整理する・生かす

調べたことや考えたことをつなげ、学習問題に対する考えをまとめよう

本時の目標

調べたことや考えたことを繋げ、整理することを通して、輸送や貿易は、日本の工業生産をどのように支えているのかについて、自分の考えをまとめる。

本時の評価

・よりよい社会を考え、学習したことを基に、これからの工業生産の発展と貿易や運輸の働きについて、考えようとしている。【主②】

用意するもの

調べる活動で掲示した資料、日本の白地図、資料集、地図帳など

【学習問題】

輸送や貿易は、日本の工業生産をどのように支えているのだろう。

本時のめあて

学習問題に対する自分の考えをまとめよう。

【資料】
輸入についてまとめた地図

【資料】
・船の大きさ、種類、積み込める量や大きさが分かる資料
・マラッカ海峡の写真 3

本時の展開 ▷▷▷

つかむ　出合う・問いをもつ

板書のポイント

輸入、運輸、輸出と枠を決め、前時までの学習のまとめを振り返り、つなぎ合わせながら学習問題に対する考えをまとめられるようにする。

C　前回は、日本の輸出の特色と変化について調べました。

C　今日のめあては、「学習問題に対する自分の考えをまとめよう」です。

＊学習問題と本時のめあてを板書する。 1

T　調べてきて分かったことや、考えたことをまとめましょう。

＊個人でノートにまとめるか、学級全体でまとめていくかは実態に応じて考える。

調べる　情報を集める・読み取る・考える・話し合う

板書のポイント

運輸は国内だけでなく輸出入も支える重要な役割を果たしていることなど、これまで調べてきたことをつなげて考えられるように板書する。

T　運輸の果たす役割は、国内だけでしょうか。

C　輸入や輸出でも運輸は必要だと思います。 2

T　資料を見てみましょう。 3

C　こんなに大きな船がこんなに細い道を通るのは危ないな。

C　確実に、安全に届けるために努力してくれている人がいるんだな。

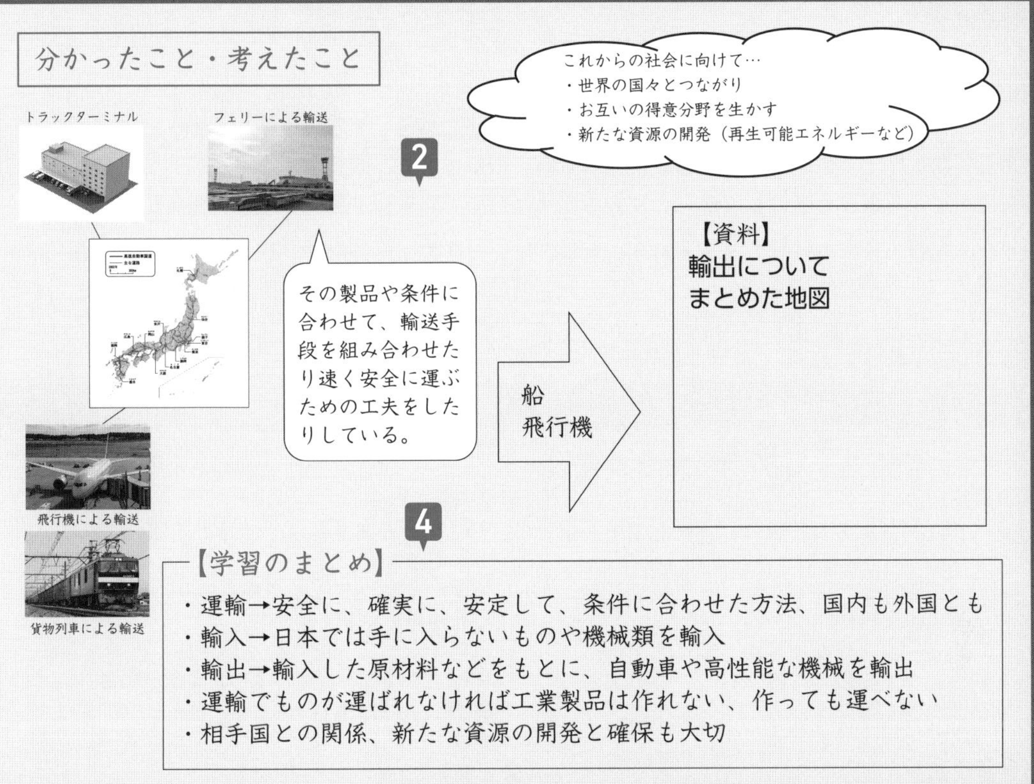

分かったこと・考えたこと
これからの社会に向けて…
・世界の国々とつながり
・お互いの得意分野を生かす
・新たな資源の開発（再生可能エネルギーなど）
トラックターミナル
フェリーによる輸送
2
その製品や条件に合わせて、輸送手段を組み合わせたり速く安全に運ぶための工夫をしたりしている。
船
飛行機
【資料】
輸出について
まとめた地図
飛行機による輸送
貨物列車による輸送
4
【学習のまとめ】
・運輸→安全に、確実に、安定して、条件に合わせた方法、国内も外国とも
・輸入→日本では手に入らないものや機械類を輸入
・輸出→輸入した原材料などをもとに、自動車や高性能な機械を輸出
・運輸でものが運ばれなければ工業製品は作れない、作っても運べない
・相手国との関係、新たな資源の開発と確保も大切

まとめる　整理する・生かす

板書のポイント
子供の発言キーワードにして板書していく。板書を見ると調べてきたことを俯瞰して見られるようにつなげていく。

T　では、黒板に書かれている言葉を参考に学習問題に対する自分のまとめと自分の考えを書きましょう。 4

＊まとめの前、もしくはまとめを発表した後で「これからの社会」という視点から工業生産について考える時間を設ける。

　その際、日本の貿易の特色とあわせ、世界との結び付きを大切にすること、再生可能エネルギーの開発など新たな取り組みが重要なことについて考えるようにする。

学習のまとめの例

・日本は主に、日本では手に入らない原油などの原材料を輸入し、その原材料をもとに様々な工業製品を生産している。また、様々な機械の部品や衣類も輸入している。生産する工業製品は、自動車や高性能な機械が多く、それらを輸出している。その際に、輸出や輸入、国内の行き来を支えているのが運輸である。輸送手段は様々だが、どの手段も利点を生かしたり、補いあったりして、日本の工業生産を支えている。

4 これからの工業生産とわたしたち

（5時間）

単元の目標

優れた技術や工場相互の協力関係、工業生産の課題などに着目して写真やインタビュー資料、統計を活用して調べ、工業生産が国民生活に果たす役割について考え、表現することを通して、我が国の工業生産が抱える課題を基にしながら、社会の変化に対応した生産や技術の継承・開発などが重要であることを理解できるようにするとともに、これからの我が国の工業の発展について考えようとする態度を養う。

学習指導要領との関連

内容⑶「我が国の工業生産」アの㋐及び㋓、イの㋐

第1時	第2・3時
つかむ「出合う・問いをもつ」	調べる
〔第1時〕 ○日本の工業生産の特色を話し合い、学習問題をつくろう。【思①・主①】 ・自動車工業ついて学習したことを振り返り、中小工場の役割を出し合う。 ・大工場と中小工場が種類別工業生産額に占める割合に関する統計を読み取り、中小工場の役割について話し合う。 【学習問題】 日本の工業生産は、すぐれた技術をどのように生かしているのだろう。 ・予想や学習計画を立てる。 ・「昔から受け継がれてきたものをつくっているのではないか。伝統的な工業生産を行っている地域について調べたい。」「機械などの部品をつくっているのではないか。中小工場の工業生産の様子を調べたい。」	〔第2時〕 ○伝統的な工業生産は、どのように行われているのだろう。【知①】 ・写真やインタビューを読み取り、鯖江市のめがね生産の様子を調べる。 ・北陸地方では、職人の高い技術によって伝統的な工業が行われていることを話し合う。 **★優れた技術に着目する。** 〔第3時〕 ○大田区の中小工場の工業生産は、どのように行われているのだろう。【知①・主①】 ・写真やインタビューを読み取り、大田区の中小工場の生産の様子を調べる。 ・職人の高い技術や工場同士の協力によって、優れた製品をつくっていることを話し合う。 **★工場相互の協力関係に着目する。** ・学習問題や予想を振り返り、調べて分かったことを表現する。

単元の内容

本単元は、これまでの日本の工業に関わる学習を基にして、工業生産が抱える課題を捉えながら、これからの工業生産の在り方について考えることをねらいとしている。

具体的には、伝統を生かした工業や消費者の利便性を考えたものづくりに取り組む事例を通して、日本の中小工場の優れた技術や工場相互の協力関係を調べる。次に、統計を基に、資源確保の困難さや国内生産の減退という課題を捉え、現在行われている取組を調べる。

単元終末では、学習したことを基にしながら、これからの工業生産は社会の変化に対応した生産及び技術の継承・開発が大切であることを話し合う。最後に、国民生活の向上と関連付けながら、これからの工業の発展について考えたことを文章にまとめるようにする。

単元の評価

知識・技能	思考・判断・表現	主体的に学習に取り組む態度
①優れた技術や工場相互の協力関係、工業生産の課題などについて、各種の資料で調べて、必要な情報を集め、読み取り、工業生産の概要や課題等を理解している。 ②調べたことを図表や文などにまとめ、工業製品は国民生活の向上に重要な役割を果たしていることを理解している。	①優れた技術や工場相互の協力関係、工業生産の課題などに着目して、問いを見いだし、工業生産が国民生活に果たす役割について考え、表現している。 ②学習してきたことを関連付けて工業生産が国民生活に果たす役割について考え、表現している。	①我が国の工業生産について、予想や学習計画を立て、学習を振り返ったり見直したりして、学習問題を追究し、解決しようとしている。

【知】：知識・技能　【思】：思考・判断・表現　【主】：主体的に学習に取り組む態度　○：めあて　・：学習活動　★：見方・考え方

第４時	第５時
「情報を集める・読み取る・考える・話し合う」	まとめる「整理する・生かす」
（第４時） ○日本の工業生産には、どのような課題があるのだろう。【知①】 ・統計を読み取り、製造業で働く人口が減少していることや、海外進出する企業が増加していることを話し合う。 ・貿易の学習を振り返り、原材料を輸入に頼っていることやエネルギー確保の課題を話し合う。 ○日本の工業生産は、課題に対してどのように取り組んでいるのだろう。 ・写真を読み取り、ロボットを開発したり環境へ配慮したり品質の高い製品を海外へ輸出したりしていることを調べる。 **★優れた技術に着目する。**	（第５時） ○日本の工業生産は、これからどのようなことを大切にしていくべきだろう。【知②・思②】 ・学習したことを振り返って、日本の工業生産の課題を解決するために大切なことを話し合う。 ・職人がもつ技術や工場同士の協力を大切にしながら、消費者の利便性を考えた生産や、昔から伝わる技術を継承していくこと、環境に配慮した生産が、日本の工業をより発展させることを話し合う。 ・日本の工業生産が、これから大切にしていくべきことを考え、文章にまとめる。 **★国民生活の向上と関連付ける。** ・学習を振り返り、工業生産と自分の生活の関わりについて考える。

問題解決的な学習展開の工夫

「つかむ」段階では、これまで学習してきた大工場から中小工場へと対象を転換させ、生産の様子に関心をもたせる。

「調べる」段階では、優れた技術や相互の協力関係に着目して、中小工場の生産の様子を調べさせる。これによって、日本の工業生産が抱える課題に対して、高い技術を以て取り組んでいることを調べたり考えたりすることができるようにする。

「まとめる」段階では、これからの工業生産の在り方を考えさせることで、子どもが学習したことを基に多角的に考えることができるようにする。最後に、工業生産と自分の生活との関わりについて考えさせることで、これからの日本の工業の発展について考えようとする態度を表出させるようにする。

つかむ
出合う・問いをもつ

資料をもとに話し合って学習問題をつくり、予想を出し合おう

本時の目標

日本の工業生産の特色等について話し合うことを通して、伝統的な工業や中小工場の工業生産に対する問題意識を高めたり、学習計画を立てる。

本時の評価

・伝統的な技術を生かした工業や中小工場の工業生産について、疑問に思うことをもとに、学習問題を立てている。【思①】
・学習問題について予想し、追究・解決の為の学習計画を立てている。【主①】

用意するもの

資料、地図帳

1

自動車の組み立て工場の様子

シート工場の様子

自動車の部品
・シートやハンドル
・小さなねじ
・関連工場で作られる。
↓
・自動車を生産できる。

本時のめあて

日本の工業生産の特色を話し合い、学習問題をつくろう。

本時の展開 ▷▷▷

つかむ 出合う・問いをもつ

板書のポイント
中小工場に対する関心を高め、学習問題の設定につなげるために、自動車の関連工場の写真を提示して、関連工場の生産について振り返らせる。

T　自動車の部品はどこで生産されていましたか。
C　シートやハンドルだけでなく、ねじなどの小さな部品も、関連工場で作られていました。
C　関連工場が生産する部品があるから、自動車を生産することができます。 1
T　今日は、関連工場のような中小工場の役割について話し合って、これから調べることを考えましょう。
＊本時のめあてを板書する。 2

調べる 情報を集める・読み取る・考える・話し合う

板書のポイント
中小工場の工業生産に対する疑問を基に学習問題を設定するために、資料を黒板中央に提示し、大工場と中小工場を対比的に読み取らせる。

T　この資料からどんなことが分かりますか。 3
C　全ての工業で見ると、生産額は大工場と中小工場で同じくらいです。
C　中小工場の生産がないと、服や食料が足りなくなってしまうのではないかと思いました。
T　次にこの写真を見て話し合いましょう。 4
C　昔から受け継がれているものを生産していると思います。今とは違う、昔ながらの技術もあると思います。

3

いろいろな工業の生産額で大工場・中小工場がしめるわりあい

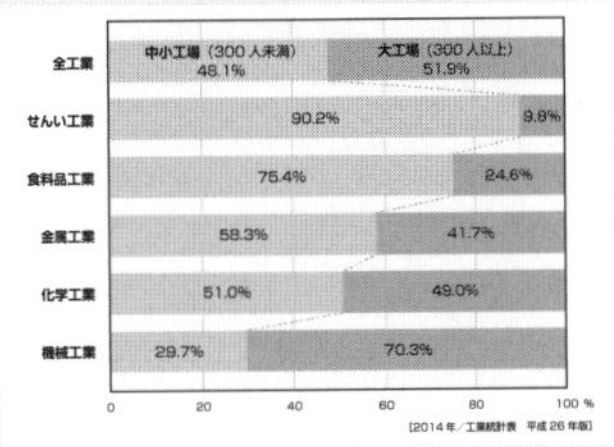

分かったこと

・生産額は大工場と中小工場で同じくらい。
・せんい工業や食料品工業では、中小工場の方が大きい。

ぎもん

・中小工場の生産がないと、服や食料が足りなくなる？
・中小工場は働く人の数が少ないから、生産のしかたが大工場とはちがう？

【学習問題】
日本の工業生産は、すぐれた技術をどのように生かしているのだろう。

4 よそう

・昔ながらの技術がある？

・他の工場と協力している？

本時のまとめ

・中小工場
・生産額
・わたしたちのくらし

ふりかえり

まとめる 整理する・生かす

板書のポイント
「優れた技術」や「工場相互の協力関係」に着目させるために、2枚の写真を基に学習問題に対する予想を出し合わせ、学習計画を立てさせる。

＊学習問題を板書する。

T　学習問題に対して、皆さんはどのように予想しますか。

C　どちらの工業も自分たちの技術を大切にしていると思います。

C　自動車工業で学習したように、他の工場と協力して機械などの部品を作っていると思います。中小工場の工業生産の様子をくわしく調べたいです。 4

学習のまとめの例

・せんい工業や食料品工業では、大工場よりも中小工場の方が生産額が高くなっている。
・中小工場の生産によって、わたしたちの服や食料は支えられている。

〈振り返りの例〉
中小工場も、わたしたちのくらしに必要なものを生産していると分かりました。次の時間は、大工場との生産のちがいを見つけながら調べたいです。機械でも作ることができないくらい細かいものを生産しているのではないかなと思っています。

調べる

情報を集める・読み取る・考える・話し合う

資料をもとに調べて、伝統的な工業生産の様子について話し合おう

本時の目標

北陸地方の伝統的な工業生産の様子について話し合うことを通して、伝統的な工業生産が高い技術によって行われていることを理解する。

本時の評価

・職人の高い技術について、写真やインタビューで調べて、読み取り、伝統的な工業生産の様子を理解している。【知①】

用意するもの

資料、地図帳、可能であれば実物

1

めがね協会の人の話
鯖江市は、「めがねのまち」として世界に知られています。今から100年以上前、福井県では冬に農作業ができず、男の人が都会に働きに出てしまうのでこまっていました。そこで、増永五左衛門（ますながござえもん）という人が大阪（おおさか）からめがね職人（しょくにん）をつれてきて、めがねをつくる技術（ぎじゅつ）を伝えました。

分かったこと

・100年以上前から始まっている。
・とても細かな部品を組み立てている。

ぎもん

・すべて手作業？

本時の展開 ▷▷▷

つかむ 出合う・問いをもつ

板書のポイント
本時のめあてをもたせるために、インタビュー（前半）を提示し、鯖江市のめがね生産が伝統的な工業であることを捉えさせる。

・インタビュー「小松原さんの話」（前半）
T　鯖江市のめがね生産はいつ始まったのですか。
C　100年以上前から始まっています。
C　とても細かな部品を組み立てています。
C　機械ではなく、すべて手作業で生産している思います。 ◀1
T　鯖江市の中小工場では、どのようにしてめがねを生産しているのかを調べましょう。
＊本時のめあてを板書する。 ◀2

調べる 情報を集める・読み取る・考える・話し合う

板書のポイント
鯖江市のめがね生産がすべて手作業で行われていることを捉えさせるために、３枚の写真を提示し、共通点を話し合わせる。

・写真「めがねわく作りの様子」
T　３枚の写真の共通点は何でしょうか。
C　すべて職人が手作業で作っています。
・インタビュー「小松原さんの話」（後半）
T　鯖江市のめがねを広めるために、どのような工夫をしているのでしょうか。
C　ブランドをつくって、消費者に安全・安心を約束しています。
C　人の目で検査を行っていることも、安全・安心を約束することにつながると思います。 ◀3

2 本時のめあて

伝統的な工業生産は、どのように行われているのだろう。

3

めがねわくづくりの様子①	②	③

※教科書や資料集から拡大掲示

・すべて職人が手作業で作っている。

今では、めがねわくの国内生産の90%以上を福井県がしめ、鯖江はその中心となる産地です。また、産地ブランドとして「THE 291（フクイ）」をつくり、消費者に安全や安心を約束しています。

分かったこと

・ブランドをつくって、消費者に安全・安心を約束している。
・人の目で検査して、安全・安心を約束している。

4

高岡銅器づくり

・細かなところまで正確に作られている。
・職人の高い技術があるから作ることができる。

新潟県燕市でつくられた洋食器

輪島塗づくり

本時のまとめ

・高い技術
・消費者

5 ふりかえり

まとめる　整理する・生かす

板書のポイント

職人の優れた技術に着目させるために、写真（可能であれば実物）を提示し、製品の緻密さについて話し合わせる。

・写真「北陸地方の伝統的な工業製品」

T　これは高岡銅器です。模様や飾りをよく見てください。

C　細かなところまで正確に作られています。

C　受け継がれてきた職人の高い技術があるからこそ、作ることができるのですね。

C　輪島塗や洋食器も高い技術で作られています。 4

T　自動車工業と比べながら、伝統的な工業生産について振り返りましょう。 5

学習のまとめの例

・伝統的な工業は、これまで受け継がれてきた職人の高い技術によって製品が生産されている。

・鯖江市のめがね生産は、職人の技術やブランド化によって、消費者に安全・安心を約束している。

〈振り返りの例〉

自動車工業とちがって、伝統的な工業生産はすべて職人の手作業で行われていると分かりました。技術が長い間受け継がれていて、製品にはたくさんの人たちの思いがこめられているのだと思いました。

調べる
情報を集める・読み取る・考える・話し合う

資料をもとに調べて、大田区の工業生産の様子について話し合おう

本時の目標

大田区の工業生産の様子について話し合うことを通して、中小工場では工場相互の協力関係によって高品質な製品が生産されていることを理解する。

本時の評価

・工場相互の協力関係について、図やインタビューで調べて、読み取り、中小工場の工業生産の様子を理解している。【知①】
・予想を振り返り、学習問題の追究意欲を高めている。【主①】

用意するもの

資料、地図帳

1

業種別工場数のわりあい

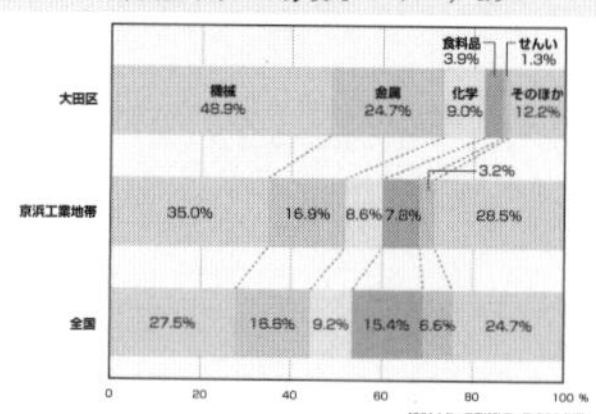

・大田区の工業は機械工業のわりあいが大きい。

2

本時のめあて

大田区の中小工場の工業生産は、どのように行われているのだろう。

3

よそう

・高い技術で機械を生産している？
・細かな作業を正確に行っている？

本時の展開 ▷▷▷

つかむ　出合う・問いをもつ

板書のポイント
本時の問いをもたせるために、業種別工場数の割合を提示し、大田区では機械工業が盛んであることを捉えさせる。

T　大田区の工業の特徴は何ですか。
C　京浜工業地帯や全国と比べて、機械工業の割合が大きくなっています。 1
T　今日は、大田区で行われている工業生産の様子について調べましょう。
＊本時のめあてを板書する。 2
C　北陸地方のように、高い技術で機械を生産していると思います。 3

調べる　情報を集める・読み取る・考える・話し合う

板書のポイント
大田区の中小工場の工業生産の様子を調べさせるために、写真や図、インタビューを提示し、読み取らせる。

・写真「へら一本で金属を加工する職人」
・インタビュー「北嶋さんの話」
C　「しぼり」という技術を使って、職人がすべて手作業で生産しています。
・図「「仲間まわし」でペンができるまで」
・インタビュー「田中さんの話」
C　得意な技術をもつ仲間と協力して、製品を生産しています。
C　その工場でしかできない「オンリーワン」の技術は、国内外で評価されています。 4

4 へら一本で金属を加工する職人さん

「仲間まわし」でペンができるまで

北嶋さん

・「しぼり」という技術を使って、すべて手作業で生産している。

田中さん

・得意な技術をもつ仲間と協力して、製品を生産している。

5 高い技術　工場の協力

‖　↕

北陸地方の工業生産

本時のまとめ

・高い技術
・工場同士の協力

6 ふりかえり

まとめる　整理する・生かす

板書のポイント

工場相互の協力関係に着目させるために、北陸地方の工業生産と対比させるように大田区の工業生産を板書しながら話し合わせる。

T　北陸地方と比べて、大田区の工業生産には、どんな特徴がありますか。

C　職人の高い技術で工業生産を行っているところは、似ていると思いました。

C　北陸地方とは違って、大田区では中小工場がお互いに協力して、品質の高い製品を生産していました。 5

T　中小工場の工業生産について振り返りましょう。 6

学習のまとめの例

・大田区の中小工場は、職人の高い技術だけでなく、工場同士の協力によって工業生産を行っている。

・大田区では、北陸地方と違って、中小工場同士が得意な技術を持ち寄って、品質の高い製品を生産している。

〈振り返りの例〉

中小工場では、職人の技術や工場同士の協力によって、品質の高い製品を生産していました。国内外で評価されるなんて、中小工場の技術はとても高いのだなと思いました。

調べる

情報を集める・読み取る・考える・話し合う

資料をもとに、日本の工業生産の課題について話し合おう

本時の目標

統計や写真を基に工業生産の課題や課題解決のための取組について話し合うことを通して、新しい技術や仕組みの発展が大切であることを理解する。

本時の評価

・工業生産の課題について、統計や写真で調べて、読み取り、工業生産の課題や課題解決のための取組を理解している。【知①】

用意するもの

資料、地図帳

1

製造業で働く人口の変化　　海外進出する日本企業の数の変化

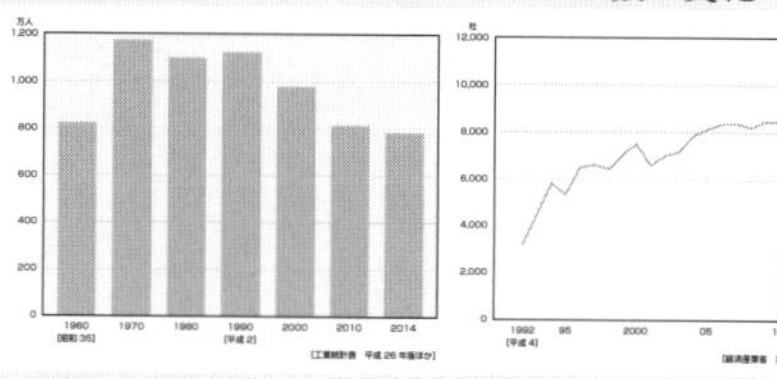

・1990年頃から年々減ってきている。
・これからも減っていくのでは？

・全体的に増えてきている。
・これからも増えていくのでは？

日本の貿易
・輸入にたよっている。
原材料、エネルギー

2

本時のめあて

日本の工業生産には、どのような課題があるのだろう。

本時の展開 ▷▷▷

つかむ　出合う・問いをもつ

板書のポイント
本時の問いをもたせるために、統計を提示し、変化を話し合わせて、工業生産の課題に対する関心を高める。

・統計「製造業で働く人口の変化」
・統計「海外進出する日本企業の変化」

T　資料から、どんなことが分かりますか。
C　製造業で働く人口は、1990年頃から年々減ってきています。
C　企業の数は、これまで、全体的に増えてきています。　◀1
T　このような変化が続くと、工業生産にはどのような影響があるのでしょうか。
＊本時のめあてを板書する。　◀2

調べる　情報を集める・読み取る・考える・話し合う

板書のポイント
工業生産の課題を捉えさせるために、写真を提示して統計と関連付けさせながら、工業生産への影響を話し合わせる。

T　資料のような変化が続くと、工業生産にはどのような影響があるでしょうか。
C　国内で製品を生産することができなくなっていくのではないかと思います。
C　技術を受け継ぐ人がいなくなってしまうのではないでしょうか。
・写真「海外で作られた日本企業の衣料品」
C　海外の製品は安いので、国内で生産された製品が売れなくなると思います。　◀3

海外で作られた日本企業の衣料

話し合って考えたこと

・国内で製品を生産することができなくなる。
・技術を受けつぐ人がいなくなる。
・国内で生産された製品が売れなくなる。

本時のまとめ

・工業生産の課題
・現在の取組

ふりかえり

活躍するロボット

・人の代わりに働くロボットが生産されている。

海外に輸出された日本企業の鉄道

・さらに品質の高い製品を生産して輸出している。

パソコンの分解作業

・環境のことを考えた取組を行っている。

まとめる　整理する・生かす

板書のポイント

工業生産の課題を解決するための取組を捉えさせるために、写真を提示して、課題とつなげながら話し合わせる。

・写真「活躍するロボット」
・写真「海外に輸出された鉄道」
・写真「パソコンの分解作業」

T　課題を解決するために、どのようなことが行われているのでしょうか。 4

C　働く人が少なくなってきているので、人の代わりに働くロボットが生産されています。

C　さらに品質の高い製品を生産しています。

C　環境に配慮した取組を行っています。

T　現在の取組を振り返りましょう。 5

学習のまとめの例

・日本の工業生産には、働く人の減少や企業の海外進出によって、生産が減っていくという課題がある。
・日本の工業生産は、より品質の高い製品の生産や環境に優しい生産を行い、課題を解決しようとしている。

〈振り返りの例〉

これまで工業生産の高い技術や工場同士の協力関係を学習してきたけれど、課題もあるということが分かりました。より品質が高く、環境のことを考えて工業生産を行っていくことが大切だと思いました。

まとめる
整理する・生かす

5/5

学習したことを振り返り、これからの工業生産について話し合おう

本時の目標

学習したことを基に、日本の工業生産がこれから大切にしていくべきことを話し合うことを通して、工業生産が国民生活を支えていることを考え、表現することができるようにする。

本時の評価

・調べたことを図表や文などにまとめ、工業生産の果たす役割や課題を理解している。【知②】
・学習してきたことを関連付けながら、工業生産の役割や課題を考え、適切に表現している。【思②】

用意するもの

資料、地図帳

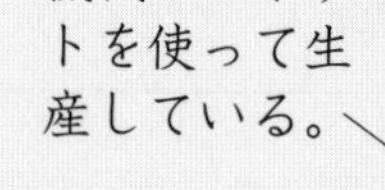

・機械やロボットを使って生産している。

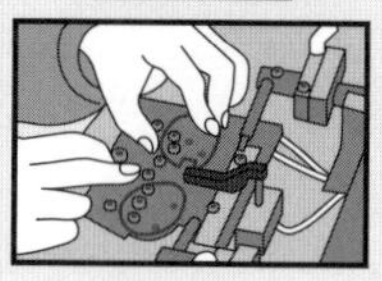

・高い技術で生産している。

・工場同士が協力して生産している。

製造業で働く人口の変化

・働く人の数が減ってきている。

海外進出する日本企業の数の変化

・国内の生産が減っていく。

本時の展開 ▷▷▷

つかむ　出合う・問いをもつ

板書のポイント

本時のめあてをつかませるために、前時までの資料を提示し、これからの工業生産が大切にしていくべきことについて考えさせる。

T　学習してきたことを振り返りましょう。
C　高い技術や工場同士の協力がありました。
C　工業生産には、働く人が減っているという課題がありました。
T　これからの工業生産は、どのようなことを大切にしていったらよいのでしょうか。
＊本時のめあてを板書する。 1
T　今日は、学習してきたことを基に考えて、話し合いましょう。

調べる　情報を集める・読み取る・考える・話し合う

板書のポイント

工業生産が国民生活を支えていることを考えさせるために、子どもの発言に対して問い返しを行い、国民生活の向上と関連付けて板書する。

C　北陸地方のように、技術を受け継いでいくことが大切だと思います。
C　自動車工場のように、機械やロボットを使って、生産を高めることが大切だと思います。
C　大田区のように、工場同士が協力して、品質の高い製品を生産することが大切だと思います。
T　なぜそれが大切なのですか。
C　日本の工業生産を、これからも発展させることができて、わたしたちも便利なくらしを続けることができるからです。 2

【学習問題】
日本の工業生産は、すぐれた技術をどのように生かしているのだろう。

【学習のまとめ】
・日本の工業の発展
・大切なこと

本時のめあて 1

日本の工業生産は、これからどのようなことを大切にしていくべきだろう。

・機械やロボットを使いながら、生産を高めるべき。
・技術を受けついでいくべき。
・工場同士が協力して、品質の高い製品を生産するべき。

日本の工業生産をこれからも発展させることができる。 …

わたしたちの便利なくらし … わたしたち

ふりかえり

まとめる 整理する・生かす

板書のポイント
これからの日本の工業の発展について考えさせるために、資料を活用させながら、工業生産と自分の生活の関わりについて振り返らせる。

T 工業生産と自分の生活には、どのような関わりがありましたか。
C 工業製品は、わたしたちのくらしを便利にしてくれています。工業生産に課題があるということは、わたしたちのくらしにも影響があるということです。日本の工業が発展していくことが、わたしたちのくらしをよりよいものにしていくために大切だと思います。
T 振り返ったことを、文章にまとめましょう。 3

学習のまとめの例

・日本の工業生産がさらに発展していくためには、高い技術をこれからも受け継いでいくことが大切である。
・日本の工業生産は、機械やロボットを使いながら、生産を高めていくことが大切である。

〈振り返りの例〉
工業生産があることで、わたしたちの便利なくらしがあります。工業生産とわたしたちのくらしはつながっています。工業生産の課題が解決されて、これからも発展していってほしいです。

4

情報化した社会と産業の発展

1時間

0 導入（オリエンテーション）

単元の目標

自分たちの生活をとりまく様々な情報やその活用について話し合い、関心を高め、学習のめあてをつかむ。

学習指導要領との関連

内容(4)「我が国の産業と情報の関わり」

つかむ「出合う・問いをもつ」	調べる
○わたしたちの生活をとりまく「情報」とは、どのようなものだろう。 〈方法〉 ・スマホ ・テレビ ・インターネット ・新聞　など 〈内容〉 ・天気予報 ・プロスポーツの結果　など **★自分たちの生活と関連付けて考えられるようにする。** ・わたしたちの生活に欠かせないもの **★用語としての「情報」の意味を確認する。**	○わたしたちは、どのような情報と関わっているのだろう。 ・情報を内容と方法に整理し、表に分類・整理する。 **★後に続く3つの単元につながるように分類・整理する。** **★用語としての「メディア」の意味を確認する。**

単元の内容

本時は、大単元「4　情報化した社会と産業の発展」のうち、導入（オリエンテーション）としての位置付けとなっている。子供が、続く3つの小単元の追究・解決に向け、国民の一人として「情報化した社会と産業の発展」を考え、表現することをねらいとしている。

子供が生活経験から捉えていた「情報」や「メディア」を自覚し、用語の意味を確認するとともに、学び方に関する知識を確かに獲得できるように指導することが大切である。

また、情報活用による発展を捉える際は、情報の活用前後に起こった変化に着目して追究すると分かりやすい。追究の方法としては、「聞き取り調査」が有効であると考えられる。

単元の構成

○本大単元は、小学校学習指導要領第５学年⑷に位置付くものである。「我が国の産業と情報の関わり」について、「放送、新聞などの産業」、「大量の情報や情報通信技術の活用」から構成されている。なお、主として「現代社会の仕組みや働きと人々の生活」に区分されるものである。
○本書では、以下のような構成で単元や内容のまとまりを設定している。
第１ 情報産業とわたしたちのくらし
第２ 情報を生かす産業
第３ 情報を生かすわたしたち
○本時は、上記３つの小単元の導入（オリエンテーション）として位置付くものである。そのため、「我が国の産業と情報の関わり」に対する関心を高め、主体的に学習に取り組めるようにすることを意図している。

【知】：知識・技能 【思】：思考・判断・表現 【主】：主体的に学習に取り組む態度 ○：めあて ・：学習活動 ★：見方・考え方

「情報を集める・読み取る・考える・話し合う」	まとめる「整理する・生かす」
○それぞれのメディアには、どのような特徴があるのだろう。 〈特徴を捉える支援〉 ・伝える速さや時期 ・便利さ、利用のしやすさ ・記録の保存のしやすさ ・伝えられる情報の正確さ **★それぞれのメディアの特徴について話し合う。** ・それぞれによさがある ・それぞれを目的によって使い分けている。 ・情報は得るだけでなく、発信もできる。	○学級として共通に設定する「単元のめあて」を確認する。 ・新聞やテレビなどの情報を発信する人々は、どのような工夫をしているか。 ・様々な情報はどのように活用されているか。 ・情報の活用によって、社会やわたしたちの生活がどのようによりよくなっているか。 **【単元のめあて】** わたしたちの生活の中で、情報はどのような役わりを果たしているのでしょうか。 【評価】主体的に学習に取り組む態度 **★本時は、単元の導入のオリエンテーションにあたることから、我が国の産業と情報に対する関心を高め、主体的に学習に取り組む態度に着目して評価する。**

問題解決的な学習展開の工夫

「情報化した社会」と自分たちの生活とのつながりを実感できるようにすることが大切である。本書の導入では、子供たちの生活をとりまく「情報」から思い付くことを言葉で表してみる学習活動を設定している。「情報」から連想されるイメージは様々である。オリエンテーションの段階で、丁寧に「ことば」の意味を確認することが重要である。

また、情報を送る方法としてのことば「メディア」の意味、それぞれのメディアの特徴を捉える視点を確認することで、その後の追究を支える知識を獲得できるようにする。

学習内容への関心を高めるとともに、主体的に学習に取り組むための用語や知識を確認することで、子供一人一人が単元を追究するための準備を調えられるよう配慮することが望ましい。

導入
(オリエンテーション)

私たちの生活をとりまく情報をどのように活用しているのだろう

本時の目標

自分たちの生活をとりまく様々な情報やその活用について関心をもち、学習の問題をつかむ。

本時の評価

・自分たちの生活が様々な情報によって支えられていることに気付き、情報やその活用について関心をもっている。【主】

用意するもの

情報機器の実物（テレビ、ラジオ、新聞、雑誌、インターネット通信機器など）

情報とは？

よそう

・スマホ
・新聞、雑誌
・テレビ、新聞
・天気予報
・災害情報
・交通渋滞
・スポーツの結果　など

↓

わたしたちの生活をとりまいている。
生活に欠かせない。

ことば「情報」

・あるものごとや内容についての知らせる
・まわりから受け取る情報もあれば、自分から周りに発信する情報もある。

本時の展開 ▷▷▷

つかむ　出合う・問いをもつ

板書のポイント

生活経験や既習事項を踏まえ、子供自身、そして学級の子供が互いに「情報」をどのように捉えているのかを丁寧に把握できるようにする。

T　「情報」と聞いて、どのようなことが思い浮かびますか？
C　スマホ
C　天気予報
C　プロスポーツの結果
C　テレビ
C　わたしたちの生活に欠かせないもの
T　いろいろな言葉が出てきましたね。どれも正しい感じがします。ことば「情報」を確認しましょう。

調べる　情報を集める・読み取る・考える・話し合う

板書のポイント

わたしたちは、日常生活の中で、どのようなメディアを利活用しているかを整理していく。その際に、言葉の定義を確認しておくとよい。

T　わたしたちはどのような情報とどのようにかかわっているのでしょうか？
＊本時のめあてを板書する。
T　わたしたちは情報を何から得ているでしょう？
C　テレビ
C　インターネット
C　新聞
T　ことば「メディア」を確認しましょう。
T　それぞれのメディアにはどのような特徴があるのでしょうか？

本時のめあて

わたしたちは、どのような情報とかかわっているのでしょうか？

テレビ	ラジオ	新聞
・映像 ・音声	・音声	・文字 ・持ち運び
雑誌	インターネット	その他
・文字、イラスト	・PC、スマホ	・口コミ ・チラシ

ことば「メディア」

・情報を送る方法のことを、メディアという。
・なかでもテレビや新聞などのように、同じ情報を多くの人に一度に送る方法のことをマスメディアという。

それぞれのメディアにはどのような特ちょうがあるのでしょうか？

<特ちょうをとらえる視点>
・伝える速さや時期
・便利さ、利用のしやすさ
・記録の保存のしやすさ
・伝えられる情報の正確さ
・外でもどこでも調べられるインターネットが便利
・テレビは家族みんなでみることができる
・専門的で新しい情報なら、雑誌で調べることもできる

↓

○情報はわたしたちの生活になくてはならないものになっている。
○目的に合わせて様々なメディアを使っている。
○情報を得るとともに発信もできる。

わたしたちの生活の中で、情報はどのような役わりを果たしているのでしょうか？

まとめる 整理する・生かす

板書のポイント
メディアの特徴を捉えるための視点を提示し、それぞれのメディアの特徴を表にして整理していきます。

T それぞれのメディアの特徴を捉えるための視点があります。
・伝える速さや時期
・便利さ、利用のしやすさ
・記録の保存のしやすさ
・伝えられる情報の正確さ
この４つの視点で、それぞれのメディアの特徴を整理してみましょう。

C それぞれにそれぞれのよさや強みがある。

C わたしたちは目的に応じて使い分けている。

学習のまとめの例

・情報といったら「テレビ」と思っていましたが、確かに新聞もラジオも情報でした。これから、くわしく調べていきたいです。
・わたしがよく確認する情報は、「天気予報」です。テレビで確認することが多い気がします。

本時は、大単元「情報化した社会と産業の発展」の導入である。「情報」という言葉から思い浮かぶことを言語で表現させ、子供自身が「情報」をどのように捉えているのかを確認できるようにすることが大切である。

1　6時間　情報産業とわたしたちのくらし

単元の目標

我が国の産業と情報との関わりについて考え、情報を集めて発信するまでの工夫や努力などに着目して放送、新聞などの産業の様子を捉え、それらの産業が国民生活に果たす役割を表現することを通して、情報産業は国民生活に大きな影響を及ぼしていることを理解できるようにするとともに、情報を有効に活用しようとする態度を養う。

学習指導要領との関連

内容⑷「我が国の産業と情報との関わり」アの㋐及び㋒、イの㋐

第１・２時	第３・４時
つかむ「出合う・問いをもつ」	調べる
〔第１時〕 ○日常生活の様子から情報産業について考えよう。【主①】 ・日頃どの情報手段をの生活の中で活用しているのかクラス全体で表にまとめる。 ○ニュース番組では、どのような情報が伝えられているのか考える。 **★人々の生活との関連付けて考える。** **〔第２時〕** ○ニュース番組の様子から学習問題をつくり、学習計画を立てよう。【思①・主①】 ・ニュース番組を作っているのは放送局であることをおさえる。 **【学習問題】** 放送局の人々は、どのようにしてわたしたちに情報をとどけているのでしょうか。 ・予想から学習計画を立てる。 ・現地に行って情報を集めているのかな。 ・映像を編集したり原稿を作成したりなど役割を分担しているのかな。	**〔第３時〕** ○放送局は、どのようにして情報を集めているのか調べよう。【知①】 ・インターネットを活用して調べるときには、検索の仕方を確認し、調べ方を教える。 ・放送局で働く人の話から工夫や努力を捉える。 **〔第４時〕** ○放送局は、集めた情報をどのようにして、ニュース番組にして放送しているのか調べよう。【知①】 ・原稿の作成→映像の編集→放送の順で作られていることを捉える。 ・映像を編集する人やアナウンサーの話から工夫や努力を捉える。 ・編集中の話から工夫や努力を捉える。 **★時期や時間の経過、人々の相互関係に着目する。**

単元の内容

この単元では、「放送、新聞などの産業」の中から一つを選択して取り上げ、その産業のもつ働き、国民生活との関わりについて具体的に調べられるようにする。その際、情報を有効に活用することについて、情報の送り手と受け手の立場から多角的に考え、受け手として正しく判断することや送り手として責任をもつことが大切であることに気付くようにする。

また、情報は放送、新聞などの産業が目的をもって発信していること、情報媒体にはそれぞれの伝え方、伝わり方に特徴があること、情報の中には不確かなものや誤ったものもあることなどを踏まえ、情報の受け手として、確かな情報を選択し、様々な観点から比較して適切に判断することの大切さに気付くようにする。

単元の評価

知識・技能	思考・判断・表現	主体的に学習に取り組む態度
①情報を集め発信するまでの工夫や努力などについて、聞き取り調査や映像や新聞などの資料で調べて、必要な情報を集め、読み取り、放送産業の様子を理解している。 ②調べたことを図や文章などにまとめ、放送産業は国民生活に大きな影響を及ぼしていることを理解する。	①情報を集め発信するまでの工夫や努力などに着目して、問題を見いだし、放送産業の様子について考え、表現している。 ②発信される情報と自分たちの生活を関連付け、放送産業が国民生活に果たす役割を考えたり、学習したことを基に、多様な情報への関わり方を選択・判断したりして、適切に表現している。	①放送産業について、予想や学習計画を立てたり、学習を振り返ったりして、学習問題を追究し、解決しようとしている。 ②学習したことを基に、情報の送り手と受け手の立場から多角的に考えて、情報を有効に活用していこうとしている。

【知】：知識・技能　【思】：思考・判断・表現　【主】：主体的に学習に取り組む態度　○：めあて　・：学習活動　★：見方・考え方

第５時	第６時
「情報を集める・読み取る・考える・話し合う」	まとめる「整理する・生かす」
〔第５時〕 ○テレビ放送では、どのような情報が放送されているのか調べよう。【知②】 ・テレビはニュース番組だけではなく、ドラマ番組やスポーツ番組をはじめ、天気予報や政見放送、コマーシャルなど多くの内容を発信していることを捉える。 ○テレビ放送は、わたしたちの生活にどのような影響を与えているのだろう。 ・報道被害を伝える新聞事件を通して、情報と関わるときに気を付けなければならないことを考える。 **★事象や人々の相互関係などに着目して、国民の生活と関連付けて考える。**	〔第６時〕 ○放送局がわたしたちに情報を届けるまでの働きをまとめよう。【思②・主②】 ・学習を振り返って、各時間にどのようなことを学んできたかを整理する。 ・ニュース番組で放送されるできごとが、どのような作業を経て、わたしたちのところに届けられるのかを矢印を使って書く。 ・ニュース番組を放送するためのそれぞれの作業について、放送局の人たちがどのような工夫をしていたのか書く。 ・情報を受けるわたしたちは、、どのようなことに気を付けて情報を活用すればよいかを書く。 **★事象や人々の相互関係などに着目して、国民の生活と関連付けて考える。**

問題解決的な学習展開の工夫

単元全体を通して「事象や人々の相互関係」に着目して、「国民の生活と関連付けて」考える「社会的な見方・考え方」を大切にしていく。「つかむ」段階では、日常生活から情報産業との関連について子供の関心をもたせていく。「調べる」段階では、実際に放送局で働く人の様子を見学したりインタビューをしたりして問題解決することも考えらる。

また放送局で働く人々が連携・協働している様子や工夫や努力だけではなく、受け手の情報の活用の仕方を考えることは子供の多角的な考え方を育むことにつながる。

「まとめる」段階では、情報を伝える側と受け取る側の双方の立場から自分の考えをまとめる活動を大切にしていきたい。

つかむ
出合う・問いをもつ

日常生活の様子から情報産業とくらしの関係に興味をもとう

本時の目標

身の回りの様々な情報について調べることを通して、情報産業に興味・関心をもつ。

本時の評価

・毎日の生活の中での情報の得方やニュース番組の内容などについて話し合い放送局の仕事について調べようとする。【主①】

用意するもの

様々なメディアを活用している様子

本時のめあて

日常生活の様子から情報産業について考えよう。

どのような情報手段を使っているのだろう。

よそう

・テレビ放送
・インターネット
・新聞など

メディア：情報を送る方法
マスメディア：同じ情報を一度に多くの人に送る方法

本時の展開 ▷▷▷

つかむ　出合う・問いをもつ

板書のポイント

子供の予想を板書する。本時の振り返りの際に学習をする前の考えと、学習して学んだことを比べられるようにする。

T　日常生活の様子から情報との関わりについて考えましょう。

＊本時のめあてを板書する。

T　日常生活の中で、どのような情報手段を使っていますか。

C　テレビ放送、インターネット、新聞などです。

T　これらの方法をメディアといいます。

調べる　情報を集める・読み取る・考える・話し合う

板書のポイント

日常のくらしの中で様々なメディアを通じて情報を受け取ったり、活用したりしている様子の写真を提示する。

T　どのようなメディアを使っていますか。1

C　テレビ放送、新聞、インターネット、本や雑誌、チラシです。

T　それぞれのメディアからどのような情報を受け取っているのでしょう。

C　ニュース、天気予報、調べもの、観光情報、グルメなどです。

気づいたこと

メディアの種類
・テレビ放送
・新聞
・インターネット
・本や雑誌
・チラシなど

情報の内容
・ニュース
・天気予報
・調べもの
・観光情報
・グルメなど

どのような方法で情報を手に入れることが多いでしょうか。

・テレビ放送
ニュースや天気予報など

・スマートフォンのアプリ
好きな趣味や動画など

ぎもん

テレビ放送は情報をどのように伝えているのだろう。

本時のまとめ

・メディアにはテレビや新聞など様々なものがある。
・わたしたちは様々なメディアを活用してくらしている。

まとめる　整理する・生かす

板書のポイント

日頃多く活用するテレビ放送に着目し、次の時間の問いにつなげられるようにするため、疑問を板書する。

T　どのような方法で情報を手に入れることが多いでしょうか。

C　毎朝、テレビ放送でニュースや天気予報を見るよ。

C　お家の人のスマートフォンを使って様々な情報を見ることもあるかな。

T　次の時間は、日頃多くの人が活用しているテレビ放送はどのようにして情報を伝えているのか調べていきましょう。

学習のまとめの例

・メディアにはテレビや新聞など様々なものがある。
・わたしたちは様々なメディアを活用して暮らしている。

〈振り返りの例〉

たくさんのメディアを活用して日常生活を送っているのだと思いました。

ニュース番組はどのような情報が伝えられているのか、次回調べていきたいです。

つかむ
出合う・問いをもつ

実際のニュース番組の様子から疑問をもち、学習問題をつくろう

本時の目標

ニュース番組の様子から放送産業の様子について考えることを通して、学習問題を設定し、学習計画を考える。

本時の評価

・ニュース番組がどのように放送されるかを考え、学習問題をつくっている【思①】
・放送局の仕事について、予想や学習計画を立て、学習問題を追究し、解決しようとしている。【主①】

用意するもの

映像：ニュース番組、写真：ニュース番組の様子、新聞：同じニュースの記事

本時のめあて

1

テレビニュース

○/○放送　○分間

分かったこと

情報の種類	テレビ	新聞
時間	当日	次の日
内容	分かっていること	詳しい
伝え方	映像中心	文字と写真

本時の展開 ▷▷▷

つかむ　出合う・問いをもつ

板書のポイント
資料は映像を用いるが、調べる段階で新聞記事と比較するために、ニュース番組の掲示用の写真を提示する。

T　あるニュース番組を見てみましょう。 1
C　事件が起きた場所に実際に取材に行っています。
C　関係していた人にインタビューもしています。
C　画面にも文字で説明が書かれています。
T　これは同じニュースを伝えている新聞記事です。 2
C　内容は同じだけど、新聞の方が詳しいです。文字だから読み返せるし、分からない言葉はゆっくりと調べることができます。
＊本時のめあてを板書する。

調べる　情報を集める・読み取る・考える・話し合う

板書のポイント
テレビと新聞の違いを比べて分かりやすくするために表を用いる。表を見比べながらそれぞれのメディアの特徴の違いを整理していく。

T　この２つを比べて何か違いはありますか。
C　テレビは当日だけど、新聞は翌日だね。情報が伝えられるまでの時間はテレビの方が早いです。
C　内容は新聞の方が詳しく書かれているね。記事だからいつでも読み返せるけど、テレビは映像だからすぐに流れてしまいます。でもテレビの方が短い時間でたくさんの情報が分かります。

ニュース番組の様子から学習問題をつくり、学習計画を立てよう。

2 新聞記事

住民の意見 県に報告
住民投票の結果まとまる

○/○発行（放送の次の日）

【学習問題】
放送局の人々は、どのようにしてわたしたちに情報を届けているのだろう。

ぎもん

・新聞は次の日だから、情報を伝えるまでに時間はある。
→テレビは当日だからどうやって情報を集めているのかな。
・新聞は写真を選ぶ時間もある。
→テレビの映像は撮影したものをそのまま流しているのかな。

学習計画

1 情報の集め方
2 情報が届けられるまで
3 わたしたちのくらしとの関係

まとめる 整理する・生かす

板書のポイント
子供が疑問に思ったことを目立つように下線を引きながら、学習問題を板書する。学習計画は調べる順番も子供たちと考えて書くとよい。

T 疑問に思うことから学習問題をつくりましょう。
C ニュースになる情報はどのように集められているのだろう。
C どうやって番組を作るのだろう。
＊学習問題を板書する。
T 学習問題を解決するための学習計画を立てましょう。

学習のまとめの例

学習計画
1 情報の集め方
2 情報が届けられるまで
3 わたしたちのくらしとの関係

〈振り返りの例〉
当たり前のように毎日見ていたニュースだが、今日の学習を通してどのように作られているのかとても興味をもちました。
わたしたちの毎日の生活に欠かせないニュース番組が、どのようにつくられ、またどのような役割を果たしているのかこれから調べていきたいです。

調べる
情報を集める・読み取る・考える・話し合う

インターネットも活用しながら調べる活動をしよう

本時の目標

情報を集めてから発信するまでの様子を調べることを通して、放送産業の様子を理解する。

本時の評価

・情報を集め発信するまでの工夫や努力などについて、聞き取り調査や映像や新聞などの資料で調べて、必要な情報を集め、読み取り、放送産業の様子を理解している。【知①】

用意するもの

写真：ニュースにする情報を収集している様子、編集会議の様子、取材の様子
映像もしくは文章資料：インタビュー(ニュース番組を作る人)

本時のめあて

よそう

・現地に行く。
・インタビューや電話で聞く。

1 情報収集

・人工衛星
・インターネット
→外国からも情報が入る
・電話
1時間のニュースのために
約100人の人が情報を集めている

本時の展開 ▷▷▷

つかむ 出合う・問いをもつ

板書のポイント
子供が調べた後に写真を提示する。情報収集している様子から取材に行くまでの様子を写真で並べることで順序性が分かるようにする。

T　今日は何について調べますか。
C　情報の集め方です。
＊本時のめあてを板書する。
T　どうやって集めているのか予想してみましょう。
C　現地に行っていると思う
C　電話やインターネットも活用していると思う。
T　教科書や資料集、インターネットなどを使って調べてみましょう。

調べる 情報を集める・読み取る・考える・話し合う

板書のポイント
写真の下には、調べて分かったことを書くようにする。調べて分かったことを子供と確認しながら板書していくといい。

T　どのように情報を集めていましたか。
C　電話やインターネットを使っていました。外国からも情報が届くそうです。たくさんの人が様々な方法で収集していました。 1
T　情報を集めたら何をしていましたか。
C　編集会議をしていました。 2
C　集めた情報から何を放送するのか選びます。
C　放送内容が決まると取材に行きます。
C　記者やカメラマンも一緒に行きます。 3

放送局は、どのようにして情報を集めているのか調べよう。

分かったこと

2 編集会議

・情報を選ぶ
・内容決め
・順番決め
→人権や公平さに配慮
→見る人がどんな情報を求めているか考える

4 ニュース番組を作る人の話

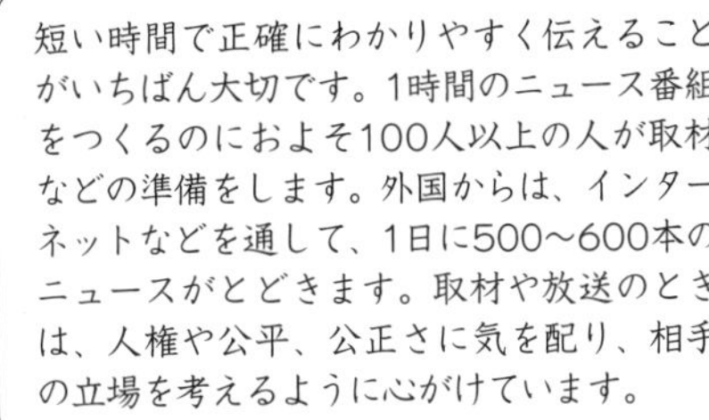

短い時間で正確にわかりやすく伝えることがいちばん大切です。1時間のニュース番組をつくるのにおよそ100人以上の人が取材などの準備をします。外国からは、インターネットなどを通して、1日に500〜600本のニュースがとどきます。取材や放送のときは、人権や公平、公正さに気を配り、相手の立場を考えるように心がけています。

3 取材

・記者が取材に行く。
・カメラマンも行く。
・見る人が求めている情報に合わせて撮影する。

まとめる　整理する・生かす

板書のポイント
ニュース番組を作る人の話から、製作過程における工夫や努力などに下線を引いたり四角で囲んだりしながら本時のまとめをする。

T　実際にニュース番組を作っている人にインタビューしてみましょう。 4
T　どんなことを工夫していましたか。
C　短い時間で正確に伝えられるような努力をしていました。
C　他にも人権や公平さに配慮していました。
T　今日の学習で学んだことをまとめましょう。
T　今日の学習の振り返りを書きましょう。

学習のまとめの例

・放送局は多くの人たちが様々な手段を使ってたくさんの情報を集めている。見る人が求めている情報に合わせて、内容を選び、詳しく取材している。

〈振り返りの例〉
見る人が求めている情報に合わせて、情報を選んでいることが分かりました。またテレビを見る人は様々な人がいるから、人権や公平さに配慮していることも分かりました。次回は情報がどのようにして届けられているのか調べていきたいです。

調べる

情報を集める・読み取る・考える・話し合う

インタビューや映像資料から、番組製作の工夫や努力を捉えよう

本時の目標

情報を集め発信するまでの放送局の働きを調べることを通して、放送局で働く人々の工夫や努力を理解する。

本時の評価

・情報を集め発信するまでの工夫や努力などについて、必要な情報を集め、読み取り、放送局の仕事の様子を理解している。【知①】

用意するもの

写真：原稿作成、映像編集、放送の様子
映像もしくは文章資料：インタビュー（編集長の話）

本時のめあて

放送局は、集めた情報をどのようにしてニュース番組にして放送しているのか調べよう。

よそう

・集めた情報を整理する。
・放送の練習をする。

1 原稿作成

・正確な情報を分かりやすく伝えられる文章づくり

本時の展開 ▷▷▷

つかむ 出合う・問いをもつ

板書のポイント

子供が調べた後に写真を提示する。原稿を作成する様子から実際に放送する様子の写真を並べることで順序性が分かるようにする。

T　今日は何について調べますか。

C　情報を集めた後から実際にニュースを放送するまでの様子についてです。

＊本時のめあてを板書する。

T　どのようなことをしているのか予想しましょう。

C　取材して分かったことを整理していると思います。

C　放送で失敗しないために練習していると思います。

調べる 情報を集める・読み取る・考える・話し合う

板書のポイント

写真の下には、調べて分かったことを書くようにする。調べて分かったことを子供と確認しながら板書していくといい。

T　調べたら、どのようなことをしていましたか。 1

C　集めた情報をもとに原稿を作成していました。

C　次にニュースで流す映像を編集していました。

C　そしてアナウンサーの人が原稿を読んで放送をしていました。 2 3

T　それぞれどのような工夫をしているのか、編集長へのインタビューから調べてみましょう。 4

4 編集長の話

ニュースは公平・中立・客観的なものであるべきですが、放送局によって伝える内容がちがうこともあります。題材の選び方や、どこに取材するかなどが送り手の考えによって変わるためです。受け手の立場になり、何がどう伝わるのか、何をどう伝えるべきかいつも考えています。

・放送当日の急な変更や新しい情報に対応している。

分かったこと

2 映像の編集

・番組の時間におさまるように長さの編集
・一番大切な部分が伝わるようにする。
・見る人がどのような映像を求めているのか考えながら編集する。

3 放送（アナウンサーの話）

・分かりやすく正確に。
・だれにでも分かる言葉。
・落ち着いてゆっくり話す。

まとめる　整理する・生かす

板書のポイント

インタビューや文書資料から分かったことを、それぞれの写真の下に書き足していく。工夫や努力で大切なところを強調しながらまとめていく。

T　どのような工夫をしていましたか。

C　原稿作成では、情報を短い時間で分かりやすく正確に伝えるために工夫をしていました。

C　映像編集で長さを考えて編集していました。

C　大切な部分が伝わることを意識していました。

C　放送するときにはだれでも分かるような言葉でゆっくりと原稿を読んでいました。

T　今日の学習で学んだことをまとめましょう。

学習のまとめの例

・放送局は、集めた情報をテレビを見る人がだれでも分かるように原稿や映像など様々な編集をしている。

〈振り返りの例〉

ニュースはアナウンサーが伝えるものと思っていたけれど、原稿を考える人や映像を編集する人など様々な役割の人たちがニュースを見る人のために工夫や努力をしていることが分かりました。次回は学習問題を解決するために、テレビを見る人の立場から考えていきたいです。

テレビ放送の影響を考えよう

本時の目標

テレビ番組の内容や働きについて調べたり考えたりすることを通して、テレビ放送と人々のくらしの関わりについて理解する。

本時の評価

・調べたことを図や文章などにまとめ、テレビ放送は国民生活に大きな影響を及ぼしていることを理解している。【知②】

用意するもの

写真：テレビ放送（ニュース、ドラマ、緊急地震速報、スポーツ、天気予報、政見放送）
新聞記事：報道被害を伝える

本時のめあて

テレビ放送では、どのような情報が放送されているのか調べよう。

分かったこと

1 ニュース番組

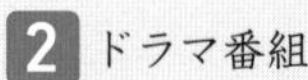

3 緊急地震速報

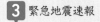

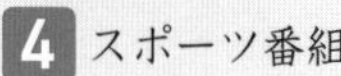

本時の展開 ▷▷▷

つかむ　出合う・問いをもつ

板書のポイント
子供が調べた後に写真を提示する。テレビ番組は様々なジャンルのものがあることを捉えられるようにするため、実際の放送の写真を提示する。

T　今日は何について調べますか。
C　テレビ放送と私たちのくらしとの関係についてです。
＊本時のめあてを板書する。
T　どのような関係があるのか予想しましょう。
C　天気予報など生活に役立つ情報を発信しているので、生活を便利にしてくれています。
T　授業の前半は、テレビ番組の種類について調べてみましょう。後半では、私たちのくらしとの関係について考えていきましょう。

調べる　情報を集める・読み取る・考える・話し合う

板書のポイント
テレビのよさは6枚の写真の横に書く。記号を用いたり6枚の写真を囲んだりすることで、テレビ放送全体のよさとして捉えられるようにする。

T　様々な種類の放送がありましたね。
1 2 3 4 5 6
T　テレビ放送のよさはどのようなところですか。
C　たくさんの情報を短い時間で伝えられる遠くの出来事も映像で分かる見たい人が知りたい情報に合わせて選べる。
T　テレビ放送の情報は私たちのくらしにとても役立っていますね。
T　こちらの資料を見てみましょう。　7

5 天気予報

6 政見放送

テレビのよさ

・たくさんの情報を短い時間で伝えられる。

・すぐに分かる。

・遠くの出来事も映像で伝わる。

・見たい人が知りたい情報に合わせて選べる。

7 報道被害を伝える新聞記事

・テレビが間違った情報を発信

→社会の混乱、不利益を招く。

本時のまとめ

情報を利用するときには、情報の受け手のわたしたちの正しい冷静な判断が大切。

まとめる 整理する・生かす

板書のポイント

テレビ放送のよさと報道被害を伝える新聞記事から分かったことを統合して考えられるように矢印を使って板書する。

T　ニュース番組で間違った情報を発信してしまったことにより、その産地でとれる野菜が大きく値下がりしてしまったことを伝えている記事です。

C　テレビから発信される情報が正しいかどうか自分自身で判断することが大切なのですね。

T　今日の学習のまとめと振り返りをしましょう。

学習のまとめの例

・テレビ放送はわたしたちのくらしに役立つ様々な情報を発信している。情報を利用するときには、情報の受け手であるわたしたちが冷静に判断しながら活用していくことが大切である。

●テレビ放送はとても便利なものだと思っていたけれど、その反面、影響力があるため間違った情報が発信されると被害も大きくなってしまうことが分かりました。次回、これまで学んできたことを活かして学習問題に対する考えをまとめていきたいです。

まとめる
整理する・生かす

学んだことをフローチャートにまとめよう

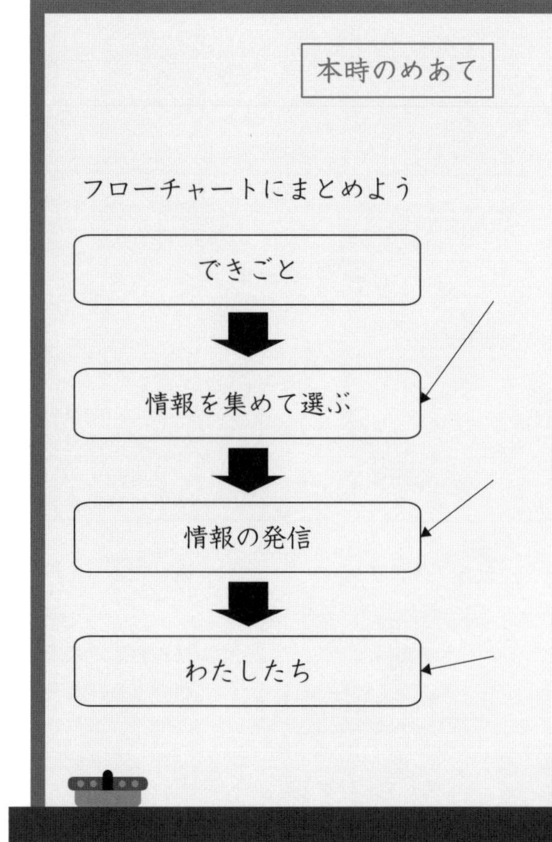

本時の目標

放送局が情報を届けるまでの働きをまとめる活動を通して情報産業の様子を適切に表現できる情報を様々な立場から考えることを通して、情報を有効に活用しようとする。

本時の評価

- 学習したことを基に、多様な情報への関わり方を選択・判断したりして、適切に表現している。【思②】
- 学習したことを基に、情報の送り手と受け手の立場から多角的に考えて、情報を有効に活用していこうとしている。【主②】

用意するもの

ワークシート（フローチャート）

本時の展開 ▷▷▷

つかむ 出合う・問いをもつ

板書のポイント
子供に配布するワークシートと同じように板書に枠を提示する。フローチャートにまとめるのが初めての場合は板書を使って書き方の説明をする。

T　今日は学習のまとめをします。学習計画を立てた時に予想した内容を振り返ってみましょう。
＊本時のめあてを板書する。 1
C　わたしたちが予想していたよりも、放送局の人たちは様々な工夫や努力をしていました。
T　これまで学習してきたことを振り返りながら、放送局の人たちがどのようにして私たちに情報をとどけているのかフローチャートにまとめていきましょう。

調べる 情報を集める・読み取る・考える・話し合う

板書のポイント
それぞれの作業について放送局の人たちがどのようなくふうをしていたか書き込んでいく。矢印を使いながら関連付けていく。

T　ニュース番組を放送するためのそれぞれの作業について、放送局の人たちがどのような工夫をしていたか書いていきましょう。
C　見る人が求めている情報に合わせて、内容を選び、詳しく取材している。
C　集めた情報をテレビを見る人がだれでも分かるように原稿や映像など様々な編集をしている。
C　情報の受け手であるわたしたちが冷静に判断しながら活用していくことが大切である。

放送局がわたしたちに情報をとどけるまでの働きをまとめよう。

放送局の人たちのくふう
・見る人が求めている情報に合わせて、内容を選び、詳しく取材している。

放送局の人たちのくふう
・集めた情報をテレビを見る人がだれでも分かるように原稿や映像など様々な編集をしている。

どのようなことに気を付けて情報を活用すればよいか
・情報の受け手であるわたしたちが冷静に判断しながら活用していくことが大切である。

【学習問題】
放送局の人々は、どのようにしてわたしたちに情報を届けているのだろう。

【学習のまとめ】
放送局の人々は、見ている人が求めている情報を、はやく、正確に、分かりやすく届けられるように様々な工夫や努力をしている。

まとめる　整理する・生かす

板書のポイント
学習問題に対するまとめとして、フローチャートに書き込んだ内容をまとめていく。矢印を使って視覚的にも分かりやすくするとよい。

T　フローチャートにまとめたことを基にして、学習問題に対する考えを整理しましょう。
C　放送局の人々は、見ている人が求めている情報を、はやく、正確に、分かりやすく届けられるように様々なくふうや努力をしている。
C　この学習を通しての振り返りをしましょう。

学習のまとめの例

放送局の人々は、見ている人が求めている情報を、はやく、正確に、分かりやすく届けられるように様々な工夫や努力をしている。

〈振り返りの例〉
今まで当たり前のようにテレビでニュースや天気予報などを見ていたけれど、わたしたちのくらしを豊かにするために、放送局の人たちが様々な取組をしていることが分かりました。情報が正しくないこともあるかもしれないということを忘れず、自分で判断しながら今後も活用していきます。

2 情報を生かす産業

（5時間）

単元の目標

我が国の産業と情報の関わりについて、情報の種類、情報の活用の仕方などに着目して聞き取り調査をしたり、映像や新聞などの資料で調べたりして、まとめることで、産業における情報活用の現状を捉え、さらには情報を生かして発展する産業が国民生活に果たす役割を考える活動を通して、大量の情報や情報通信技術の活用は、様々な産業を発展させ、国民生活を向上させていることを理解する。

学習指導要領との関連 内容⑷「我が国の産業と情報の関わり」アの(イ)及び(ウ)、イの(イ)

第1時	第2・3・4時
つかむ「出合う・問いをもつ」	調べる
〔第1時〕 ◯コンビニエンスストアの販売の様子を知り、学習問題を考えよう。【思①・主①】 ・情報はどのように活用されているのかを写真資料をもとに考え、話し合う。 ・コンビニエンスストアの販売の様子を知り、情報を扱う販売業と自分の生活との関わりについて学習問題・計画を考える。 **【学習問題】** コンビニエンスストアでは、どのような情報を何のために活用しているのだろうか。 **★販売業における情報活用の様子に着目させる**	〔第2時〕 ◯コンビニエンスストアでは、どのように情報を集め、何に生かしているのだろうか。【知①】 ・コンビニエンスストアでは、「POS システム」や「ポイントカード」により、売り上げ商品や購入した顧客情報などを本社に集めていることを読み取る。 ・コンビニエンスストア（店舗）では、タブレット端末に入力されている気象情報や地域行事等の情報を活用して、発注をしていることを調べる。 ・本社では、仕入れた大量の情報を分析して、新商品や新サービスの開発が行われていることを調べる。 **★立場による情報の生かし方の違いに着目させる**

単元の内容

本小単元では、次の内容を習得させる。

①大量の情報や情報通信機器の活用は、産業を発展させ、国民生活を向上させているという知識。

②産業における情報の活用の現状を捉え、情報を生かして発展する産業が国民に果たす役割を思考する。

大量の情報や様々な情報通信機器を活用することによって産業が発展していることや産業の発展により、一部の国民ではなく、全国の国民がサービスを享受することができる。そして、それに伴って、国民の利便性及び国民生活が向上していることを捉える。

単元の評価

知識・技能	思考・判断・表現	主体的に学習に取り組む態度
①情報の種類、情報の活用の仕方について、聞き取り調査をしたり映像などの各種資料で調べたりして、必要な情報を集め、読み取り、産業における情報活用の現状について理解している。 ②調べたことをまとめる活動を通して、大量の情報や情報通信技術の活用は、様々な産業を発展させ、国民生活を向上させていることを理解している。	①情報の種類、情報の活用の仕方などに着目して、問いを見いだし、産業における情報活用の現状について考え、表現している。 ②情報化の進展に伴う産業の発展や国民生活の向上を関連付け、情報を生かして発展する産業が国民生活に果たす役割を考え表現している。	①我が国の産業と情報について、予想や学習計画を立てたり、学習を振り返ったりして、学習問題を追究し、解決しようとしている。 ②情報化の進展に伴う産業の発展や国民生活の向上について考えようとしている。

【知】：知識・技能　【思】：思考・判断・表現　【主】：主体的に学習に取り組む態度　○：めあて　・：学習活動　★：見方・考え方

	第５時
「情報を集める・読み取る・考える・話し合う」	まとめる「整理する・生かす」
（第３時） ○コンビニエンスストアでは、商品を運ぶためにどのように情報を生かしているのだろうか。【知①・思①】 ・情報通信機器を活用して、各店舗の状況やトラックの位置を把握していることを読み取る。 ・買い物に行くことが難しいお年寄りや子育て中の方が、インターネットで注文した商品を届ける活動をしていることを読み取る。 **★迅速かつ効率的に商品を運ぶ工夫に着目させる。** （第４時） ○コンビニエンスストアでは、情報通信技術を活用し、どのようにサービスを広げているのだろう。【知②】 ・コンビニエンスストアでは、商品の購入の他にも、様々なサービスを受けることができることを捉え、その意味を考える。 **★サービスの広がりと国民生活のつながりを考えさせる。**	（第５時） ○コンビニエンスストアでの情報活用について関係図でまとめよう。【思②・主②】 ・販売業における情報活用は、国民生活の向上にどのように関わっているのかを考え、関係図に表現する。 **★情報活用と国民生活の向上の関係性に着目させる。**

問題解決的な学習展開の工夫

問題解決的な学習展開の工夫は次の３つである。

①身近な教材を活用した「学習問題づくり」

コンビニエンスストアが、店舗数を増やしている事実と情報活用はどのような関係があるのか、生活経験をもとに疑問を出し合い、学習問題を立てる。

②子供の予想を生かした学習計画

販売業における情報の役割を捉えさせるために、普段の生活経験と合わせた写真資料等を使用し、学習の見通しをもつ。

③調べたことと国民生活の向上を思考する活動

大量の情報や情報通信技術の活用は、いつでもどこでもサービスを享受できることを関係図の作成を通して捉える。

つかむ
出合う・問いをもつ

情報と販売との関わりについて話し合い、学習問題をつくろう

本時の目標

コンビニエンスストアの販売の様子を知り、情報を扱う販売業と自分たちの生活との関わりについて学習問題を考え、学習計画を立てる。

本時の評価

・情報の種類や活用の仕方などに着目して、問いを見いだし、販売の仕事における情報活用の現状について考え、表現している。【思①】
・販売の仕事における情報の活用について、予想をもとに学習計画を立て、調べようとしている。【主①】

用意するもの

コンビニエンスストアの仕事・販売の様子(写真または映像資料)、コンビニエンスストアの店舗数の変化

くらしを支える産業では、どのような場面で情報を活用している?

気づいたこと

・人工知能が発達していきている。
→テレビゲーム
　介護ロボット
　掃除機

・農業や水産業でも情報を活用していた。

・電車に乗るときは、ICカードを使っている。
→ICカードで買い物もすることができる。
⇓
色々な場面で活用されている。

本時の展開 ▷▷▷

つかむ　出合う・問いをもつ

板書のポイント
導入なので「くらしを支える産業では～」などとカードに書いて示すなど工夫をしたい。農業や工業での活用場面の写真などが掲示できるとよい。

T　くらしを支える産業では、どのように情報を活用していましたか。
C　農業では、スマートフォンで農業用水を管理していました。
C　自動車では人工知能を持った自動車が開発されていました。
T　販売の仕事ではどうでしょう。 1
＊本時のめあてを板書する。

調べる　情報を集める・読み取る・考える・話し合う

板書のポイント
コンビニエンスストアでの買い物経験を想起。コンビニエンスストアの店舗数増加と情報の関係を写真資料を用いて示す。

T　コンビニエンスストアの店舗数の変化を見てみましょう。 2
C　約20年で7～8倍に増えています。
T　どのように情報を活用しているでしょう。
C　いつも商品が揃っているので、情報をうまく活用していると思います。
C　タブレットで商品を発注していました。
C　IC カードも利用しているのでしょうか。
T　では、疑問に思うことを整理して、学習問題をつくりましょう。

本時のめあて 

コンビニエンスストアの販売の様子を知り、学習問題を考えよう。

○コンビニエンスストアの特徴
・必要な物をすぐに買える。
・24 時間空いている店が多い。
・コピー機や ATM がある。
・コンビニがあると、道が明るくなって安心する。

○コンビニエンスストアの店舗数の変化を見てみよう。

2

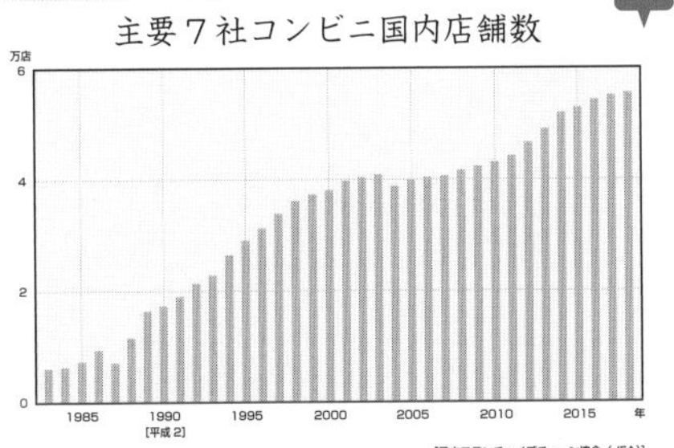

○コンビニエンスストアの店舗数が増えている理由は？？

お客さんの情報を入手しているのかもしれない。

タブレットを使うと、売れ筋が分かるのかも？

【学習問題】

コンビニエンスストアでは、どのような情報を何のために活用しているのだろうか。

調べること
・情報収集・活用の仕方
・情報活用におけるサービスの広がり

まとめる 整理する・生かす

板書のポイント

子供の疑問を集約するように学習問題を設定するとともに、予想を引き出しながら、調べることとして集約していくとよい。

T　黒板のような学習問題になりました。ではみなさんはどんな情報が何のために活用されていると思いますか。予想してみましょう。

C　家のパソコンで予約したチケットが、コンビニで受け取れるから、いろんなところとつながっているのではないかな。

C　きっとインターネットを使って品物を注文しているのだと思います。

T　では、皆さんの予想を調べる内容としてまとめていきましょう。

学習のまとめの例

・私たちは、様々な場面で情報を活用しながら生活していることが分かった。また、販売業においても情報は使われていた。コンビニエンスストアでは、顧客も店員も情報を活用していたが、どのように情報を集め、何のために活用されているかは分からないので、今後調べていきたい。

調べる
情報を集める・読み取る・考える・話し合う

コンビニエンスストアでは、どのように情報を集め、何に生かしているのだろう

本時の目標

コンビニエンスストアでは、タブレット端末の情報をもとに商品管理を行ったり、顧客から収集した情報を活用して商品を開発していることを理解する。

本時の評価

・情報の収集、情報の活用の仕方について、資料で調べ、必要な情報を集め、読み取り、販売業における情報活用の現状について理解している。【知①】

用意するもの

POSシステムのレジのやポイントカードの写真

本時の展開 ▷▷▷

本時のめあて 1

コンビニエンスストアでは、どのように情報を集め、何に生かしているのだろう

よそう

・ポイントカードを使うと、お客さんの情報が入手できる。
・購入者の性別が分かるボタンがレジについている。
・情報を集めると、次に発注する商品の数が分かる。
→無駄がなくなり、食品ロスがなくなる。

つかむ　出合う・問いをもつ

板書のポイント
コンビニエンスストアで情報が活用されている場面の写真資料を見せながら、子供の生活経験をもとにした予想をさせるとよい。

T　この間考えた学習計画をもとに、コンビニがどのように情報を収集し、何に活用しているのかを調べていきましょう。

＊本時のめあてを板書する。 1

C　男性と女性のどちらのお客さんが多いかを調べて、それに合うように、タブレットで注文しているのだと思います。

C　情報を集めると在庫の確認がしやすくなります。

調べる　情報を集める・読み取る・考える・話し合う

板書のポイント
「情報収集」と「情報活用」の違いを意識する。各店舗で活用されている情報と本部で活用さええている情報の違いを分かりやすくする。

T　情報はどのように収集されていましたか。

C　各店舗では、POSシステムと呼ばれるレジで売れた商品や数を把握していました。

C　ポイントカードを使ってお客さんの情報を集めていました。

T　それらの情報は、その後どう生かされていましたか。

C　本部に送られて、商品開発に生かされています。

C　店舗では、タブレット端末の情報を使って発注していました。

分かったこと

【情報の集め方】
①商品のバーコードを読み取る、売れた商品や数などが自動的に記録される。
→POS システム

②お客さんが、ポイントカードを使って商品を買うと、性別や年齢、買った商品が分かる。

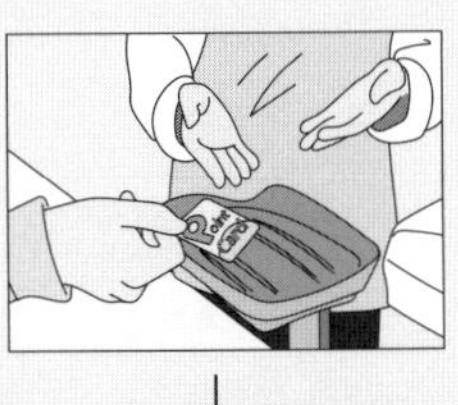

↓
①②の情報は、すべて本部に送られる。

【情報の生かし方】

店舗での情報の生かし方
・専用のタブレット機械を使う。
・タブレット機械には、天気予報、運動会などの地域のイベントなどの情報が確認できる。
・その情報を活用して、本部に発注をかける。

本部での情報の生かし方
・各店舗から集められた大量の情報を分析し、人々が求めているものを考える。
→商品開発に生かす

※収集した情報の扱いに気を付けている。

本時のまとめ

コンビニエンスストアでは、ポイントカードや POS システムで情報を収集し、発注や商品開発に生かしている。

まとめる　整理する・生かす

板書のポイント
情報収集、活用に関する事実認識をもとに、その意味についても考えさせたい。

T　情報を収集し活用することで、どのようなよいことがあるのでしょうか。
C　お店では、商品の売れた数を把握することで、無駄がないように発注できます。
C　地域の情報や天気などの情報を注文・販売に生かすことができます。
C　本部では、売れる商品やお客さんの好みなどを知ることで、新しい商品を開発することができます。

学習のまとめの例

・コンビニエンスストアでは、POS システムやポイントカードを使って、売れた商品の個数やお客さんの情報を収集していた。収集した情報は、店舗での発注や本部での商品開発などに生かされていた。
・販売の仕事では、集められた情報が新しい商品を生み出していることに驚きました。

調べる
情報を集める・読み取る・考える・話し合う

コンビニエンスストアの、情報を活用した輸送について調べよう

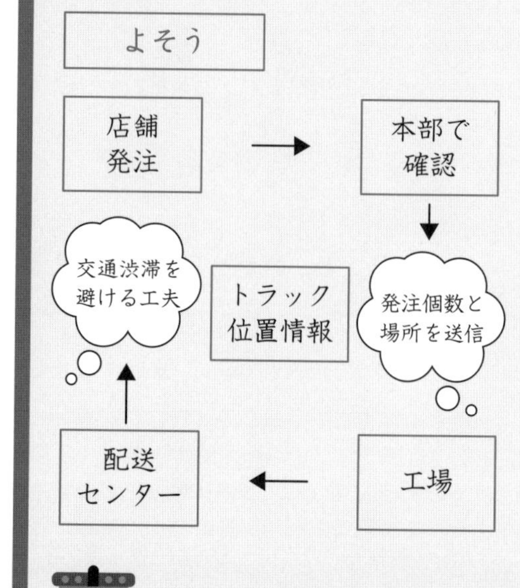

本時の目標

コンビニエンスストアでは、情報通信機器を活用して効率よく商品を運んでいることや、買い物に行きにくい方のために届けるサービスをすることで生活を支えていることを理解する。

本時の評価

・情報の活用の仕方について、図や働く人の話などで調べ、販売業における情報活用の現状について理解している。【知①】
・情報の種類や活用の仕方などに着目し、販売業における情報活用の意味について考え、表現している。【思①】

用意するもの

商品が運ばれるしくみの資料

本時の展開 ▷▷▷

つかむ 出合う・問いをもつ

板書のポイント
配送トラックの位置情報の写真を示すことで、配送の際にも情報が使われていることを知り、子供の予想を膨らませていきたい。

T　コンビニエンスストアでは、商品を運ぶためにどのように情報を生かしていると思いますか？
C　カーナビを見て、混んでいない道を通るようにしていると思います。
C　本部から配送センターに、店舗への配送個数を伝えていると思います。
＊本時のめあてを板書する。

調べる 情報を集める・読み取る・考える・話し合う

板書のポイント
配送センターから店舗まで運ぶまでに使われている情報とインターネット販売に使われている情報の違いを分かりやすく示す。

T　コンビニエンスストアでは、商品を運ぶ際にどのように情報を活用していますか。
C　配送センターを出たトラックがどこを走っているのか、本部で把握しています。
C　そうすることで、災害が起きた場合などにも対応できるるようにしています。
C　インターネットを使うことで、コンビニエンスストアがない地域の人でも注文ができます。
C　そのような地域では、移動販売も行っています。

分かったこと

【店舗への配送】
・店舗からの注文が本部や工場に届けられている。
・コンビニエンスストアの本部では、画面を見ると、どのトラックがどこを走っているかがわかる。
→もし、災害が起きた場合には、本部から指示が出せる。

本時のまとめ

・毎日、決められた時間に商品が届くので、欲しいときに商品を買うことができる。
・災害時には、被災地にいち早く商品を届けることができる。

【家庭への配送】
・電話やインターネットで商品の注文ができる。
・買い物に行きにくい人でも、自宅で商品を受け取ることができる
・移動販売のサービスも行っている。

・どこに住んでいる人でも、商品を買うなどのサービスを受けることができる。
・お弁当を届けるときには、地域の見守り活動も行い、地域の安心・安全を守っている。

まとめる　整理する・生かす

板書のポイント
コンビニエンスストアがない地域への移動販売やインターネットで受けた注文を配送する意味を考える。

T　商品を運ぶ際にも情報を使うことは、人々のくらしにどのような影響があるでしょうか。
C　カーナビや本部からの指示を受けて配送することで、１日３回、毎日同じ時間に商品が届けられ、私たちも、欲しい物を買うことができます。
C　コンビニエンスストアがない地域でも、家庭に商品が届けられることで、安心して生活することができると思います。
C　災害時にも商品が届けられるように情報が活用されています。

学習のまとめの例

・コンビニエンスストアでは、商品の配送にも情報を活用していた。この情報活用のおかげで、いつでも商品を手にすることができていることが分かった。また、インターネットを活用した買い物や移動販売等により、どこに住んでいても、安心・安全なくらしができる。
・商品の開発だけでなく、モノを運ぶ・届けるという仕事でも情報が使われていることに驚いた。

調べる
情報を集める・読み取る・考える・話し合う

コンビニエンスストアの情報通信技術を活用したサービスを調べよう

本時の目標

コンビニエンスストアでは、情報通信技術の活用によって、様々な産業を発展させ、国民生活の利便性を高めていることを理解する。

本時の評価

・調べたことをまとめる活動を通して、大量の情報や情報通信技術の活用は、販売業を発展させ、国民生活を向上させていることを理解している。【知②】

用意するもの

コンビニエンスストアのコピー機の写真、ATM の写真

本時のめあて 2

コンビニエンスストアでは、情報通信技術を活用し、どのようにサービスを広げているのだろう。

情報通信技術とは…
情報通信技術＝ICT
コンピュータや携帯電話などの情報通信機器を活用し、インターネットを使って情報を共有、伝達すること。

よそう 

(コンビニエンスストアでできること)

・荷物を送る
・コピー
・チケットがとれる
・ATM でお金をおろせる

本時の展開 ▷▷▷

つかむ　出合う・問いをもつ

板書のポイント

コンビニエンスストアのコピー機の写真を見せ、子供の生活経験を想起させたい。

T　コンビニエンスストアで、買い物以外にしたことはありますか。

C　コピーをしたことがあります。 1

C　コピー機を使って、コンサートのチケットを買ったことがあります。

C　家の人は、コンビニエンスストアの ATM でお金をおろしていました。

＊本時のめあてを板書する。 2

調べる　情報を集める・読み取る・考える・話し合う

板書のポイント

どのようなサービスが受けられるのか、調べて分かったことを共通理解していく。
情報通信技術の言葉を確認する。

T　コンビニエンスストアでは、買い物以外にどのようなことができますか。調べましょう。

C　コピーや FAX ができます。その他にも、コピー機を使ってチケットが購入できたり、試験の申込もできます。 3

C　住民票の写しや印鑑証明書も取得することができます。

C　このようなサービスができるのは、コピー機にインターネットを使ってアクセスできる情報通信機器の機能があるからです。

分かったこと 3

【コンビニエンスストアでできること】
・コピー・FAX
・コンサートやスポーツ観戦のチケットが取れる
・大学受験などの試験の申し込みができる。
・住民票の写しや印鑑登録証明書の取得
・銀行の預け払い機→IC カードへのチャージ

⇓

コンビニエンスストアでは、情報通信技術を活用していろいろなサービスをしている

話し合って考えたこと 4

【お店にとってよいこと】
○いろいろなサービスをすることで、客足が向く→物を購入する機会が増え、売り上げ向上に役立つ

【お客さんにとってよいこと】
○いろいろな場所に行かなくても、用事が済む。
→便利になった

本時のまとめ

コンビニエンスストアでは、情報通信技術を活用することによって、様々な産業とつながり、サービスを広げている。

まとめる 整理する・生かす

板書のポイント
コンビニエンスストアが買い物以外のサービスを行うことは何のためか、誰のためかを話し合う。

T　このようにサービスが広がることは、誰にどのような影響があるのでしょう。 4

C　様々なサービスをすることで、多くのお客さんがコンビニエンスストアに行き、商品を買う機会が増えるので、売り上げの向上がねらえます。

C　お客さんにとってよいことは、今まで色々な場所に行かなければならなかった用事がコンビニエンスストアで一気に済むので、とても便利です。

学習のまとめの例

・コンビニエンスストアでは、物を購入するほかにも、チケット販売や試験の申し込みなど、色々なサービスを受けることができる。これらのサービスの広がりは、情報通信機器を活用して、様々な産業とつながっているからこそ実現している。
・販売業が情報通信機器を活用しながら他の産業とつながり、サービスを広げている。

まとめる
整理する・生かす

コンビニエンスストアでの情報活用について関係図でまとめよう

本時の目標

販売業における情報活用は、国民生活の向上にどのように関わっているのかを考え、関係図に表現する。

本時の評価

・情報化の進展に伴う販売業の発展や国民生活の向上を関連付け、情報を生かして発展する販売業が国民生活に果たす役割を考え表現している。【思②】
・情報化の進展に伴う販売業の発展や国民生活の向上について考えようとしている。【主②】

用意するもの

これまでに使用した写真資料等

1
【学習問題】
コンビニエンスストアでは、どのような情報を何のために活用しているのだろう。

ふり返り 2

○ポイントカードや POS システムで情報を収集し、発注や商品開発に生かしていた

○タブレット端末やカーナビなどの情報通信機器を活用することで、効率よく配送したり、コンビニエンスストアがない地域にも配送したりしていた。
○コピー機などの情報通信機器を活用することで、様々なサービスを提供していた。

本時の展開 ▷▷▷

つかむ 出合う・問いをもつ

板書のポイント
これまでの学習を振り返るための写真資料がキーワードを提示しておく。

＊学習問題を板書する。 1
T　これまで、みんなで学習してきたことを振り返りましょう。 
C　コンビニエンスストアでは、POS システムやポイントカードを使って情報を収集し、商品開発などに生かしていました。
C　配送の際には、情報を活用することで、時間通りに商品を運ぶことができたり、コンビニがない地域にも運ぶことができます。

調べる 情報を集める・読み取る・考える・話し合う

板書のポイント
「人びとのくらし」「店舗」「本部」の立場を明確にし、それらの間で「商品」と「情報」のどちらをやり取りしているのかを、区別して板書していく。

T　コンビニエンスストアでの情報活用について今までの学習をもとに関連図にまとめましょう。
＊本時のめあてを板書する。 3
C　国民は様々な情報を店舗を通して提供しています。 4
C　本部では、提供された情報をもとに商品開発や新たなサービスを考えます。
C　ほとんどの矢印が情報通信機器を経由して、国民に戻ってきています。

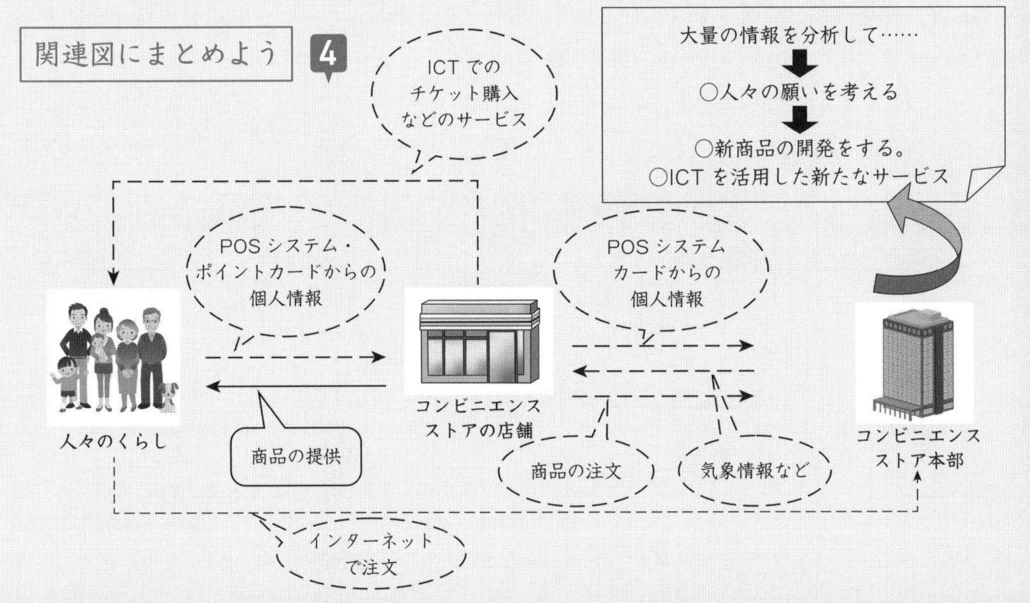

まとめる 整理する・生かす

板書のポイント

学習問題の解決につながるようにまとめを書く。情報を生かして発展する販売業が人々のくらしに果たす役割を考えさせる。

T　コンビニエンスストアでは、どのように情報を活用させていましたか。 5

C　コンビニエンスストアでは、収集した大量の情報を分析することで、新商品を開発したり、他の産業と連携しながら新たなサービスを提供し、売り上げを伸ばしていました。

T　わたしたちのくらしにはどのような影響がありますか。

C　わたしたちのニーズにあった商品やサービスが提供され、人々の生活はより豊かになっています。

学習のまとめの例

・コンビニエンスストア（販売）の仕事では、収集した大量の情報を分析することで、新商品を開発したり、様々な産業とつながって新たなサービスを提供していた。

・今後も販売業では、ICT や AI を活用し、他の産業ともつながりながら発展していくだろう。そして、その発展とともに、わたしたちの生活はより便利に豊かになると考えられる。でも情報の扱いには私たちも注意をしておかなくてはいけない。

4時間

3 情報を生かすわたしたち

単元の目標

情報活用の在り方について、情報の種類、情報の活用の仕方などに着目して、各種の資料で調べ、まとめることで情報化の進展が国民生活に果たす役割や情報の適切な活用の仕方を捉え、情報が国民生活に果たす役割を考え、表現することを通して、情報化の進展により国民生活の利便性が向上する一方、適切に情報を見極める必要があることを理解できるようにする。

学習指導要領との関連

内容(4)「我が国の産業と情報の関わり」アの(イ)及び(ウ)、イの(イ)

第1時	第2時
つかむ「出合う・問いをもつ」	調べる
〔第1時〕 ○くらしの中で、情報はどのような役わりを果たしているのだろう。【思①】 ・パソコンやスマートフォンの所持・利用頻度について確認する。 ・インターネットやSNSの利用頻度等について確認する。 ○インターネットでできることや普及率を調べ、どのようなことが問題になるかを話し合い、学習問題をつくる。 ・メリットの側面を確認した上で、問題点に着目できるようにする。 【学習問題】 わたしたちは、情報とどのようにしてかかわっていったらよいのだろうか。 ・追究する内容や方法を確認し、解決の見通しをもてるようにする。	〔第2時〕 ○情報を上手に活用するには、どのようなルールやマナーを心がければよいのだろう。 ・インターネットを利用した犯罪件数のグラフや犯罪を伝える新聞記事の資料をもとに、その原因を話し合う。【知①・主①】 ・インターネットの普及率と関連付ける。 ・インターネットを利用する機器の種類の特色を捉えられるようにする。 ・インターネットで起こる問題を調べ、情報を上手に活用するには、どのようなルールやマナーを心がければよいか考え、話し合う。 ・第3時までに、保護者をはじめとする身近な大人を対象に、聞き取り調査を実施し、考えるための情報を集めることを確認する。

単元の内容

本小単元は、単元「4　情報化した社会と産業の発展」のうち、まとめとしての位置付けとなっている。子供が、前の2つの小単元で学習したことを生かし、国民の一人として「情報の活用の仕方」を考え、表現することをねらいとしている。具体的には、情報を発信する産業、大量の情報や情報通信技術の活用により、様々な産業が発展し、国民生活の向上が図られてきた。これらの社会の変化を踏まえ、子供たち一人一人が身に付けるべき情報リテラシーの基礎を育成するとともに、情報を活用する国民の一人であるという自覚を養うことが求められる。

情報活用の仕方のデメリットの側面にも着目し、追究できるようにすることが大切である。

単元の評価

知識・技能	思考・判断・表現	主体的に学習に取り組む態度
①情報の種類、情報の活用の仕方などについて、各種の資料で調べて、必要な情報を集め、読み取り、情報化の進展が国民生活に果たす役割や情報の適切な活用の仕方を理解している。 ②調べたことを図表や文などにまとめ、情報化の進展により、国民生活の利便性が向上する一方、適切に情報を見極める必要があることを理解している。	①情報の使い方や情報活用に関連して起きている問題などに着目して、問いを見いだし、情報化の進展が国民生活に果たす役割や情報の適切な活用の仕方について考え、表現している。 ②学習してきたことを総合して、情報活用の在り方について考え、表現している。	①情報活用の在り方について、予想や学習計画を立てたり、学習を振り返ったりして、学習問題を追究し、解決しようとしている。 ②よりよい社会を考え、情報を有効に活用しようとしている。

【知】：知識・技能　【思】：思考・判断・表現　【主】：主体的に学習に取り組む態度　○：めあて　・：学習活動　★：見方・考え方

第３時	第４時
「情報を集める・読み取る・考える・話し合う」	まとめる「整理する・生かす」
〔第３時〕 ○インターネットをもっと有効に活用するためには、どうしたらよいのだろう ・インターネットを利用した調べ学習を行ってみて困ったり、迷ったりした経験を話し合う。 ・情報の出典や正確さに着目して話し合えるようにする。【知②】 ・メディアリテラシーの意味を知り、情報を集めるときや、情報を読み取るときに大切にすべきことを考え、話し合う。 ・情報の出典や正確さを確認する。	〔第４時〕 ○わたしたちは、情報とどのようにして関わっていったらよいのだろう。 ・今まで、情報の活用について学んできたことを振り返り、話し合う。【思②・主②】 ・情報をどのように活用し、生かしていったらよいかを考え、話し合う。 ・情報の受信者としての活用に加え、情報の発信者としての活用の側面に着目して話し合えるようにする。 ・これまでの学習をもとに、自分たちの情報モラルを振り返り、注意しなければならないことをグループで話し合い、クイズをつくる。 ・グループごとに作成したクイズを相互に発表し合い、情報を活用する上で大切だと思うことを整理して「情報活用宣言」を書く。

問題解決的な学習展開の工夫

前の２つの小単元で学習したことと子供の生活経験を生かして展開することが大切である。しかし、全ての子供に豊かな情報活用の経験があるとは限らない点に注意が必要である。

子供の追究を主体的なものにするためには、子供を対象にしたアンケート調査等を実施し、子供の実態をできるだけ正確に把握し、展開に生かしていく。実施が難しい場合は、第１時に挙手等で把握するという方法も考えられる。

学習のまとめを教室内に閉じ込め矮小化しないためにも、学校の外へ開かれたものにすることが望ましい。その点で、追究の方法については、保護者をはじめ、身近な大人を対象とした聞き取り調査を中心にすることも考えられる。

つかむ
出合う・問いをもつ

インターネットとの関わりを考える

本時の目標

日頃の情報の生かし方について話し合うことを通して、自分たちの情報とのかかわり方について学習問題を見いだし、追究・解決の見通しをもつ。

本時の評価

・情報の使い方や情報活用に関連して起きている問題などに着目して、学習問題を立てている。【思①】

用意するもの

グラフ「５年生のインターネット・SNS 利用率」、SNS トラブル事例に関する新聞記事など

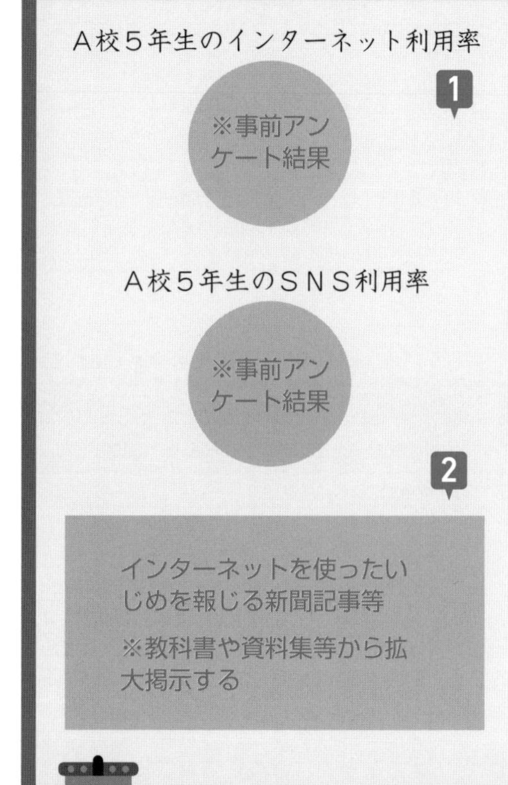

本時の展開

つかむ　出合う・問いをもつ

板書のポイント
事前アンケート等を実施し、５年生のインターネット・SNS 利用実態を板書で明確に示した上で、学習問題を把握できるようにする。

T　以前に本校の５年生にアンケートを取らせてもらいました。５年生全体の結果はどのようになっていると思う？
C　半分くらいかな？
C　８割は超えていると思う。
T　５年生の実態調査のグラフを提示する。1
C　思ったよりも多いな…
T　全国ではこんな事例も起きています。どう思いますか？　2
＊本時のめあてを板書する。

調べる　情報を集める・読み取る・考える・話し合う

板書のポイント
５年生の子供にとってのインターネットの利活用場面を踏まえ、インターネットの普及の様子を調べられるようにする。

T　５年生のあなたたちは、インターネットをどんな時に使うのかな？
C　宿題や勉強で調べものをするとき
C　母とメールのやり取り
C　ゲームの通信対戦はインターネットが接続されていないとできません。
T　子供たちにもインターネットの利用はかなり広がっているということは言えそうだね。さて、全国的に見るとどうかな。
＊グラフを提示する。　3 4

本時のめあて

くらしの中で、情報はどのような役わりを果たしているのだろう。

インターネット普及率の変化

・メール
・調べもの
・ゲームの通信対戦
　など

・多くの人がインターネットを利活用している。
・情報化により便利になった。
<一方で>
・たくさんのトラブルも報告

くらしの中で、情報はどのような役わりを果たしているのかな？

・ＳＮＳやブログ
・メール
・買い物
・生活に必要な情報を得る
・料金の支払い
・調べもの

3 わたしたちの生活には、なくてはならない重要な役わりを果たしている。

【学習問題】

4 **わたしたちは、情報とどのようにしてかかわっていったらよいのだろう。**

学習計画

①上手な活用の仕方にはどのようなルールとマナーがあるのか？
②インターネットをもっと有効に活用するためには、どうすればよいか？
まとめ
一人一人が守るべきルール、大切にすべきマナーについて宣言

まとめる　整理する・生かす

板書のポイント

インターネットがどのような役割を果たしているのか、社会全体に広げて想像し、これからの自分の関わり方に対する関心を高める。

T　くらしの中で、情報はどのような役割を果たしているのだろう？
C　父はパソコンでインターネットを使って買い物をしています。
C　母も調べものをしているみたいです。
T　メールのやり取りなど、インターネットは、どれも私にとってもないと困ります。
T　話し合ったことをもとに、学習問題をつくりましょう。
＊学習問題を板書する。

学習のまとめの例

・ぼくは、これまでけっこう気軽にインターネットを使っていました。こわいことがあることを知って、「上手に使うにはどうしたらよいか」ということを考えていきたいと思います。

　ここでは、インターネットの利便性とともに危うさも取り上げるが、情報の一方向性や双方向性に着目し、機能的な側面の理解を深め、上手に使うための知識・技能への関心を高められるようにします。

調べる
情報を集める・読み取る・考える・話し合う

情報活用のルールやマナーを考える

本時の目標

インターネット利用による問題事例から、情報を上手に活用するための方法について調べ、守るべきルールやマナーの意味を理解する。

本時の評価

・情報の種類、情報の活用の仕方などについて、各種の資料で調べて、必要な情報を集め、読み取り、情報化の進展が国民生活に果たす役割や情報の適切な活用の仕方を理解している。【知①】
・情報活用の在り方について立てた学習問題を追究し解決しようとしている。【主①】

用意するもの

グラフ「インターネットを利用した犯罪件数の変化」、インターネットの利用トラブル

本時の展開 ▷▷▷

本時のめあて

情報を上手に活用するには、どのようなルールやマナーを心がければよいのだろう。

・たくさんの人が利用するようになって、犯罪も増えているのではないか。
・SNS 上でのトラブルによるいじめがニュースになっているのを見たことがある。

1

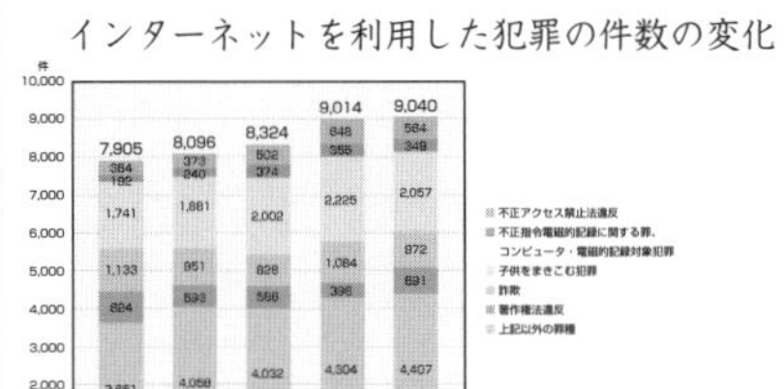

・便利だけれど、ルールやマナーが大切になってくる。
・具体的にはどんな問題があるのか？

つかむ　出合う・問いをもつ

板書のポイント

社会科としては、“情報を上手に使っていく”ということを前提にすることが大切です。授業の導入で明確に板書で示します。

T　情報を上手に活用するには、どのようなルールやマナーを心がければよいのでしょうか？を考えていくために、すでに起こっている問題を事例にして学んでいきましょう。

＊本時のめあてを板書する。

C　インターネットを使った犯罪そのものも増えているのだと思います。

C　SNS 上でのトラブルがいじめになったという話を聞いたことがあります。

T　本当かどうか資料で確認してみましょう。

調べる　情報を集める・読み取る・考える・話し合う

板書のポイント

これまでの問題事例を提示し、それらの特徴から、“情報を上手に使っていく”ためのルールやマナーを考える材料になるようにしていきます。

T　インターネットの利用で起こる問題の例を見てみましょう。 1 2

C　ぼくのお父さんが、インターネットで注文した「商品が届かない」って言ってたよ。

C　いとこがゲームで高額課金になっちゃったって言ってた。

T　身近なところにも事例がありそうです。みんなでマナーやルールを考える資料になるよう、これらの問題点を表に整理してみましょう。 3

2

ゲームによる高額請求

個人情報の漏洩（ろうえい）

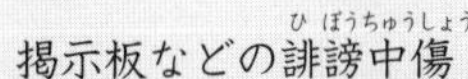

3

個人情報の流出
インターネットショッピングのにせサイト
オンラインゲームによる高額課金
SNS が原因のいじめ
いたずら書き
商品が届かない

<共通する問題>
・一度インターネット上に発信した情報はすぐに消したとしても、広がってしまい、なかったことにすることができない。
・相手の顔が見えにくい。

ルール
○お金がかかる場合は家の人と
○ＳＮＳは決めた時間で
○個人情報をのせない

マナー
○家の人に確認する。
○大事なことは相手に直接伝える。
○SNS ではグループにいない人を話題にしない。

まとめる　整理する・生かす

板書のポイント
ペアまたは小グループで話し合ったことをこれから“心がけていくこと”として分類・整理してまとめていく。

T　“情報を上手に使っていく”ためにはどんなルールやマナーを心がければよいのかな？小グループで話し合ってみましょう。
C　お金がかかる場合は、家の人や大人の確認が必要です。
C　SNS については、特に何時までという時間のルールを家族と相談して決めないといけないですね。
C　インターネット上に個人情報を出さないというのは、みんなで守らないといけないね。

学習のまとめの例

・「一度インターネット上に発信した情報は、すぐに消しても広がってしまいなかったことにできない。」ということがとてもこわいと思いました。私はやっぱり“慎重に使う”ということなのだと思います。
・たくさんのことができるから便利だけれど、その分使い方を間違えると痛い目にもあうんだなと思いました。
・お金が関わるトラブルが多いなと思いました。また、いじめに発展することがあるなんて、こわいと思いますが、どうしてそんなふうになるんだろうと感じました。

調べる
情報を集める・読み取る・考える・話し合う

インターネットでの情報の取捨選択の必要性を考える

本時の目標

インターネット検索を通して、速く正確に調べる工夫を身に付け、たくさんの情報を扱う上でわたしたちが身に付けるべきメディアリテラシーの意味を理解する。

本時の評価

・調べたことを図表や文などにまとめ、情報化の進展により、国民生活の利便性が向上する一方、適切に情報を見極める必要があることを理解している。【知②】

用意するもの

インターネットに接続したコンピュータと画面

本時のめあて

インターネットをもっと有効に活用するためには、どうすればよいのだろう。

・目的に合わせて、メディアを使い分ける。
・インターネットでの上手な検索の仕方を身に付ける。

インターネット検索で
調べてみよう！
○情報モラル

・インターネット上の説明は、大人向けなので、言葉が難しい。
・社会科の子ども向けのサイトに入り、そのサイト内で検索したら分かりやすいものが出てきた。
→言葉の入力、サイトへの入り方を工夫するとスピードアップ

本時の展開 ▷▷▷

つかむ　出合う・問いをもつ

板書のポイント

“速く”“正確”にインターネットで検索する活動をゲーム感覚で楽しめるよう、検索ワードをフリップなどに書いて提示します。

T　インターネットをもっと有効に活用するためには、どうすればよいでしょうか？
C　インターネットのよさを生かす。
C　インターネットでの上手な検索の仕方を身に付ける。
T　確かに本で調べる方がよい内容もありますよね。今日は実際にインターネットでの検索をやってみて、速く正確に検索する方法を身に付けてみましょう。
＊本時のめあてを板書する。

調べる　情報を集める・読み取る・考える・話し合う

板書のポイント

インターネット上の情報に対して、自分はどのようにかかわるかを考えるための基礎となる“ことば”を整理して提示します。

T　「情報モラル」については、みんながインターネットで調べたので意味が分かりました。「SNS」「メディアリテラシー」という言葉はどうかな？
C　また、インターネットかな？
C　教科書や資料集には書いていないかな…
T　速く正確に、そしてみんながよく分かる説明は、どこにあるかな？
C　教科書にも資料集にもありました！

ことば
「情報モラル」

・子供たちのインターネット検索で分かったことばで整理

ことば
「SNS」

・ソーシャル・ネットワーキングサービスの略
・インターネット上で人と人とのつながりを支援する会員制のサービス

ことば
「メディアリテラシー」

・メディアが伝える情報の中から必要な情報を自分で選び出し、内容の正しさを確認し、活用する能力や技能のこと

注意しなければならないことはどんなことか？

・受け取るだけでなく、自分の情報を送ることができる。
・受け取る情報が全て正しい情報とは限らない。
・相手の顔が見えないので、誤解が生じるかもしれない。

わたしたちが身に付けるべきメディアリテラシーとは？

<情報を集め、選ぶとき>
○必要な情報かを見極める。
→必要な情報を得て、不要な情報を外す。
○メールを活用するときは、ていねいに挨拶し、内容を分かりやすく。

<情報を読み取り、まとめるとき>
○難しい言葉、分からない言葉の意味を調べる。
○参考にした資料の出典を明らかにする（書名、作者、発行元、発行年など）。

まとめる　整理する・生かす

板書のポイント
インターネットをはじめ、情報を活用するわたしたちが身に付けるべき、メディアリテラシーについて、整理して考えられるようにします。

T　情報を扱う２つの場面で整理して話し合ってみましょう。その一つは、“情報を集め、選ぶとき”、もう一つは“情報を読み取り、まとめるとき”です。それでは、ペアまたは小グループで話し合ってみましょう。
C　必要な情報といらない情報を整理する。
C　分からない言葉の意味も調べる。
C　その情報はいつ、だれ、どこからのものかを確認しないといけないよね。

学習のまとめの例

・検索の仕方であんなに結果が変わるなんて驚きました。調べ方には技術が必要だと実感しました。
・たくさんの情報のうち、必要な情報を得るのはもちろんですが、不要な情報までを取捨選択する勇気が必要だなと思いました。取っておいても整理できなくなることがあります。
・インターネット上は、相手の顔が見えないけれど、それでも相手がどんな人か、どんなふうに感じているかを想像することが大切だと思いました。それが本当の情報リテラシーなのかもしれません。

まとめる
整理する・生かす

これまでの自分の情報モラルを見直し、情報活用宣言をつくろう

本時の目標

情報を有効に活用しながら、自分たちの生活を向上させていくために、自分たちのこれまでの情報モラルを振り返り、これからのかかわり方を「情報活用宣言」として表現する。

本時の評価

・学習してきたことを総合して、情報活用の在り方について考え、表現している。【思②】
・よりよい社会を考え、情報を有効に活用しようとしている。【主②】

用意するもの

これまでの学習の記録（板書記録等）

本時のめあて

【学習問題】
わたしたちは、情報とどのようにしてかかわっていったらよいのだろう。

これまで学んできたこと

・情報化した社会では、情報がくらしや産業にとても役に立っていた。
・インターネットの情報は便利だが、全部正しいとはかぎらない。
・インターネットでのいじめや犯罪が問題になっている。

特に大切なこと

・情報化が進んで便利になったけれど、気を付けないといけないことも増えてきた。
・かかわるみんながメディアリテラシーを身に付けないといけない。
・情報モラルというルールやマナーが必要である。

本時の展開 ▷▷▷

つかむ　出合う・問いをもつ

板書のポイント
学習問題を再掲示し、これまで学習してきたことを振り返り、これからの自分たちのかかわり方について考えるようになったことを板書します。

T　学習問題を再掲示し、これまで学んできたことをまとめるとどんなことが言えそうかな？ペアで確認してみましょう。
＊本時のめあてを板書する。
C　情報化した社会では、情報がくらしや産業にとても役に立っていた。
C　インターネットの情報は便利だが、全部正しいとはかぎらない。
C　インターネットでのいじめや犯罪が問題になっている。

調べる　情報を集める・読み取る・考える・話し合う

板書のポイント
「５年Ａ組　情報活用宣言」の作成に向けて、仕上がりのイメージや進め方を明確に板書し、全員で取り組めるようにします。

T　「５年Ａ組　情報活用宣言」と板書する。
T　宣言の対象や内容はどのようなものにしようか？
C　情報を活用する人みんなに分かってもらいたい。
C　「こんな時どうする？」みたいなクイズにすれば、小さい子でも楽しめるよ。
C　問題のネタを、みんなで出し合って「５年Ａ組の宣言」にしよう。

情報をどのように活用し、生かしていけばよいのかをまとめましょう。

5年A組　情報活用宣言をつくり、地域まで広げよう！

情報活用宣言づくりの見通し
<まとめ方>・"だれでも""かんたんに"できるようクイズ形式にする
<手　　順>・一人一人が特に大切だと思うことを短冊に書いて集める。
・集まった短冊を分類整理して、クイズに仕上げる。

5年A組
情報活用宣言クイズ

クイズ1	○
クイズ2	○
クイズ3	×
クイズ4	×
クイズ5	×
クイズ6	×
クイズ7	○

まとめる　整理する・生かす

板書のポイント
一人一人が作成した短冊を、内容ごとに分類・整理し、クイズづくりに向けてグループに分担できるようにします。

T　どんな内容のまとまりになりそうかな？
C　インターネットでのお金のトラブル
C　個人情報に関するもの。
C　メールや SNS の利用に関するものも多いね。
T　グループで分担して、1・2問ずつ作ると10問くらいになるね。
C　答えと解説も必要だよね。
C　仕上がりが楽しみだね。
T　できあがったら印刷して配れるようにするね。

学習のまとめの例

・今回の学習を通して、正直言って最初は「情報はこわい」と思ってしまいました。けれども、きちんとルールやマナーを守ればとても便利なものなので、慎重に有効活用していきたいです。
・「5年A組情報活用宣言」がとてもよいものになりました。これなら、誰もが学べるし、ぼくらの学習成果である解説付きです。いろんなところでたくさんの人にやってもらいたいです。

5

わたしたちの生活と環境

0 1時間 導入（オリエンテーション）

単元の目標

第５学年の社会科の学習で扱った自然環境や世界自然遺産などを話題に話し合うことを通して、日本の自然環境のよさとともに、自然環境をめぐる問題が起きていることに気付き、国土の自然環境と自分たちの生活とのかかわりについて関心をもつことができるようにする。

学習指導要領との関連 内容⑸「我が国の国土の自然環境と国民生活の関連」

つかむ「出合う・問いをもつ」	調べる
○「自然」という言葉からイメージすることを話し合おう。 ・具体的な山・川・海などの自然環境と、「美しい」「きれい」などの抽象的なイメージの両方について考えを出し合う。 ・第５学年のこれまでの単元で扱った自然環境（「あたたかい土地や寒い土地のくらし」の単元で扱った自然、「米づくりのさかんな地域」の単元で扱った自然など）や、世界自然遺産の写真を見るなどして話し合いを深める。 **★学習経験や生活経験と関連付ける**	○自分たちの生活が、自然とどのようにかかわっているか考えよう。 ・あえて「自分の生活は自然と、全くかかわっていないかな？」と問いかけることで、自然環境と生活のかかわりに目が向くようにする。 ・自然環境のよさや、自然環境をめぐる問題などをノートに書く。 ・「自然っていいなあ」「自然があるおかげで○○ができるなあ」、「自然の□□が心配だよ」「自然の△△が今、問題だと思うよ」などの例を示し、書く手がかりとする。 **★自然環境と生活を関連付ける**

単元の内容

このオリエンテーションの１時間は、大単元「わたしたちの生活と環境」への導入として位置付けられている。

自分たちの生活と自然環境とのかかわりを考え、話し合う中で、①自然環境のよさ（世界自然遺産等の美しい景観、生活や産業への利活用など）、②自然環境をめぐる問題（地震や津波の災害、森林等の環境破壊、川の汚濁など）の両面に気付くことができるようにしたい。

本時の後半では、特に「自然災害」「森林（伐採）」「公害」に焦点化していくことで、この先の３つの小単元に、子どもの意識をつなげやすくなると考えられる。

単元の構成

○本大単元は、学習指導要領第5学年(5)に位置付き、国土の自然災害に関する内容、森林資源の働きに関する内容、公害の防止と生活環境に関する内容から構成されている。主として「地理的環境と人々の生活」及び「現代社会の仕組みや働きと人々の生活」に区分されるものである。
○本書では、以下のように単元を構成している。
第1 自然災害を防ぐ
第2 わたしたちの生活と森林
第3 環境を守るわたしたち
○指導時数は本時を含め18時間であり、長い時間をかけて取り組む学習である。そこで、3つの単元の大導入（オリエンテーション）として、国土の自然環境と国民生活とのかかわりについて関心を高め、第5学年最終の単元として意欲的に取り組めるようにしたいと考えている。

【知】：知識・技能　【思】：思考・判断・表現　【主】：主体的に学習に取り組む態度　○：めあて　・：学習活動　★：見方・考え方

「情報を集める・読み取る・考える・話し合う」	まとめる「整理する・生かす」
○自分たちの生活が、自然とどのようにかかわっているか話し合おう。 ・自然環境のよさと、自然環境をめぐる問題（心配な点）に分類した板書を見ながら、付け足したり、違いを指摘したりしながら話し合う。 ・特に、これからの単元の学習につながる「自然災害」「森林（伐採）」「公害」にかかわる意見について、問い返し、話し合いを深める。 **★よい点と問題点の両面から考える**	○これからの学習で、生活と自然がどのようにかかわっているのか、より深く学んでいこう。 ・自然環境のよさと、自然環境をめぐる問題（心配な点）について、具体的に調べ、自然環境と生活とのかかわりについて考えを深めていくという単元の学習に見通しをもつ。 【評価】主体的に学習に取り組む態度 本時は、単元の導入のオリエンテーションにあたることから、自然環境への興味・関心、学ぼうとする意欲に着目して評価する。

問題解決的な学習展開の工夫

学習展開の工夫を以下に3点示す。

①学習経験や生活経験を想起
まず、グループで「自然」という言葉からイメージすることを自由に出し合う活動を設定する。教師は各グループをまわり、第5学年の学習経験や、生活経験を話題として考えることができるようにする。

②自然環境のよさと問題に分類して板書
美しさや自然の利活用の面、自然環境をめぐる問題や心配な面の両面に気付くことができるようにする。

③写真や動画の活用
②の両面について、写真（もしくは動画）を用意しておき、具体的にイメージできるようにする。

導入
(オリエンテーション)

自分たちの生活は、自然とどのように関わっているのだろう

本時の目標

第5学年の社会科の学習で扱った自然環境や世界自然遺産などを話題に話し合うことを通して、日本の自然環境のよさや問題に気付き、国土の自然環境と自分たちの生活との関わりについて関心をもつ。

本時の評価

・日本の自然環境のよさや問題に気付き、国土の自然環境と自分たちの生活との関わりについて関心をもっている。【主】

用意するもの

黒板に貼る写真、自然環境についての動画

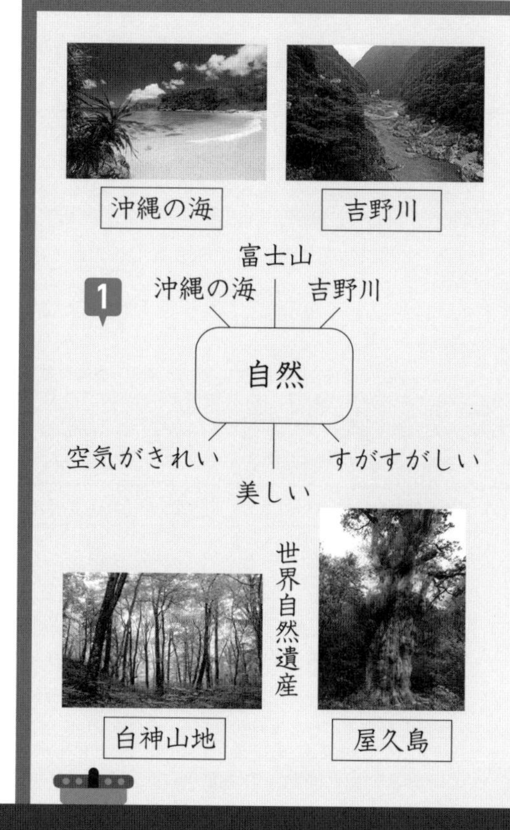

本時の展開 ▷▷▷

つかむ　出合う・問いをもつ

板書のポイント
「自然」という言葉を中央に示し、周りにイメージすることを板書する。その際、具体的・抽象的なイメージの両方を引き出すようにする。

T　「自然」という言葉から、みんなはどんなことをイメージしますか。 1

C　5年生の始めの方に学習した沖縄の海をイメー ジしました。

C　「自然」と聞くと、世界自然遺産が思い浮かびます。空気がきれいなイメージがあります。

T　自分たちの生活は、自然と全くかかわっていないのでしょうか。それともかかわっていますか。 2

＊本時のめあてを板書する。

調べる　情報を集める・読み取る・考える・話し合う

板書のポイント
子どもの意見を美しさや自然の利活用の面、自然環境をめぐる問題や心配な面に分類して板書し、両面に気付くことができるようにする。

T　自然とどのようにかかわっているか、自分の考えをノートに書きましょう。 3

〈書き出しの例〉

・自然のいいところは……
・自然があるおかげで……
・今、〇〇の問題がおこっていて……

C　4年生で学習したように、川の水を浄水場で飲水にして利用しています。

C　雪どけ水を米づくりに活用している地域もあります。

2 本時のめあて

自分たちの生活は、自然とどのようにかかわっているのだろう。

4 これからの学習でくわしく調べていこう。

3 自然のよさ

・きれいな海
→海水よくを楽しめる

・たくさんの雪
→雪まつりなどのイベント

・川の水
→浄水場で飲み水に

・雪どけ水
→米づくりに活用

自然をめぐる問題（心配なこと）

・大きな津波
→命の危険
→建物などが流される

・木をたくさん切りたおす
→豊かな自然が失われる

・はいきガス
→空気のよごれ
→人々の健康にもえいきょう？

まとめる　整理する・生かす

板書のポイント

「自然災害」「森林伐採」「公害」についての写真を提示することにより、次時以降の学習について関心を高めるようにする。

C　大きな津波によって建物が流されたりもします。自然には恐ろしい面もあります。

C　世界自然遺産に選ばれた森林は守られているけど、道路などをつくるため山を切りひらき、森林が減っているという話も聞いたことがあります。

C　空気の汚れなどの問題もおきているとニュースで見たことがあります。健康の面でも心配もあります。

T　実際は、どうなのでしょうね。これから先の学習でくわしく学んでいきましょう。 4

学習のまとめの例

〈振り返りの例〉

・これまでの社会科の学習で、自然についてたくさん学んでいたことに気付いた。

・自然はよさが多いけど、心配なこともあると気付いた。生活と自然がどのようにかかわっているのかしっかり調べていきたい。

1 自然災害を防ぐ

5時間

単元の目標

我が国の国土の自然環境と国民生活との関連について、災害の種類や発生の位置、防災対策などに着目して、地図帳や各種の資料で調べてまとめ、国土の自然災害の状況を捉え、自然条件との関連を考え、表現することを通して、自然災害は国土の自然条件などと関連して発生していることや、自然災害から国土を保全し国民生活を守るために国や県などが様々な対策や事業を進めていることを理解できるようにするとともに、学習問題を主体的に解決しようとする態度を養う。

学習指導要領との関連

内容(5)「我が国の国土の自然環境と国民生活の関連」アの(ア)及び(エ)、イの(ア)

第1時	第2～4時
つかむ「出合う・問いをもつ」	調べる
〔第1時〕 ◯これまでに日本では、どのような自然災害が起こったのだろう。 ・前時の学習を振り返ろう。　【思①・主①】 ・前時（大単元のオリエンテーション）で出た意見を振り返る中で、特に「自然災害」についての意見を想起する。 ・日本の自然災害について話し合う。 ・東日本大震災などの事例をもとに、自然の恐ろしさの面に目を向け、話し合う。 ・資料をもとに、日本のどこでどのような自然災害が起こったか調べ、災害の種類ごとに色シールを白地図に貼る。 **★災害の種類、発生の位置や時期に着目する** **【学習問題】** 自然災害は自然条件とどのようにかかわり、国や県などがどのような対策をしているのだろう。 ・予想や学習計画を立てる。	〔第2時〕 ◯地震や津波の災害の自然条件との関わりと対策について調べよう。　【知①・知②】 ・色シールを貼った前時の地図から、地震や津波の災害に注目して、自然条件とのかかわりについて話し合う。 **★国土の自然条件と関連付ける** ・南海トラフ地震（徳島県等）の事例などをもとに、災害への対策を調べる。 **★防災対策に着目する**

単元の内容

本単元は、「自然災害と国土の自然条件（地形や気候）との関連」や「自然災害に対する国や都道府県の対策や事業」について学習を進めていく。地震災害、津波災害、風水害、火山災害、雪害といった自然災害が、学習指導要領解説に例示されている。

単元を進めるにあたっては、第4学年の目標や内容との違いを意識することが大切である。

第4学年では、県内などで発生した自然災害を取り上げ、その対処や備えから地域社会についての理解を深めることをめざしている。対して、第5学年では、国土の地理的環境の理解に重点が置かれている。我が国で起こる様々な種類の自然災害とその対策を取り上げ、自然災害と国土の自然環境との関連付けを行っていくことが大切である。

単元の評価

知識・技能	思考・判断・表現	主体的に学習に取り組む態度
①災害の種類や発生の位置や時期、防災対策などについて、地図帳や各種の資料などで調べて、必要な情報を読み取り、国土の自然災害の状況を理解している。 ②調べたことを白地図や図表などにまとめ、自然災害は国土の自然条件などと関連して発生していることや、自然災害から国土を保全し国民生活を守るために国や県などが様々な対策や事業を進めていることを理解している。	①災害の種類や発生の位置や時期、防災対策などに着目して、問いを見いだし、国土の自然災害の状況について考え表現している。 ②我が国で発生する様々な自然災害と国土の自然条件を関連付けて、国や県などの防災・減災に向けた対策や事業の役割を考え、表現している。	①国土の自然災害について、予想や学習計画を立てたり、学習を振り返ったりして、学習問題を追究し、解決しようとしている。 ②よりよい社会を考え、学習したことを基に、自然災害と国土の自然環境との関連を多角的に考え、社会生活に生かそうとしている。

【知】：知識・技能　【思】：思考・判断・表現　【主】：主体的に学習に取り組む態度　◯：めあて　・：学習活動　★：見方・考え方

	第5時
「情報を集める・読み取る・考える・話し合う」	まとめる「整理する・生かす」
（第3時） ◯風水害の自然条件との関わりと対策について調べよう。【知①】 ・第2時と同様に、風水害に注目して自然条件とのかかわりについて話し合う。 **★国土の自然条件と関連付ける** ・九州北部豪雨（福岡県・大分県等）の事例などをもとに災害への対策を調べる。 **★防災対策に着目する** （第4時） ◯火山や雪の災害の自然条件との関わりと、対策について調べよう。【知①】 ・第2時と同様に、火山や雪の災害に注目して、自然条件とのかかわりについて話し合う。 **★国土の自然条件と関連付ける** ・御嶽山（長野県・岐阜県）の火山災害の事例や、北陸地方の雪害の事例などをもとに災害への対策を調べる。 **★防災対策に着目する**	（第5時） ◯調べたことをもとに、自然災害と自然条件との関わりや、防災対策について自分の考えをまとめよう。【思②・主②】 ・災害の種類、自然条件、対策の3つの観点をもとに表の形に整理し、比較する。 **★各事例の自然条件や対策を比較して、共通点や相違点を見出す** ◯これから先、自然災害の被害をより減らすために、どのようなことが大切だろう。 ・ハード面・ソフト面の対策の充実とともに、自分の住んでいる地域の自然条件や過去に起こった自然災害に関心をもつなど、防災意識を高めることの大切さを考えていく。

問題解決的な学習展開の工夫

学習展開の工夫を以下に3点示す。

①災害の種類ごとに色分けしたシールを白地図に貼る

過去に我が国で起こった自然災害をシールで色分けすることにより、災害の起こった位置と災害の種類の関連を考えようとする意欲を高める。

②複数の典型的な事例をもとに調べる

南海トラフや九州北部豪雨など近年起こった（起こると想定されている）事例を用いることにより、具体的に調べられるようにする。

③被害を減らすために大切なことを話し合う

直接、社会との関わり方を選択・判断する単元ではないが、国民一人一人の防災意識を高めることの大切さを考える活動を設定する。

つかむ
出合う・問いをもつ

これまでに日本では、どのような自然災害が起こったのだろう

本時の目標

これまで日本で、どのような自然災害が起こったか調べ話し合うことを通して、学習問題をつかむ。

本時の評価

・災害の種類や発生の位置や時期、防災対策などに着目して、問いを見いだしている。【思①】
・学習問題に対する予想をもとに調べる計画を立てている。【主①】

用意するもの

拡大した日本の地図、色シール5色、過去の自然災害の写真・動画、過去の自然災害の一覧表（配布資料）

1 ＜前の時間の学習＞

沖縄の海

白神山地

・美しい自然
　山・海・川・・・
・多くの生き物すみか

2

熊本地震
（2016年）

東日本大震災
（2011年）

おそろしい自然災害

本時の展開 ▷▷▷

つかむ 出合う・問いをもつ

板書のポイント
前時（単元のオリエンテーション）で提示した自然環境の写真や、東日本大震災の写真を提示し、関心を高める。

T　前の時間、日本の自然について話し合いましたね。どのような意見が出ましたか。 1
C　自然は美しい反面、地震や津波など心配な面もあることが分かりました。
・前時で扱った写真を提示する。 2
・続けて東日本大震災の動画や写真を見せる。
T　これは何の様子を写したものでしょうか。
C　大きな地震や津波の様子だと思います。
T　2011年に起こった東日本大震災の様子です。他にどんな自然災害が起きていますか。

調べる 情報を集める・読み取る・考える・話し合う

板書のポイント
子どもの意見として出た自然災害の種類を板書するとともに、写真を提示してイメージがわくようにする。

＊本時のめあてを板書する。 3
T　地震・津波以外に、自然災害はありますか。
C　火山の噴火、台風などがあります。
T　過去に日本で起こった主な自然災害が載っている資料を配ります。
T　資料を見て気になったことはありますか。
C　阪神・淡路大震災です。亡くなった方の数が非常に多く、大きな災害だったと思いました。 4
C　近年、豪雨の被害が多いことも心配です。

3 本時のめあて

これまでに日本では、どのような自然災害が起こったのだろう。

・地震　・津波

4

ごう雨

台風などの暴風

（ごう雨・台風などの暴風）風水害

火山 の ふん火

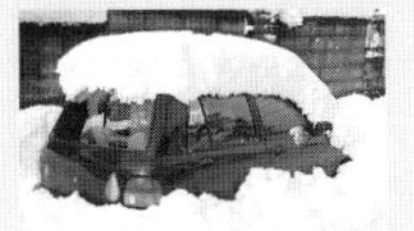

雪の災害･･･雪害

5 日本の主な自然災害

赤･･･地震
黄･･･津波
緑･･･風水害
橙･･･ふん火
青･･･雪害

話し合って考えたこと

・雪害･･･日本海側に多い
・津波･･･海に近い地域
（てい防などの備え？）
・地震･･･プレートに関係？

6 【学習問題】

自然災害は自然条件とどのようにかかわり、国や県などがどのような対策をしているのだろう。

まとめる　整理する・生かす

板書のポイント

日本で過去に起こった自然災害について、種類ごとに色シールを白地図に貼ることで、自然災害の種類と自然条件に注目できるようにする。

T　黒板の白地図に、自然災害の種類別に色シールを貼ってみましょう。 5

T　前の白地図を見て気が付いたことを話し合い、学習問題をつくりましょう。

C　大雪は日本海側に多いように思います。

T　それぞれの自然災害が起こりやすい条件があるのか、また、堤防などの他にも対策をしているのか調べていきましょう。 6

＊学習問題を板書する。

学習のまとめの例

単元の学習問題：
自然災害は自然条件とどのようにかかわり、国や県などがどのような対策をしているのだろう。

〈振り返りの例〉

・シールで色分けすると、自然条件と自然災害の種類は関係がありそうだと感じた。調べたい。
・避難タワーもあると思う。県庁の方に聞いたり、図書室の本で調べてみるといいかもしれない。

調べる
情報を集める・読み取る・考える・話し合う

地震や津波の災害に、どのような対策をしているのだろう

本時の目標

南海トラフ地震などの事例について調べ話し合うことを通して、地震や津波の災害と自然条件との関わりや、その対策を理解する。

本時の評価

・地震や津波の災害と自然条件との関わりや、その対策について理解している。【知①】
・調べたことを写真をもとに整理し、国や県が対策を進めていることを理解している。【知②】

用意するもの

前時にシールを貼って作成した地図、過去の地震や津波の写真・動画、調べ学習に用いる資料（配布資料）

1 本時のめあて

地震や津波の災害の自然条件との関わりや対策について調べよう。

日本の主な自然災害

地震

津波

2 よそう

<自然条件>
・津波…海の近く
・地震…プレートに関係？
<対策>
・てい防、ひなんマップ　など

本時の展開 ▷▷▷

つかむ　出合う・問いをもつ

板書のポイント
前時（第１時）で作成した日本の主な自然災害を示した地図（色シールを貼ったもの）を提示する中で、地震や津波の災害の学習へと導入する。

T　前の時間につくった地図を見ましょう。赤や黄のシールは何を表していましたか。
C　赤は地震、黄色は津波です。
T　〇〇さんの前の時間の振り返りを聞きましょう。
・「地震や津波と自然条件との関わり」についての振り返り
・「地震や津波の対策」についての振り返り
＊本時のめあてを板書する。 1

調べる　情報を集める・読み取る・考える・話し合う

板書のポイント
子どもが調べたことを、「自然条件との関わり」と「対策」に分類して板書し、２つの観点が意識できるようにする。

T　めあてについて予想をしてみましょう。 2
C　地震はプレートの境目で起きやすいかも…。
C　避難マップなどを作成していると思います。
T　今後、発生が予想されている南海トラフ地震の資料などをもとに調べてみましょう。 3 4
C　徳島県南部の浅川地区は、入り組んだ湾になっていて波が高くなり、何度も被害を受けているそうです。
C　避難マップを配布するだけではなく、町の中に案内板を設置しています。

3 <自然条件とのかかわり>

日本周辺のプレート

ユーラシアプレート
北アメリカプレート
太平洋プレート
フィリピン海プレート

・断層のずれ
→地震の発生

・日本の位置
→複数のプレートが出合う場所

V字の湾

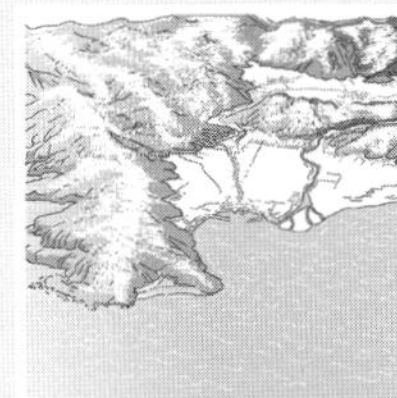

・震源が海底の場合など
→津波の発生

・V字の湾などの地形
（徳島県浅川地区など）
→津波が特に高くなる
→被害が大きくなる可能性

<対さく>

4

緊急地震速報	中央防災会議	ひなん場所を示す案内板	津波ひなんタワー

5

気象庁からゆれがくる前に伝える	広い地域が被害を受ける災害	ひなん場所を地域の方に示す	高い場所が少ない地域
↓	↓	↓	↓
すばやいひなんにつなげる	連けいして対応	ふだんから意識できるように	より多くの人が逃げられるように

まとめる 整理する・生かす

板書のポイント

「素早く逃げられるように」「普段から意識できるように」など、対策の「意味」に関わる部分を囲むなど板書上で強調して、理解を深める。

T　調べた中で、「特にこれが重要だ」と思う対策は何ですか。 5

C　国や都道府県の対策会議です。地震や津波の被害は広い地域におよぶので連携が欠かせません。

C　避難場所の看板です。普段から意識することが、いざという時の行動につながるからです。

C　津波避難タワーの設置です。高い場所が少ない地域には、このような設備が不可欠です。

T　今日学んだことをもとに、次は地震や津波以外の自然災害にも目を向けてみましょう。

学習のまとめの例

〈振り返りの例〉

・プレートや海岸の地形などが地震や津波の災害に関わっていることが分かりました。

・地震や津波の災害に対して、連携をしたり普段から意識できるようにしたりしていました。

調べる

情報を集める・読み取る・考える・話し合う

風水害に、どのような対策をしているのだろう

本時の目標

九州北部豪雨などの事例について調べ話し合うことを通して、風水害と自然条件の関わりや、その対策を理解する。

本時の評価

・風水害と自然条件の関わりや、その対策について理解している。【知①】

用意するもの

第１時にシールを貼って作成した地図、過去の地震や津波の写真・動画、調べ学習に用いる資料（配布資料）

1 本時のめあて

風水害の自然条件との関わりや対策について調べよう。

日本の主な自然災害

ごう雨

台風

2 よそう

<自然条件>

・水害･･･川の河口？低地？

・台風･･･海水温が高い地域？

<対策>

・石がき、防風戸など

本時の展開 ▷▷▷

つかむ 出合う・問いをもつ

板書のポイント

第１時で作成した日本の主な自然災害を示した地図（色シールを貼ったもの）を提示する中で、風水害の学習へと導入する。

T 単元の１時間につくった地図を見ましょう。緑のシールは何を表していましたか。

C 豪雨災害や台風などの風水害です。

T 前回は、地震や津波の災害と自然条件との関わりや、その対策について学習しました。風水害についてはどうなのでしょうか。

＊本時のめあてを板書する。 1

調べる 情報を集める・読み取る・考える・話し合う

板書のポイント

子どもが調べたことを、前時と同様に「自然条件との関わり」と「対策」に分類して板書し、２つの観点が意識できるようにする。

T めあてについて予想をしてみましょう。2

C 洪水など水害は、川の河口や低い土地の地域で起こりやすいのではないでしょうか。

C 沖縄県の学習をしたときに、台風に対して石垣や防風戸などで備えていました。

T 近年発生した九州北部豪雨の資料などをもとに調べてみましょう。 3 4

C 日本は、台風の通り道となっています。

C 福岡県の朝倉市では短時間の大雨で一気に浸水が進んでしまったそうです。

3 ＜自然条件とのかかわり＞

主な台風の進路

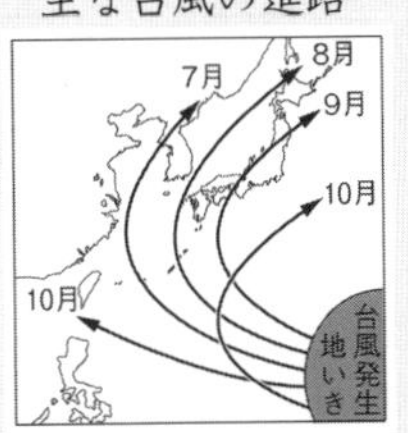

■台風の進路

・日本の位置
→台風の通り道
（特に沖縄）

・台風が通過
→暴風や洪水、土砂災害などの被害

4 福岡県朝倉市の雨の状況
（平成29年7月5日
0時～6日12時）

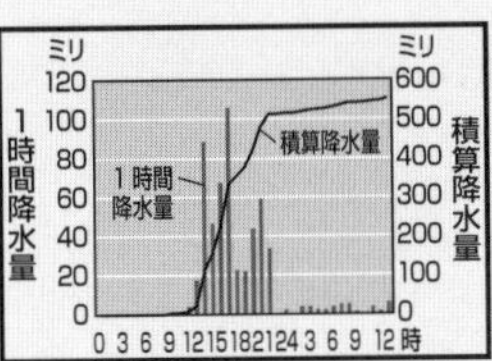

・短時間に大雨
→一気に浸水
（特に低地）

→洪水や土砂災害などの被害

＜対さく＞

砂防ダム	放水路	防災ステーション	ハザードマップ

5 土砂災害を防ぐダム	地下に水を流せる設備	ふだんから物品を備蓄	浸水が予想される場所を地図へ
↓	↓	↓	↓
川の上流の土砂が一度に流れないよう	川の水があふれないように	洪水など緊急時は、活動の拠点	すばやいひなんに役立てる

まとめる　整理する・生かす

板書のポイント

「あふれないように」「活動の拠点となる」など、対策の「意味」に関わる部分を囲むなど板書上で強調して、理解を深める。

T　調べた中で、「特にこれが重要だ」と思う対策は何ですか。 **5**

C　地下の放水路だと思います。いざという時に地下に水を流して川の水が溢れないようにするからです。

C　防災ステーションだと思います。ふだんから災害時に必要な物を備蓄し、緊急時には対応の拠点となるからです。

T　今日学んだことをもとに、次は噴火や大雪の災害にも目を向けてみましょう。

学習のまとめの例

〈振り返りの例〉

・日本の位置や、地形が風水害と関わっていることが分かりました。短時間で浸水してしまう怖さを感じました。

・風水害に対してする対策と、地震や津波に対する対策は共通する部分もありました。

調べる

情報を集める・読み取る・考える・話し合う

火山や雪の災害に、どのような対策をしているのだろう

本時の目標

御嶽山の噴火や北陸地方の雪害などの事例について調べ話し合うことを通して、火山や雪の災害と自然条件の関わりや、その対策を理解する。

本時の評価

・火山や雪の災害と自然条件の関わりや、その対策について理解している。【知①】

用意するもの

第１時にシールを貼って作成した地図、過去の地震や津波の写真・動画、調べ学習に用いる資料（配布資料）

2 よそう

ふん火

＜自然条件＞
・山がつらなる地形？
＜対策＞
・情報を発信？

3 ＜自然条件とのかかわり＞

世界の造山帯

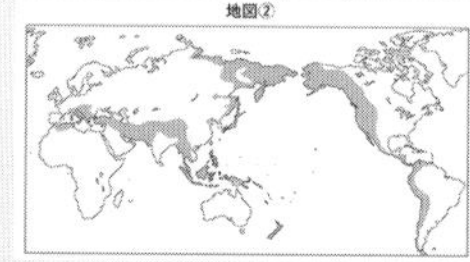

・日本の位置
→世界の造山帯の一部

4 ＜対さく＞

火山の監視

・気象庁が観測
→前ぶれがあればすぐに警報を出す
・ハザードマップ

本時の展開 ▷▷▷

つかむ　出合う・問いをもつ

板書のポイント

第１時で作成した日本の主な自然災害を示した地図（色シールを貼ったもの）を提示する中で、火山や雪の災害の学習へと導入する。

T　単元の１時間につくった地図を見ましょう。橙や青シールは何を表していましたか。

C　橙は火山の噴火、青は雪の災害です。

T　前回は、風水害と自然条件との関わりや、その対策について学習しました。火山や雪の災害についてはどうなのでしょうか。

＊本時のめあてを板書する。　1

調べる　情報を集める・読み取る・考える・話し合う

板書のポイント

火山と雪の災害を左右に書き分けて示すことにより比較して考えるとともに、種類ごとの共通点や相違点を見いだす次時の学習につなげる。

T　めあてについて予想をしてみましょう。2

C　火山の災害は、山がつらなる山地や山脈と呼ばれるところで多いかもしれません。

C　雪の災害は、北海道や東北など気温が低い地域で多いかもしれません。　3 4

T　近年発生した御嶽山の噴火や北陸の雪害の資料などをもとに調べてみましょう。

C　日本は、世界の造山帯の中に含まれていることが分かりました。

C　雪は、冬の季節風や山脈と関係しています。

1 本時のめあて

火山や雪の災害の自然条件との関わりや対策について調べよう。

日本の主な自然災害

2 よそう

＜自然条件＞
・寒い地域？
＜対策＞
・情報を発信？
さくのようなもの？

雪害

3 ＜自然条件とのかかわり＞

・冬の季節風
→日本海側から
しめった風
→日本海側に雪

冬の季節風

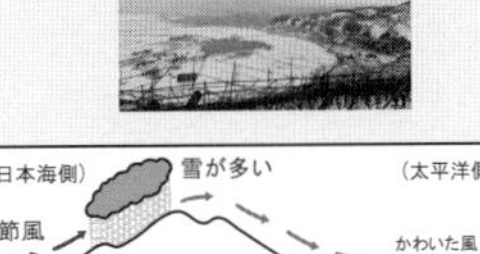

4 ＜対さく＞

・なだれ防止のさく

・ロードヒーティング
→道路がこおらない
ように

なだれ防止のさく

まとめる 整理する・生かす

板書のポイント
「前ぶれがあればすぐに」「凍らないように」など、対策の「意味」に関わる部分を囲むなど板書上で強調して、理解を深める。

T　調べた中で、「特にこれが重要だ」と思う対策は何ですか。 5

C　火山の観測が大切だと思います。24時間継続して観測をすることで少しの前ぶれも見逃さずすぐに警報を出すことができます。

C　ロードヒーティングが大切だと思います。雪国ならではの生活の工夫です。雪がふっても普段と同じ生活ができるのはよいと思います。

T　ここまで、5つの種類の自然災害を学んできました。次の時間はまとめてみましょう。

学習のまとめの例

〈振り返りの例〉
・世界の中の日本の位置を考えると、火山が多い地域に含まれることがよく分かりました。
・雪がよく降る地域は、雪が降った時のための備えをしていました。次の時間は、他の自然災害と比べてみたいです。

まとめる 整理する・生かす

自然災害と自然条件との関わりや、防災対策について自分の考えをまとめよう

本時の目標

様々な自然災害と国土の自然条件を関連付けて、国や県などの対策や事業の役割を考え、表現できるようにする。

本時の評価

・自然災害と国土の自然条件を関連付けて、国や県などの防災・減災に向けた対策や事業の役割を考え、表現している。【思②】
・学習を踏まえて、自然災害や防災対策について考え、生活に生かそうとしている。【主②】

用意するもの

単元で扱った自然災害の写真

2 本時のめあて

調べたことをもとに、自然災害と自然条件とのかかわりや、防災対策について自分の考えをまとめよう。

3

災害の種類	風水害
自然条件	・プレートの境目 ・断層がずれて など
防災対策	・耐震工事 ・緊急地震速報 など

4 分かったこと

○それぞれ発生しやすい地域がある。
○地形や気候が関係している。

本時の展開 ▷▷▷

つかむ 出合う・問いをもつ

板書のポイント

「災害の種類」「自然条件（自然災害と自然条件の関わり）」「防災対策」の3つの観点をもとに、表の形で、単元の学習内容を整理する。

＊学習問題を板書する。 1

T　学習問題からこれまでどのような自然災害について学習してきましたか。

C　地震、津波、風水害などです。

T　調べてみて、どのようなことを考えましたか。

T　今日は、調べたことを整理して、自分の考えをまとめてみましょう。

＊本時のめあてを板書する。 2

調べる 情報を集める・読み取る・考える・話し合う

板書のポイント

黒板上の表を見て比較を行う。比較することにより分かったことを「自然条件」「防災対策」に分けて板書する。

T　みんなで意見を出し合ってつくった黒板の表を見てみましょう。 3

T　それぞれの自然災害を見比べてみて、共通することや違いはありますか。 4 5

C　地形や気候によって、発生しやすい地域があります。

C　それぞれ「起こる前の備え」と、「起こった後の対策」が考えられています。例えば、地震では…。風水害では…。

【学習問題】

自然災害は自然条件とどのようにかかわり、国や県などがどのような対策をしているのだろう。

<被害を減らすために大切なことは…> 6

・自分の住んでいる地域を知る
　（自然条件、過去の自然災害など）
・ふだんから防災への意識を高める
　（身近な対策の情報を集めるなど）

話し合って考えたこと

津波	風水害	ふん火	雪害
・海底が震源 ・入り組んだ湾 など	・台風 ・短時間の大雨 など	日本の位置 （地球上の火山の多い地域）など	・気温が低い地域 ・冬の日本海側 など
・防潮堤 ・ひなんタワー など	・放水路 ・ハザードマップ など	・気象庁による観測 ・ふん火警報 など	・道路の凍結防止 ・なだれを防ぐさく　など

⇐ 自然条件　防災対策 ⇒ ○それぞれ起こる前の対策（備え）と、起こった後のための対策が考えられている。 5

まとめる　整理する・生かす

板書のポイント

単元で学習した「自然条件」「防災対策」をふまえて、被害を減らすために大切なことを話し合い、黒板右上に板書する。

T　「自然条件」や「対策」に注目して、自然災害について学んできました。これから少しでも被害を減らすために大切なことはどういうことだと思いますか。 6

C　自分の地域の「自然条件」を知って、どのような自然災害が起こりやすいか考えておくことが大切です。

C　「対策」について情報を集めて、普段から意識を高めておくことが大切です。

T　単元の学習について振り返りを書きましょう。

学習のまとめの例

〈振り返りの例〉

・自然災害と自然条件が関わっていること、また、国や県などが自然災害を被害を減らすために対策をしていることが分かった。
・自分の住んでいる地域の自然条件や過去の自然災害を知ったり、対策に関心をもつことが大切だと気付いた。

2 わたしたちの生活と森林

6時間

単元の目標

我が国の国土の自然環境と国民生活との関連について、森林資源の分布や働きなどに着目して、地図帳や各種の資料で調べ、森林資源が果たす役割を考え、表現することを通して、森林は、その育成や保護に従事している人々の様々な工夫と努力により国土の保全など重要な役割を果たしていることを理解するとともに国土の環境保全について考えようとする態度を養う。

学習指導要領との関連

内容(5)「我が国の国土の自然環境と国民生活との関連」アの(イ)及び(エ)、イの(イ)

第1・2時	第3～5時
つかむ「出合う・問いをもつ」	調べる
（第1時） ○日本の森林はどのようになっているのだろう。 ・日本全体の土地利用図を見て気付いたことを話し合い、日本の国土の大半が森林であることに関心をもつ。【主①】 **★森林の分布の広がりに着目させる。** ・国土における森林の割合を調べる。 ・世界各国の国土に占める森林の割合を調べる。 （第2時） ○学習問題をつくり、学習計画を立てよう。【思①・主①】 ・天然林と人口林の面積の変化のグラフを読み取り、森林の働きや生活との結び付きを考え、学習問題を設定する。 **★森林の働きや人々との生活などと関連付ける。** **【学習問題】** 国土の多くを占める森林は、どのようにして守られ、わたしたちの生活とどのようなかかわりがあるのだろう。	（第3時） ○白神山地ではどのように森林を守っているのだろう。【知②】 ・白神山地が世界遺産に登録されるまでの過程を調べる。 ・天然林について調べる。 ・森林を守る取組について調べる。 **★森林の保護に関わる人々の工夫や努力に着目する。** （第4時） ○林業では、どのように森林を生かしているのでしょう。【知②】 ・森林の木が木材になるまでの過程を調べる。 **★森林の育成に関わる人々の工夫や努力に着目する。** ・林業の課題を調べる。 ・林業で働く人の変化のグラフや木材輸入量のグラフを調べる。 **★農業、水産業、工業などの課題の視点を基に林業の課題を考える。**

単元の内容

○他単元とのカリキュラム・マネジメント

身近なくらしの中で、木製品を使ったり森林の自然に触れ合ったりすることは子供の経験として多い。単元の「つかむ」の段階では、森林での体験や木製品の利用について自分たちの生活との結び付きに関心をもたせてから学習をスタートさせたい。

森林資源について調べていくと、他の学年や単元の既習事項が多く出てくる。例えば、4年の飲料水で出てくる水源林、5年のあたたかいくらしの防風林、水産業で森に植林する漁師などである。今までの単元で調べてきた社会的事象は、国土の中のほんの一部の事象にしかすぎず、新しく学習する森林は国土のおよそ3分の2も占めているのだ、だから様々な学習とつながっていたのだという面白さも実感させていきたい。

単元の評価

知識・技能	思考・判断・表現	主体的に学習に取り組む態度
①森林資源の分布や働きなどについて、地図帳や各種の資料で調べて、必要な情報を集め、読み取り、国土の環境を理解している。 ②調べたことを、白地図や図表、文などにまとめ、森林は、その育成や保護に従事している人々の様々な工夫と努力により国土の保全など重要な役割を果たしていることを理解している。	①森林資源の分布や働きなどに着目して、問いを見いだし、国土の環境について考え、表現している。 ②森林と国土保全や国民生活を関連付けて、森林資源が果たす役割を考えたり、学習したことを基に、国土の環境保全への関わり方を選択・判断したりして、適切に表現している。	①我が国の国土の自然環境と国民生活との関連について、予想や学習計画を立てたり、学習を振り返ったりして、学習問題を追究し、解決しようとしている。 ②学習したことを基に、自分たちには何ができるかなどと、自分たちに協力できることを考えようとしている。

【知】：知識・技能　【思】：思考・判断・表現　【主】：主体的に学習に取り組む態度　○：めあて　・：学習活動　★：見方・考え方

	第６時
「情報を集める・読み取る・考える・話し合う」	まとめる「整理する・生かす」
（第５時） ○森林にはどのような働きがあり、どのように利用されているのでしょう。【知①】 ・森林の働きについて資料を基に調べる。 **★森林資源がもつ多様な機能に着目する。** ※森林のはたらきによる自然災害の防止には、限界があることについて触れる。	（第６時） ○学習問題に対する自分の考えをまとめ、森林資源との関わり方を考えよう。【思②・主②】 ・学んだことをふり返り、学習問題に対する考えを話し合い、まとめる。 ・森林資源量のグラフや、木づかい運動の資料から、自分たちがこれからどのように日本の森林とかかわっていったらよいのかを考える。 **★国土の環境保全への関心を高め、自分たちに協力できることを考えさせる。**

問題解決的な学習展開の工夫

1　森林資源の分布や働きに着目する

本単元の導入では、森林の分布状況を日本の土地利用図や航空写真で調べていく（位置や空間的な広がりに着目させる）。他の国との比較も行い、「これだけ多くの森林を、どのようにして管理しているのだろう」などと問いをもたせ、働く人の工夫や努力を追究していく。

2　森林資源との関わり方を選択・判断させるための手立て

「天然林と人口林の面積の変化」と「森林資源量の変化」の２つのグラフから、森林面積はあまり変化がないが、森林資源の量が増えてきているという事実に目を向けさせたり、木づかい運動を紹介したりすることにより、自分たちにできることを具体的に考える際のヒントとさせるようにする。

つかむ
出合う・問いをもつ

日本の森林は、どのようになっているのだろう

本時の目標

日本全体の土地利用図を見て気付いたことを話し合い、日本の国土の大半が森林であることに関心をもつ。

本時の評価

・森林資源の分布や働きなどについて、地図帳や各種の資料で調べて、必要な情報を集め、読み取り、国土の環境を理解している。【主①】

用意するもの

日本の土地利用図（地図）、日本の土地利用の割合（グラフ）、世界各国の国土に占める森林の割合（グラフ）、森林の写真（写真）

・夏は緑が多い。
・秋は紅葉がきれい。
・大雨が降ると斜面がくずれる。

1

本時の展開 ▷▷▷

つかむ 出合う・問いをもつ

板書のポイント
写真資料を提示し、森林についての意欲付けを行う。また、生活経験や学習経験を基に、国土の土地利用について簡単に予想を行う。

T　写真を見て気付いたことや思ったことを発表しましょう。 1
C　夏は緑が多い。秋は紅葉がきれい。雨が降ると斜面がくずれることがある。
T　今日から森林について考えていきましょう。
＊本時のめあてを板書する。 2
T　国土の土地利用について予想してみましょう。
①住宅が多い②農地が多い③森林が多い 3
C　○だと思います。なぜなら～。

調べる 情報を集める・読み取る・考える・話し合う

板書のポイント
既習事項の水田や工場、放送局などの写真を地図の周りに貼ることにより、国土の一部分だったことを視覚的に捉えやすくする。

T　みなさんの予想に関係がありそうな資料を配ります。
・資料「日本の土地利用図」 4
「日本の土地利用の割合」
C　国土のほとんどが森林だ。およそ2/3が森林だね。今まで学習してきた水田や農地はほんの一部だったんだね。
T　他の国と比べるとどうでしょう。 5
C　日本は他の国に比べると森林が多い国だ。

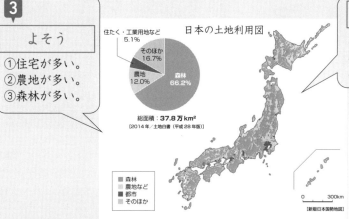

本時のめあて　日本の森林はどのようになっているのだろう。 2

3
よそう
①住宅が多い。
②農地が多い。
③森林が多い。

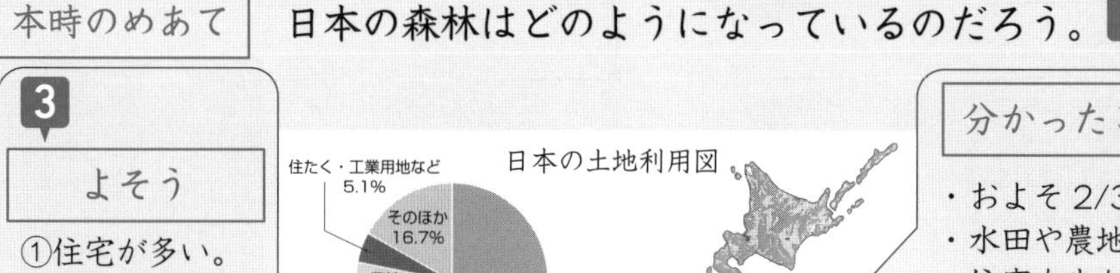

分かったこと 4
・およそ2/3が森林
・水田や農地は少ない
・住宅も少ない。

5

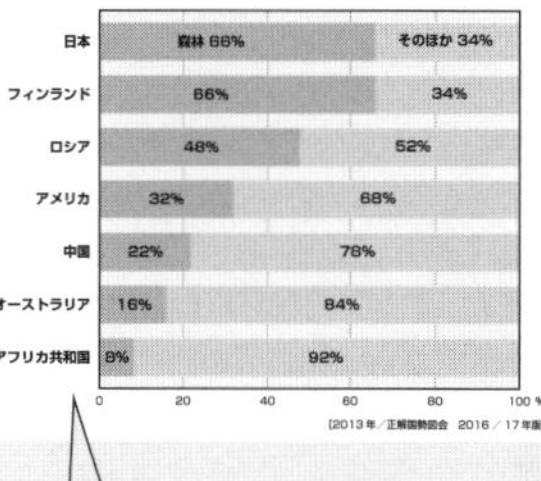

本時のまとめ

日本の森林は、国土のおよそ2/3をしめていて、土地利用の中では最も多い。また、世界の国と比べても、日本は森林のわりあいが多い国である。 6

他の国と比べても日本は、森林がとても多い国！

まとめる　整理する・生かす

板書のポイント
調べて出て来たキーワードを、違う色で板書しておくことにより、子供自身でまとめの文を考えられるようにする。

T　今日のめあてを見て、黒板に書かれている言葉を使いながら自分のまとめをしましょう。まとめの主語はどのように書いたらよいですか。 6

C　めあてが「日本の森林は、どのようになっているのでしょう。」なので、文の始まりは、「日本の森林は、」がいいと思います。

学習のまとめの例

・日本の森林は、国土のおよそ2/3をしめていて、土地利用の中では最も多い。また、世界の国と比べても、日本は森林のわりあいが多い国である。
・こんなに森林が多いとは思いませんでした。森林にはどんな働きがあるのか、これからくわしく調べてみたいです。

つかむ
出合う・問いをもつ

学習問題をつくり、学習の計画を立てよう

本時の目標

・森林資源の分布や働きについて考え、学習問題及び学習計画を立てる。

本時の評価

・森林資源の分布や働きなどに着目して、問いを見いだし、国土の環境について考え、表現している。【思①】
・国土の森林について、予想や学習計画を立てたり、見直したりして、主体的に学習問題を追究し、解決しようとしている。【主①】

用意するもの

天然林と人工林（写真とグラフ）、白神山地などの自然豊かな森林（写真）、荒れた人工林（写真）、土砂崩れが起きた森林（写真）

2
・自然が豊か
・不規則
・やわらかい
天然林

・真っ直ぐ
・規則的
・とがっている
人工林

本時の展開 ▷▷▷

つかむ 出合う・問いをもつ

板書のポイント
天然林と人工林の写真を比べられるように並べて貼る。

T　前回はどのようなことが分かりましたか。
C　国土の2/3が森林。世界の中でも日本は森林が多い。日本にはたくさんの森林が広がっている。
T　今日は学習問題を考え、学習計画を立てていきましょう。
＊本時のめあてを板書する。
T　今から、日本の森林の写真を配ります。気付いたことを発表しましょう。 1
C　上の写真は、不規則に木が並んでいる。下の写真は、真っ直ぐきれいに並んでいる。 2

調べる 情報を集める・読み取る・考える・話し合う

板書のポイント
様々な森林を提示することにより、どのように手入れをしているのか、どのような働きがあるのかに着目させる。

T　上の森林を天然林といい、下の森林を人工林といいます。様々な森林の様子の写真を見て気付いたことを発表しましょう。 3
C　自然がすごく豊かだ。森林が荒れている。土砂崩れが起きている。
T　疑問に思ったことを出し合いましょう。 4
C　森林をどうやって守っているのだろう。どうやって人工林を育てているのだろう。
T　みなさんの疑問をまとめます。
＊学習問題を板書する。

本時のめあて　学習問題をつくり、学習の計画を立てよう。 1

国土の2/3が森林。他の国と比べて、森林が多い。

荒れた森林

食害を受けた森林

・誰がどのように森林を守っているのだろう？
・どうやって森を育てるのだろう？
・土砂災害を防ぐ以外の働きがあるのでは？

土砂崩れを起こした森林

5 【学習問題】
国土の大半を占める森林は、どのようにして守られ、わたしたちの生活とどのようなかかわりがあるのだろう。

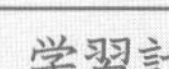
学習計画

①森林を守る工夫や努力
②人工林は、だれがどのようにつくるのか
③森林の働きや、くらしとのかかわり

まとめる　整理する・生かす

板書のポイント
学習問題に対する予想を分類して、学習計画を立てる。

T　学習問題を解決するために、どのようなことを調べたらよいでしょうか。 6
C　自然豊かな森を守るための仕組みがあるのではないか。→天然林を調べる時間が必要
C　森林が荒れないように手入れをする工夫があるのではないか。→人工林を調べる時間が必要
C　森林があるおかげで、くらしを守る働きが他にもあるのではないか。→森林の働きやくらしとのかかわりを調べる時間が必要

学習のまとめの例

・学習計画
①森林を保護する取組を調べる
②人工林はだれが、どのようにつくっているのかを調べる
③森林の働きや、くらしとのかかわりを調べる
・森林がなくなるとどうなってしまうのだろう。わたしたちとのくらしとのかかわりを考えてみたいです。

調べる
情報を集める・読み取る・考える・話し合う

どのように森林を守っているのか白神山地を調べよう

本時の目標

森林の保護に従事している人々の様々な工夫と努力を調べ、森林は、国土の保全など重要な役割を果たしていることを理解する。

本時の評価

・調べたことを、文などにまとめ、森林は、その保護に従事している人々の様々な工夫と努力により国土の保全など重要な役割を果たしていることを理解している。【知②】

用意するもの

白神山地のガイドさんの話しや、世界遺産に登録するまでの資料、天然林の働きがわかる資料

本時の展開 ▷▷▷

つかむ　出合う・問いをもつ

板書のポイント
「白神の森遊山道」を訪れる小学生の写真を提示することで、予想を立てる際の手がかりにする。

T　写真は白神山地といいます。ぶなの天然林で多くの人が訪れます。 1

T　今日は森林をどのように守っているのかを調べます。

＊本時のめあてを板書する。 2

T　予想してみましょう。 3

C　何か保護するためのきまりがあるのではないか。自然を守るための学習をする場所があるのではないか。

調べる　情報を集める・読み取る・考える・話し合う

板書のポイント
調べた事実から、天然林があることにより、様々なよさがあることを考えさせる。

T　みなさんの予想に関係がありそうな資料を配ります。

・資料「白神山地のガイドさんの話」 4

C　森林の開発に反対して自然を守ったから世界遺産になったんだね。

T　白神山地が守られると、どのようなよさがあるのでしょう。

C　美しい自然を見ることができる。動物たちが住みやすい。水がきれいになる。

C　自然が守られると、周りの環境も豊かになるんだね。 5

本時のめあて

2 白神山地では、どのように森林を守っているのだろう。

3 よそう

・仕組みを作った？
・自然を学習する場所がある？

※白神山地を守る人や活動の資料の提示

白神山地が守られることによって、どのようなよさがあるのでしょう

・動物たちのすみかが守られる
・水がきれいになる
・養分をふくんだ水をゆっくりと流すので、周りの川もきれいになる

4 分かったこと

・世界遺産に登録
・小学生に自然の大切さを教えている
・工事を反対した
・ガイドをしながら環境を守っている人がいる

本時のまとめ 

白神山地では、ガイドさんが小学生たちに自然の大切さを伝えたり、世界遺産に登録された森の環境を守ったりする活動をしている。自然が守られているおかげで、養分をふくんだ水をゆっくりと流し出すことができ、豊かな自然環境を作りだしている。

まとめる　整理する・生かす

板書のポイント

調べて出て来たキーワードや考えたことを、違う色で板書しておくことにより、子供自身でまとめの文を考えられるようにする。

T　今日のめあてを見て、黒板に書かれている言葉を使いながら自分のまとめをしましょう。まとめの主語はどのように書いたらよいですか。 6

C　めあてが「白神山地では、どのように森林を守っているのでしょう。」なので、文の始まりは、「白神山地では、」がいいと思います。

学習のまとめの例

・白神山地では、ガイドさんが小学生たちに自然の大切さを伝えたり、世界遺産に登録された森の環境を守ったりする活動をしている。自然が守られているおかげで、養分をふくんだ水をゆっくりと流し出すことができ、豊かな自然環境をつくりだしている。
・白神山地は生き物たちがくらす豊かな環境になっています。それに自然を求めて多くの人が訪れています。

調べる
情報を集める・読み取る・考える・話し合う

林業で働く人は、どのように森林をつくっているのだろう

本時の目標

林業で働く人の仕事や木材の役割を調べ、森林は林業においても重要な役割を果たしていることを理解する。

本時の評価

・調べたことを、文などにまとめ、森林は、その育成に従事している人々の様々な工夫と努力により国土の保全など重要な役割を果たしていることを理解している。【知②】

用意するもの

森林の木が木材になるまで（写真）、林業で働く人々の変化（グラフ）木材の輸入量の変化（グラフ）

本時のめあて

1 林業では、どのように森林を生かしているのでしょう。

2 よそう

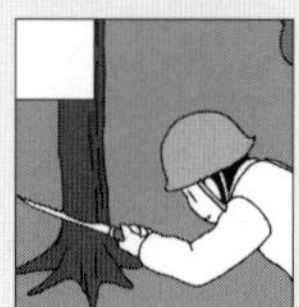

3 分かったこと

①苗づくり・・・苗木から育てている
②植林・・・苗木を植える
③下草がり・・・草をかっている
④間ばつ・・・余分な木を切っている

本時の展開 ▷▷▷

つかむ 出合う・問いをもつ

板書のポイント
どんな順番で、木を育てているのかを写真を基に予想し、どのようなことをしているのかを調べる。

T　今日は、何を調べる時間ですか。
C　前回は、森林を守ることを調べたので、今回は森林をどうやって利用しているのかを調べます。
＊本時のめあてを板書する。 1
T　森林の木が木材になるまで、どのような順番で育てられるのか予想してみましょう。2
C　始めに、〜次に、〜最後に〜なぜなら、〜です。

調べる 情報を集める・読み取る・考える・話し合う

板書のポイント
働く人が減ったり、木材の輸入が増えることによりどのようなことが起こるのかを考えさせる。

T　資料から実際の順番を調べましょう。
C　植えるところからやるんだね。草を刈っている。間ばつでは余分な木を切っている。3
T　林業で働く人の数と、輸入量はどうなっているでしょう。 4
C　働く人の数は減り、輸入量は増えています。
T　林業で働く人はどのような願いをもっているのでしょう。
C　日本の木を使ってほしい。輸入が増えてしまったら、仕事がなくなってしまう。 5

・働く人が減っている
・輸入量が増えている
（最近は少し減っている）
4

林業で働く人の変化

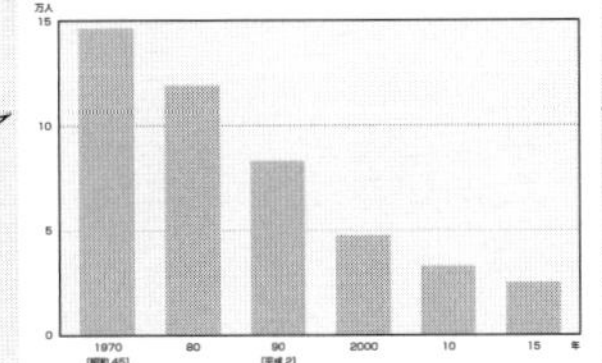

木材輸入量の変化

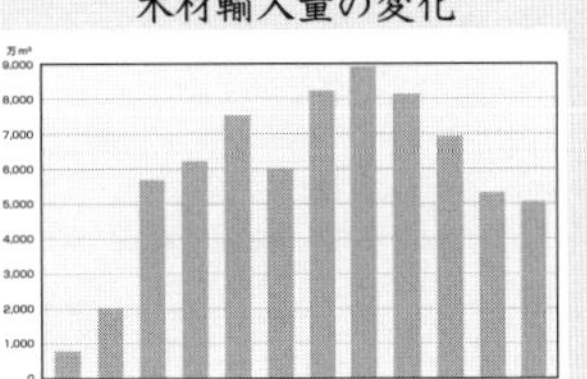

⑤枝打ち・・・余分な枝を落とす
⑥運び出し・・・切り出して運び出す

林業で働く人はどのような願いをもっているでしょう

・もっと日本の木を使ってほしい
・働く人が増えてほしい
・ていねいに育てているのをもっと知ってほしい
5

本時のまとめ
6

林業は、植林をして、草をかったり、間ばつをしたりして、木を切って売る仕事である。木は長い年月をかけてていねいに育てられる。最近は、働く人が減っていて木材の輸入量も増えている。よい時期に木を植えて、豊かな森林資源を守っていく必要がある。

まとめる　整理する・生かす

板書のポイント
調べて出て来たキーワードや考えたことを、違う色で板書しておくことにより、子供自身でまとめの文を考えられるようにする。

T　今日のめあてを見て、黒板に書かれている言葉を使いながら自分のまとめをしましょう。 6
C　木材は私たちの生活に欠かせません。林業で働く人たちが森林を守りながら生かしていることにおどろきました。

学習のまとめの例

・林業は、植林をして、草をかったり、間ばつをしたりして、木を切って売る仕事である。木は長い年月をかけてていねいに育てられる。最近は、働く人が減っていて木材の輸入量も増えている。よい時期に木を植えて、豊かな森林資源を守っていく必要がある。
・森林が育つには、長い年月ときめ細かい作業が必要です。今は、林業で働く人が減ってきていることが課題になっています。

調べる
情報を集める・読み取る・考える・話し合う

森林にはどのような働きがあり、どのように利用されているのだろう

本時の目標

森林資源の働きについて調べ、森林資源の様々な働き・利用のされ方について理解する。

本時の評価

・森林資源の働きなどについて、地図帳や各種の資料で調べて、必要な情報を集め、読み取り、森林と人々の暮らしについて理解している。【知①】

用意するもの

森林の働き（絵）、木を使った道具や建物（写真）、防砂林などの写真

2 よそう
・動物たちのすみか
・水をたくわえる
・紙製品などになる

3 分かったこと
・音を吸収
・災害を防ぐ
・空気をきれいに
・建物にもなる
・楽器になる
・家具になる

森林の働き

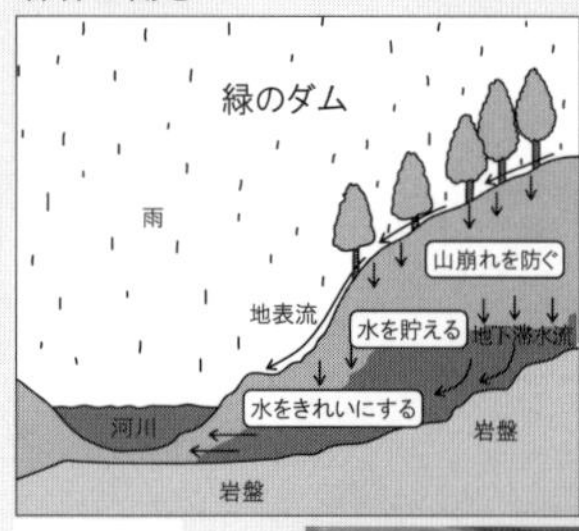

木を使った製品

木造産業

本時の展開 ▷▷▷

つかむ 出合う・問いをもつ

板書のポイント
調べて来たことを基に予想をさせたり、他学年で学んだことを基に考えたりすると学習のつながりを意識できる。

T　今日は何を調べる時間ですか。

C　前回は、林業を調べたので、今回は森林の働きや生活とのかかわりを調べる時間だ。

＊本時のめあてを板書する。 ◀1

T　予想してみましょう。

C　動物たちのすみかになっていたね。水をたくわえる働きがあったよ。紙製品などになるんだよね。 ◀2

調べる 情報を集める・読み取る・考える・話し合う

板書のポイント
身近なものに広く使われていることと、わたしたちの生活を守る働きがあることを左右に分けて書くと視覚的に分かりやすくなる。

T　みなさんの予想に関係がありそうな資料を配ります。 ◀3

C　４年生のときに、水源林について学習した。林業のおかげで木材が生み出されるんだね。身の回りには、色々な木製品があるんだね。

T　この森林は、何からくらしを守っているでしょう。 ◀4◀5

C　風や雪、砂の害から人々の命やくらしを守っているんだね。

本時のめあて

1 森林には、どのような働きがあり、どのように利用されているのでしょう。

4

防砂林

防雪林

防風林

人々の命や家、畑などを守る

5

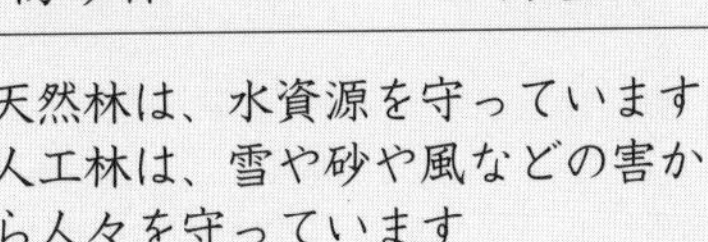

天然林は、水資源を守っています
人工林は、雪や砂や風などの害から人々を守っています
森林と自分たちのかかわりを見直してほしいです

本時のまとめ

6

日本の森林の働きは、災害を防いだり、木材をつくり出したり、水をたくわえたり、空気をきれいにしたり様々な働きがある。また、防風林や防雪林、防砂林などわたしたちの生活を守る働きもある。森林資源は、木材として活用され、住宅や紙製品など身近なものに広く使われている。

まとめる 整理する・生かす

板書のポイント
調べて出て来たキーワードを、違う色で板書しておくことにより、子供自信でまとめの文を考えられるようにする。

T 今日のめあてを見て、黒板に書かれている言葉を使いながら自分のまとめをしましょう。 6

C 森林は木材となって人々のくらしに役立つとともに、国土を守るという大切な働きがあることが分かりました。

学習のまとめの例

日本の森林の働きは、災害を防いだり、木材をつくり出したり、水をたくわえたり、空気をきれいにしたり様々な働きがある。また、防風林や防雪林、防砂林などわたしたちの生活を守る働きもある。

森林資源は、木材として活用され、住宅や紙製品など身近なものに広く使われている。

まとめる
整理する・生かす

わたしたちは、森林や森林資源とどのように関わっていったらよいだろう

本時の目標

森林の働きについて学習問題をまとめ、森林資源とのかかわり方を考える。

本時の評価

・森林資源の働きなど、学習したことを基に、国土の環境保全への関わり方を選択・判断したりして、適切に表現している。【思②】
・学習したことを基に、自分たちには何ができるかなどと、自分たちに協力できることを考えようとしている。【主②】

用意するもの

森林資源量の変化、木づかい運動、間伐材マーク

本時の展開 ▷▷▷

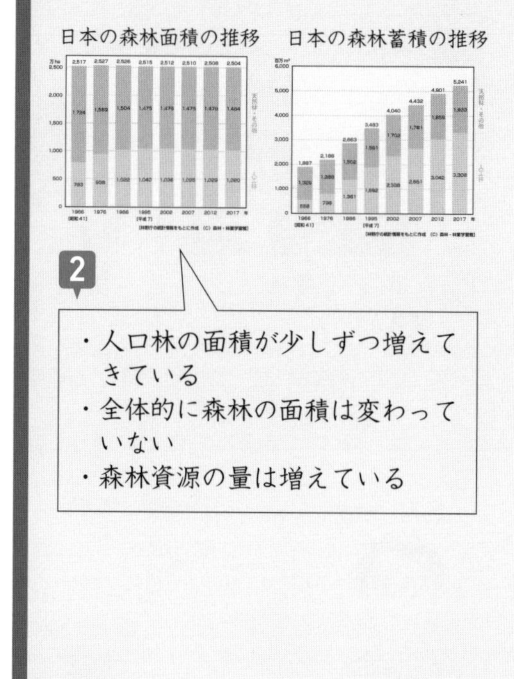

日本の森林面積の推移
日本の森林蓄積の推移
2
・人口林の面積が少しずつ増えてきている
・全体的に森林の面積は変わっていない
・森林資源の量は増えている

つかむ 出合う・問いをもつ

板書のポイント
森林資源は、年々増加してきていることを色を変えて板書する。

C　今回は、学習問題に対する自分の考えをまとめる時間だ。
＊本時のめあてを板書する。 1
T　森林資源量のグラフを見て、気付いたことを発表しましょう。 2
C　日本の森林資源量は増えてきている。林業のおかげだね。

調べる 情報を集める・読み取る・考える・話し合う

板書のポイント
国産材を上手に活用することが森林を守ることにつながることを色を変えて板書する。

T　なぜ木を使うことが環境によいのですか。
※木を切り倒すこと＝環境を破壊するという子供の思考に揺さぶりをかける発問をする。 3
・資料「木づかい運動」「間伐材マーク」
C　国産材を使うことにより、森がリサイクルされるんだね。林業では、間ばつをしなければいけないので、そこで出る木を上手に使うと環境を守ることにつながるんだね。 4 5

本時のめあて 

学習問題に対する自分の考えをまとめ、森林資源との関わり方を考えよう。

木づかい運動

間伐採マーク

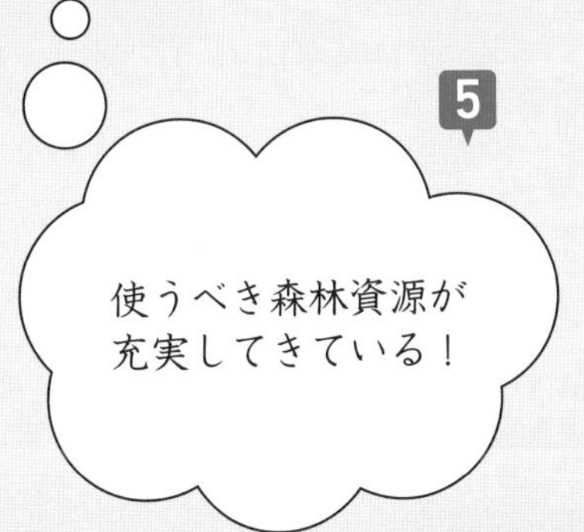

5
使うべき森林資源が
充実してきている！

【学習問題】

国土の大半を占める森林は、どのようにして守られ、わたしたちの生活とどのようなかかわりがあるのだろう。

〈キーワード〉
①貴重な天然林・白神山地
②木材を作り出す人工林・林業
③さまざまな働きをもつ森林

6

【学習問題に対する自分の考え】

＜学習問題に対する自分の考え＞
国土の大半を占める森林は、保護や育成をする人たちのおかげで、守られている。また、森林や森林資源はわたしたちの身近にあり私たちの生活を支えたりくらしを守ったりしている。
　私は、国産材の木材を使った製品や間ばつ材マークが入った製品を購入していきたいと思う。

まとめる　整理する・生かす

板書のポイント
学習問題に対する考えを書くときの手立てとして、各時間に調べてきたキーワードを板書する。

T　それぞれの時間に調べて来たことを振り返り、学習問題に対する自分の考えを書きましょう。
①貴重な天然林・白神山地 6
②木材をつくり出す人工林・林業
③さまざまな働きをもつ森林

学習のまとめの例

・国土のおよそ３分の２を占める森林は、保護や育成をする人たちのおかげで、守られている。また、森林や森林資源はわたしたちの身近にあり私たちの生活を支えたりくらしを守ったりしている。
・私は、国産材の木材を使った製品や間ばつ材マークが入った製品を購入していきたいと思う。

3 環境を守るわたしたち

6時間

単元の目標

公害の発生時期や経過、人々の協力や努力などに着目して、地図帳や各種の資料で調べ、まとめ、公害防止の取組を捉え、その働きを考え、表現することを通して、関係機関や地域の人々の様々な努力により公害の防止や生活環境の改善が図られてきたことを理解するとともに、公害から国土の環境や国民の健康な生活を守ることを大切にしようとする態度を養う。

学習指導要領との関連

内容(5)「我が国の国土の自然環境と国民生活との関連」ア の(ウ)及び(エ)、イ の(ウ)

第1時	第2時
つかむ「出合う・問いをもつ」	調べる
〔第1時〕 ○2枚の写真を比べて気がついたことや疑問などを話し合い、学習問題をつくろう。【思①・主①】 ・鴨川の現在の様子を見て、気付いたことを話し合う。 ○かつての鴨川（1970年頃）と様子を比べ、気が付いたこと、疑問に思ったことを話し合おう。 ・気が付いたこと、疑問に思ったことを話合い、学習問題を立てる **★鴨川の様子と人々の生活について関連付ける。** **【学習問題】** 鴨川は、だれがどのようにしてきれいな川にしているのでしょうか。 ・予想や学習計画を立てる。 周りに住んでいる人たちが協力してきれいにしたのではないかな。 住民だけでは難しいと思う。京都市の取組について図書やホームページで調べたいな。 汚れていたのは鴨川だけなのかな。	〔第2時〕 ○鴨川が汚れていたころの社会の様子について調べよう。【思①】 ・公害対策基本法、水質汚濁防止法の制定・施行や下水道の普及率、当時の公害の様子がわかる新聞記事などの資料を基に、当時の社会の様子や課題について考える。 **★公害の発生時期やその経過に着目する**

単元の内容

我が国では産業の発展、生活様式の変化や都市化の進展により公害が発生し、国民の健康や生活環境が脅かされてきた。この問題に対し、関係機関をはじめ多くの人々の努力や協力により、公害の防止や生活環境の改善が図られてきたことを理解し、継続的な取組や様々な人々の協力が大切であることに気付かせたい。また、学習を通して公害防止の取組は国民生活を守り、向上させることにつながるものであることに気付かせたい。行政や住民など、一人一人が環境をよくしようとして様々な取組を行ってきた鴨川を事例地として取り上げ、人々の努力と協力が環境を取り戻したことに気付かせる。この学習を基に、環境を守るために必要な一人一人に自分が含まれることに気付かせ、必要感をもって自分にできることを選択・判断させたい。

単元の評価

知識・技能	思考・判断・表現	主体的に学習に取り組む態度
①公害の発生時期や経過、人々の協力や努力などについて、地図帳や各種の資料で調べて、必要な情報を集め、読み取り、公害防止の取組を理解している。 ②調べたことを白地図や図表、文などにまとめ、関係機関や地域の人々の様々な努力により公害の防止や生活環境の改善が図られてきたことを理解する。	①公害の発生時期や経過、人々の協力や努力などに着目して、問いを見いだし、公害防止の取組について考え表現している。 ②比較・関連付け、総合などして公害防止の取組についての働きを考えたり、学習したことを基に社会への関わり方を選択・判断したりして、適切に表現している。	①我が国の国土の自然環境と国民生活との関連について、予想や学習計画を立てたり、学習を振り返ったりして主体的に学習問題を追究し、解決しようとしている。 ②よりよい社会を考え、学習したことを社会生活に生かそうとしている。

【知】：知識・技能　【思】：思考・判断・表現　【主】：主体的に学習に取り組む態度　○：めあて　・：学習活動　★：見方・考え方

第３～４時	第５・６時
「情報を集める・読み取る・考える・話し合う」	まとめる「整理する・生かす」
（第３～４時） ○鴨川は、だれがどのようにしてきれいな川にしているのか調べよう。【知①】 ・予想に従って資料を集め、地域に住む人々の努力、近隣の工場の協力、京都府、京都市の取組について情報を集める。 **★公害の発生時期や経過、人々の協力や努力に着目する**	**（第５時）** ○鴨川をきれいにするための取組をまとめ、「地域に住む人々」、「工場で働く人々」、「市や県」のそれぞれの立場で話し合い、学習問題の結論を考えよう。【知②】 ・グループでそれぞれの立場から鴨川をきれいにし、保ち続けるための取組について話し合い、学習問題の結論を考える。 ・調べて分かったこと、話し合って気が付いたことを振り返り、ノートにまとめる。 **★それぞれの立場で努力し、実現させたことや、お互いに協力しあったからこそ実現した取組に着目し、人々の生活と関連付ける。** **（第６時）** ○よりよい環境を目指して、私たちができることは何かを考えよう。【思②・主②】 ・わたしたちの生活環境を守り、向上させていくために自分にはどんなことができるか考える。

問題解決的な学習展開の工夫

「つかむ」段階では鴨川のかつての姿と現在の姿を比較し、問いをもたせる。なぜこんなに汚かったのか、どうしてこんなにきれいになったのか、だれがきれいな川にしたのかといった素朴な問いをつなげて学習問題を立てることで、主体的な学びを促すことができる。「調べる」段階では、鴨川が汚れていたころの社会の様子や課題について考えさせる。産業が発展し、国民生活が豊かになった反面、新たな課題である公害が発生した事実にふれることで、社会全体で解決していかなければいけない課題であることに気付かせ、国や自治体の取組についても調べる意欲をもたせる。わかった事実を伝えたい、みんなで解決したいという気持ちをもった上で「まとめる」段階に進む。それぞれの立場から話し合うことで、多額的な視点から学習問題を解決できるようにする。

つかむ
出合う・問いをもつ

写真資料を見比べて問いをもち、学習問題をつくろう

本時の目標

現在とかつての鴨川の写真から気が付いたことを話合い、学習問題や学習計画を立てることができるようにする。

本時の評価

・鴨川の変化について話し合い、学習問題を立てている。【思①】
・予想や学習計画を立てたり、見直したりして主体的に学習問題を追究し、解決しようとしている。【主①】

用意するもの

現在とかつての鴨川の写真、鴨川におけるBOD の値の変化（グラフ）

2 本時のめあて

1

気づいたこと

・水の中に入って遊んでいる人がいる
・魚をとっている人がいる
→水がきれい？　地域にとって大切？

ぎもん

・どうしてこんなに汚れていたのか
→川が汚れていると困るからきれいにした？
・どうしてきれいになったのか
→「だれか」が「どうやって」？

本時の展開 ▷▷▷

つかむ　出合う・問いをもつ

板書のポイント

２枚の写真を拡大して掲示し、それぞれの写真を見て気が付いたことを自由に発言させ、板書する。

T　この写真を見て気が付いたことを発表しましょう。 1

C　水の中に入って遊んでいる人たちがいます。

C　あみをもって魚をさがしている人たちもいます。

C　川の水がきれいだと思います。

T　次に、この写真を見てどんなことに気が付きますか。

C　ごみがいっぱいできたなそう。

C　くさそう。だれも近寄りたくないと思う。

調べる　情報を集める・読み取る・考える・話し合う

板書のポイント

掲示した２枚の写真が同じ鴨川のものであることを伝え、疑問を引き出し、学習問題の設定につなげる。

T　実はこの２枚の写真は京都にある鴨川の今と昔の写真です。

＊本時のめあてを板書する。 2

T　２枚の写真を比べてみて、気が付いたことや疑問に思ったことはありますか。 3

C　同じ川とは思えないくらい昔は汚れている。何があったのかな。

C　すごくきれいになっている。どうしてきれいになったのかな。

C　自然にきれいになったとは思えないな。

T　話し合ったことを基に学習問題を設定しましょう。 4

2枚の写真を比べて気が付いたことや疑問などを話し合い、学習問題を立てよう。

かつての鴨川の写真

鴨川のBODの数値

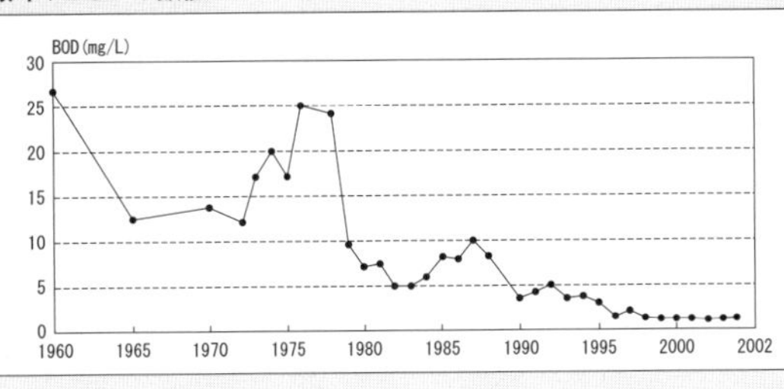

・ごみがたくさんある
・人がだれもいない
→きたない　くさそう　近寄れない

6
・汚れていた時期がある
→1965年くらいから汚れがひどくなっている

4
【学習問題】
鴨川は、だれがどのようにしてきれいな川にしているのでしょうか。

5
よそう
・川の周りに住んでいる人たち？
・京都市や京都府の人たち？
→一人では難しそう。
どうやって？

6 本時のまとめ
・1960～1980年の鴨川は汚れていた。
→どうして？
・現在の鴨川はきれいになっている。
→だれが？
どうやって？

まとめる　整理する・生かす

板書のポイント
気が付いたこと、疑問、学習問題の予想の板書から調べることを確認し、板書に順番を示して学習計画とする。

T　学習問題の予想を立てましょう　5
C　周りに住んでいるたちが困ってきれいにしたのではないかな。
C　拾い集めるだけでは無理じゃないかな。
C　方法はわからないけど、京都市や京都府の人たちが協力したのではないかな。
T　今日学習したことを振り返って学習計画を立てましょう　6

学習のまとめの例

・1960年～1980年くらいの鴨川はとても汚れていたが、今の鴨川はとてもきれいで大切な場所になっている。
・どうして汚れたのか、だれがどうやってきれいにしたのか、調べていく。

調べる
情報を集める・読み取る・考える・話し合う

資料から当時の社会の様子を読み取ろう

本時の目標

図表や年表、当時の新聞を調べ、鴨川が汚れていたころの社会の課題やそれに対する取組について理解する。

本時の評価

・公害の発生時期や経過、人々の協力や努力などに着目して、公害防止の取組について調べ考え表現している。【思①】

用意するもの

かつての鴨川の写真　かつての四日市市の写真、配布資料①（公害に関する新聞記事・工場の数の推移）②（下水道の普及率の推移・環境に関する関連法・浄水場・ごみ処理場・排煙設備）

気づいたこと

・他の川も汚れている
・煙がすごい。空気も汚れていそう。

ぎもん

・どうして水や空気が汚れているのだろう？
・困ったことはなかったのかな？

本時のめあて　2

鴨川が汚れていたころの社会の様子について調べよう。

よそう

川に汚ない水が流されている。
　→工場や家庭の水が流されている？
煙突から煙が出ている。
　→工場が関係している？
川や空気以外にも汚れているものがある？

本時の展開 ▷▷▷

つかむ　出合う・問いをもつ

板書のポイント
水質汚濁、大気汚染の写真資料を提示し、本時のめあてにつながる問いをもたせる。

T　鴨川が汚れていたころの他の地域の写真です。気が付くことや疑問に思うことはありますか。 1
C　他の川も汚れている。
C　川だけでなく空気も汚れているみたい。
C　どうして水や空気が汚れているのだろう。
T　他にも困ったことがありそうですね。今日はこのことについて調べてみましょう。
＊本時のめあてを板書する。 2

調べる　情報を集める・読み取る・考える・話し合う

板書のポイント
調べてわかったこと、考えたことを板書し、家庭・工場・自治体が課題解決のために取り組んできたことが分かるように視覚化する。

T　当時の新聞記事や予想に関係しそうな資料を配ります。 3
T　当時の社会の様子について調べましょう。
C　環境についてのいろいろな問題が発生しています。つらい思いをした人がたくさんいます。
C　このころ工場の数が今までの2倍ぐらいに増えています。家庭のごみ、工場の排水などが原因と書いてあります。
T　公害が社会問題になっていたのですね。現在の家庭や工場の様子とどうちがいますか。 4

他の川

かつての四日市の写真

3 分かったこと

水俣病
イタイイタイ病
四日市ぜんそく
新潟水俣病

→四大公害病
大気・水・土の汚れ・そう音などみんなの生活・健康に害

4 話し合って考えたこと

・公害対策基本法・水質汚濁防止法
・下水道の普及・分別・リサイクル
・排水や煙の浄化システム
→家庭や地域、工場、自治体で様々な取り組み

5 本時のまとめ

・工業の発展
・ものが豊かに
・公害
・公害対策基本法などのルール
・環境を守る取り組み

6 ふりかえり

・いろいろなルールや取組
→鴨川にもいろいろなルール？
→地域の人、自治体、工場の人が協力？

まとめる 整理する・生かす

板書のポイント
公害発生の経緯とそれを解決しようと取り組んできた人々の願い、努力を板書してまとめ、鴨川の取組について見通しをもてるようにする。

T 黒板に書いてある言葉をつかいながら自分のまとめをしましょう。 ◀5
T どんなまとめになったか教えてください。
C 公害が社会問題になっていました。
C 工業が発展し、ものが豊かになっていました。
C 今はごみ処理場、浄水場の仕組み、環境に関する法律がたくさんあるけど、当時はまだありませんでした。
T 学習問題の解決に生かせそうなことがありそうですね。今日の振り返りを行いましょう。

学習のまとめの例

・工業が発展し、工場がたくさん増え、ものが豊かになったけれども、工場の排水やけむり、増えたごみが公害という問題を起こしていた。
・今はいろいろなルールや取組があるけど、鴨川が汚れていたころはなかった。

〈振り返りの例〉
・家庭や自治体だけでなく、工場も公害対策をしている。鴨川も家庭、京都市、工場が協力してルール決めたり、いろいろな取り組みをやっているのではないかと考えた。

調べる
情報を集める・読み取る・考える・話し合う

家庭や地域・工場・自治体の取組を調べよう

本時の目標

学習問題の予想に基づいて資料を集めて読み取り、地域に住む人々の努力、近隣工場の協力、京都市、京都府の取組について理解する。

本時の評価

・公害の発生時期や経過、人々の協力や努力などについて、地図帳や各種の資料で調べて、必要な情報を集め、読み取り、公害防止の取組を理解している。【知①】

用意するもの

家庭・地域　使用済油の回収　クリーンハイク学習会
工場　京友禅を洗っている様子
自治体　下水道普及率　京都府鴨川条例

1 本時のめあて

2 みんなの予想
＜家庭や地域＞
＜工場＞
＜京都市・京都府＞

だれ：工場
どのように
鴨川に直接排水を流さない
→下水道を利用する

本時の展開 ▷▷▷

つかむ　出合う・問いをもつ

板書のポイント
前時の振り返りを生かして調べ学習の視点である「だれが」「どのように」を板書で明示する。

T　鴨川が汚れていたころと今の違いはなんでしたか？
C　かつては公害が社会問題になっていました。
C　現在は家庭や工場、自治体が様々な取り組みをしています。
T　学習問題を振り返り、今日はこのことについて調べます。
＊本時のめあてを板書する。 1 2

調べる　情報を集める・読み取る・考える・話し合う

板書のポイント
次時に活用できるように、家庭や地域、工場、自治体の３つの視点で鴨川に対する取り組み板書する。

T　黒板の写真や資料をヒントに、調べたことをノートにまとめましょう。
T　どんなことが分かりましたか。 3
C　家庭ではてんぷら油の回収に協力していました。
C　工場は使った水を直接川に流さないようにしていました。
C　下水道が整備されたり、京都府鴨川条例が出されたりしました。

鴨川は、だれが、どのようにしてきれいな川にしているのか調べよう。

3

だれ：市民・鴨川をきれいにする会
どのように
ごみを川に捨てない（家庭）
てんぷら油の回収（家庭）
クリーンハイク（地域）
鴨川の環境について学習会（地域）

4

本時のまとめ

家庭・地域
工場・自治体
協力

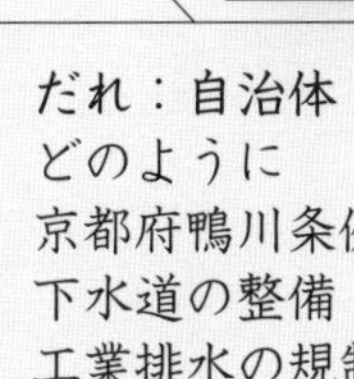

だれ：自治体
どのように
京都府鴨川条例
下水道の整備
工業排水の規制

5

振り返り

・協力し合って実現
↓
・どうして協力し合えたのだろうか

まとめる　整理する・生かす

板書のポイント
「どのように」の部分で明確に線引きできない共通する言葉があったことに気付かせながら、子供自身にまとめさせるようにする。

T　わかったことを基に、自分のまとめをしましょう。 4
T　発表してください。
C　家庭や地域、工場、自治体が様々な取組をして鴨川をきれいにしていました。
C　長い年月をかけてきれいな鴨川をとりもどしていきました。 5
T　今日学習したことを振り返って、自分が分かったこと、考えたこと、もっと調べたいことをノートに書きましょう。

学習のまとめの例

・家庭や地域、工場、自治体が様々な取り組みをして、協力し合って鴨川をきれいにしていた。

〈振り返りの例〉
・一人ではできないことでも、地域で協力して力を合わせればできることもある。
・鴨川はいろいろな人たちの取組できれいになった。どうして協力し合えたのかな。

まとめる
整理する・生かす

これまでの学習を振り返り、学習問題の結論を出そう

本時の目標

地域に住む人々、近隣工場、京都市、京都府の立場から話合い、それぞれの取組や努力、これまでの価値観の変化や未来への願いを理解する。

本時の評価

・調べたことを白地図や図表、文などにまとめ、関係機関や地域の人々の様々な努力により公害の防止や生活環境の改善が図られてきたことを理解する。【知②】

用意するもの

前時でまとめたもの、現在とかつての鴨川の写真、鴨川納涼の写真

3 本時のめあて

鴨川をきれいにするための取組をまとめ「地域に住む人々」「工場で働く人々」「京都市・京都府」のそれぞれの立場で話し合い、学習問題の結論を考えよう。

かつての鴨川の写真

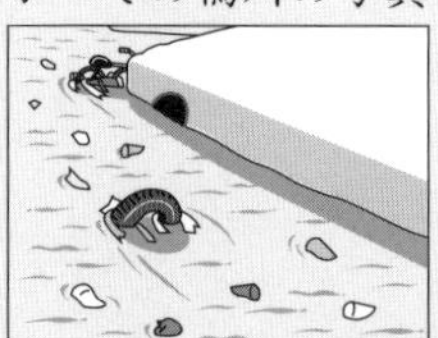

きたない・もうきれいにならない・きたないから気にしない

【学習問題】
鴨川は、だれがどのようにしてきれいな川にしているのでしょうか。

本時の展開 ▷▷▷

つかむ 出合う・問いをもつ

板書のポイント
かつての鴨川と現在の鴨川について、それぞれの立場から思っていたことを想像して再度比較できるように板書する。

T　それぞれの立場に立って、かつての鴨川について思っていたことを考えよう。 1
C　家庭の立場から、きたないからごみを捨ててもいいだろう。
C　工場の立場から、この排水を流してもこれ以上汚れることはないだろう。
C　自治体の立場から、苦情が多い。何とかしたい。
T　現在の鴨川についてはどうでしょうか。
C　きれいだといろいろなことに利用できる。 2

調べる 情報を集める・読み取る・考える・話し合う

板書のポイント
ずっときれいな鴨川であるために必要なことは何か、それぞれの立場から話し合うことができるように板書する。

T　ずっときれいな鴨川であるために必要なことは何でしょうか。 3
＊本時のめあてを板書する。
T　グループごとに立場を決めて話し合いましょう。
C　守ってほしい決まりをつくって呼びかける。
C　鴨川の魅力をもっと発信する。
C　決まりを守ったり、清掃活動に参加する。
C　決まりを守って排水は流さない。

1

だれ：市民・鴨川をきれいにする会
どのように
ごみを川に捨てない（家庭）
てんぷら油の回収（家庭）
クリーンハイク（地域）
鴨川の環境について学習会(地域)

だれ：自治体
どのように
京都府鴨川条例
下水道の整備
工業排水の規制

だれ：工場
どのように
鴨川に直接排水
を流さない
→下水道を
利用する

現在の鴨川の写真

鴨川涼の写真

2

きれい・
自慢できる場所・
ずっときれいなままで
あってほしい

4

【学習のまとめ】
「地域に住む人々」「工場で働く人々」「京都市・京都府」が、鴨川をこれからも大切にしたいと考え、協力し合ってきれいにしている

5

ふりかえり

・自分たちの周りには公害はあるか
・わたしたちができることは何だろう

まとめる　整理する・生かす

板書のポイント

これまでに学習した様々な取組に、価値観の変化や未来への願いを加えて学習問題の結論を考えられるように板書する。

T　これまでの学習を振り返り、学習のまとめを考えましょう。 4

T　発表してください。

C　「地域に住む人々」「工場で働く人々」「京都市・京都府」が、鴨川をこれからも大切にしたいと考え、協力し合ってきれいにしている。

T　これまでの学習を通して「わかったこと」「考えたこと」「もっと調べたいこと」を振り返りましょう。 5

学習のまとめの例

・家庭や地域、工場、自治体がそれぞれ協力し合って、きれいな鴨川を取り戻す取組をしていたことがわかった。
・近寄りたくない汚い川から、ずっときれいでいてほしい川になった。そのためにはいろいろな人が協力し合う必要がある。
・自分たちのまわりにも公害はあるのか、できることはないか調べたい。

まとめる
整理する・生かす

新たな問いを見いだし、主体的に選択・判断しよう

本時の目標

資料から新たな問いを見いだし、これまで学習してきたことを生かして自分ができることを選択・判断する。

本時の評価

・比較・関連付け、総合などして公害防止の取組についての働きを考えたり、学習したことを基に社会への関わり方を選択・判断したりして、適切に表現している。【思②】
・よりよい社会を考え、学習したことを社会生活に生かそうとしている。【主②】

用意するもの

公害の苦情件数、地域の公園や川などの写真

1 本時のめあて

2

公害苦情件数の推移

（件）
30,000
25,000
20,000
15,000
10,000
5,000
0
平成12年 17年 22年 23年 24年 25年 26年
■大気汚染 ■水質汚濁 ■騒音 ■悪臭

出典：総務省「第66回　日本統計年鑑　平成29年」他

気づいたこと	ぎもん
・公害は今も続いている	→社会全体で解決してきたのでは？
・公害の苦情件数が増えている	→人任せになった？
・わたしたちの身の回りにも公害になりそうなことがある	→だれがきれいにしている？ わたしたちにできることは？

本時の展開 ▷▷▷

つかむ　出合う・問いをもつ

板書のポイント

これまでの学習や学習問題の結論に反する掲示を行い、子供の思考を揺さぶる板書にする。

T　資料を見て気が付いたことや疑問に思ったことを教えてください。 1
C　まだ公害がある。
C　公害が増えている。いろいろな対策をしたはずなのに。
C　近所の公園や川の写真だ。公園はきれいだけど、川は近くで見るとよごれていそう。
T　では、今日はこれについて考えましょう。
＊本時のめあてを板書する。 2

調べる　情報を集める・読み取る・考える・話し合う

板書のポイント

個人でできること、みんなで協力すること、みんなへ協力を呼びかけることにわけ、まとめや振り返りに生かすことができる板書にする。

T　どのようなことができるか発表してもらいました。一人でできること、みんなで協力することに分けてみましょう。 3
C　ごみのポイ捨てやごみを減らすのは自分でできそう。
C　ごみを減らすのはお店の協力も必要じゃないかな。公園のよさをアピールしていろいろな人に協力してもらいたいな。
C　環境問題に関心をもち続けることも大切だと思います。

よりよい環境を目指して、わたしたちにできることを考えよう。

地域の公園や川の写真

4

【学習のまとめ】

みんなの問題

わたしにできること ⇔ わたしだけではできないこと

一人一人が関心をもち、みんなでやる

3

話し合って考えたこと

・ごみのポイ捨てをしない
・ごみを減らす
・地域をよく知る
・清掃活動に参加する
・公園のよさをアピールする
・正しいマナーや使い方をアピールする

5 ふり返り

よりよい環境を目指して
・わたしにできること
・わたしたちでできること
・これからも続けていくべきこと

まとめる　整理する・生かす

板書のポイント

空気や水などはみんなの問題であり、みんなで解決してよりよい環境を目指していく大切さに気付かせる板書にする。

T　黒板に書いてある図を参考にして自分のまとめをしましょう。 4

T　どんなまとめになったか教えてください。

C　まずは地域をよく知って、自分や自分たちにできることからやり始めるというまとめになりました。

T　これまでの学習を通して「分かったこと」「考えたこと」「もっと調べたいこと」を振り返りましょう。 5

学習のまとめの例

・まずは身の回りのことをよく知ることが大切。
・自分にできそうなことからやる。
・自分だけではできなさそうなことも、だれかと協力し合えばできそう。

〈振り返りの例〉

・地域ではどんな人が公園や川をきれいにしてるのか、調べたいです。
・わたしに関係ない問題はない。みんなの協力が必要。

編著者・執筆者紹介

[編著者]

澤井　陽介（さわい・ようすけ）　　　　国士舘大学教授

昭和35年・東京生まれ。社会人のスタートは民間企業。その後、昭和59年から東京都で小学校教諭、平成12年から都立多摩教育研究所、八王子市教育委員会で指導主事、町田市教育委員会で統括指導主事、教育政策担当副参事、文部科学省教科調査官、文部科学省視学官を経て、平成30年４月より現職。
《主な編著》単著『教師の学び方』東洋館出版社、平成31年３月／『授業の見方』東洋館出版社、平成29年７月／『学級経営は「問い」が９割』東洋館出版社、平成28年３月／『澤井陽介の社会科の授業デザイン』東洋館出版社、平成27年３月／編著『子供の思考をアクティブにする社会科の授業展開』東洋館出版社、平成28年３月、ほか多数。

中田　正弘（なかだ・まさひろ）　　　　帝京大学大学院教授

昭和55年、東京都公立小学校教諭、平成５年、杉並区教育委員会指導主事、中央区教育委員会指導主事を経て、平成14年から東京都教育委員会指導主事、同委員会副参事などを経て、現職。主な著書に『ステップ解説　社会科授業のつくり方』（共著、東洋館出版社、2014年）、『小学校新学習指導要領ポイント総整理 社会』（共著、東洋館出版社、2017年）『リフレクション入門』（共著、学文社、2019年）など多数。

[執筆者] ＊執筆順。所属は令和２年３月１日現在

		[執筆箇所]
澤井　陽介	（前出）	第５学年における指導のポイント
大嶋　和彦	香川大学教育学部附属高松小学校副校長	１章－導入、１、２
本宮　雅俊	東京都・江戸川区立本一色小学校教諭	１章－３
山野　紅葉	東京都・板橋区立板橋第十小学校教諭	１章－４、５
南　　勇希	愛知県・名古屋市立明治小学校教諭	２章－導入、１
沢畑　慶介	東京都・江東区立越中島小学校主幹教諭	２章－２
千守　泰貴	埼玉県・川口市立鳩ヶ谷小学校教諭	２章－３
小澤　智史	東京都・町田市立小川小学校主任教諭	２章－４
稲村　未来	東京都・世田谷区立烏山北小学校主任教諭	３章－導入、３
堀部　健太郎	福岡県・福岡市立城南小学校教諭	３章－１、４
島谷　直樹	東京都・日野市立日野第六小学校教諭	３章－２
北川　大樹	東京都・八王子市立第六小学校副校長	４章－導入、３
山本　剛己	東京都・江戸川区立春江小学校教諭	４章－１
木村　法子	東京都・世田谷区立等々力小学校教諭	４章－２
佐藤　章浩	鳴門教育大学附属小学校教諭	５章－導入、１
長岡　恭平	東京都・世田谷区立烏山北小学校主任教諭	５章－２
武藤　晃広	埼玉県・川口市立新郷東小学校教諭	５章－３

『板書で見る全単元・全時間の授業のすべて　社会　小学校５年』付録 DVD について

・各フォルダーには、以下のファイルが収録されています。
　① 板書の書き方の基礎が分かる動画（出演：成家雅史先生）
　② 授業で使える短冊類（PDF ファイル）
　③ 板書掲示用資料
・DVD に収録されているファイルは、本文中では DVD のアイコンで示しています。
・これらのファイルは、必ず授業で使わなければならないものではありません。あくまで見本として、授業づくりの一助としてご使用ください。また、付録イラストデータは本書と対応はしていませんので、あらかじめご了承ください。

【使用上の注意点】
・この DVD はパソコン専用です。破損のおそれがあるため、DVD プレイヤーでは使用しないでください。
・ディスクを持つときは、再生盤面に触れないようにし、傷や汚れ等を付けないようにしてください。
・使用後は、直射日光が当たる場所等、高温・多湿になる場所を避けて保管してください。
・PDF ファイルを開くためには、Adobe Acrobat もしくは Adobe Reader がパソコンにインストールされている必要があります。
・PDF ファイルを拡大して使用すると、文字やイラスト等が不鮮明になったり、線にゆがみやギザギザが出たりする場合があります。あらかじめご了承ください。

【動作環境　Windows】
・〔CPU〕Intel® Celeron® プロセッサ360J1. 40GHz 以上推奨
・〔空メモリ〕256MB 以上（512MB 以上推奨）
・〔ディスプレイ〕解像度640×480、256色以上の表示が可能なこと
・〔OS〕Microsoft Windows10以降
・〔ドライブ〕DVD ドライブ

【動作環境　Macintosh】
・〔CPU〕Power PC G4 1.33GHz 以上推奨
・〔空メモリ〕256MB 以上（512MB 以上推奨）
・〔ディスプレイ〕解像度640×480、256色以上の表示が可能なこと
・〔OS〕Mac OS 10.12（Sierra）以降
・〔ドライブ〕DVD コンボ

【著作権について】
・DVD に収録されているファイルは、著作権法によって守られています。
・著作権法での例外規定を除き、無断で複製することは法律で禁じられています。
・DVD に収録されているファイルは、営利目的であるか否かにかかわらず、第三者への譲渡、貸与、販売、頒布、インターネット上での公開等を禁じます。
・ただし、購入者が学校での授業において、必要枚数を子供に配付する場合は、この限りではありません。ご使用の際、クレジットの表示や個別の使用許諾申請、使用料のお支払い等の必要はありません。

【免責事項】
・この DVD の使用によって生じた損害、障害、被害、その他いかなる事態についても弊社は一切の責任を負いかねます。

【お問い合わせについて】
・この DVD に関するお問い合わせは、次のメールアドレスでのみ受け付けます。 tyk@toyokan.co.jp
・この DVD の破損や紛失に関わるサポートは行っておりません。
・パソコンやアプリケーションソフトの操作方法については、各製造元にお問い合わせください。

板書で見る全単元・全時間の授業のすべて
社会 小学校５年
～令和２年度全面実施学習指導要領対応～

2020（令和２）年４月１日　初版第１刷発行
2023（令和５）年４月18日　初版第４刷発行

編集代表：澤井陽介／中田正弘
発 行 者：錦織　圭之介
発 行 所：株式会社東洋館出版社
〒101-0054　東京都千代田区神田錦町２丁目９番地１号
コンフォール安田ビル２階
代　　表　電話 03-6778-4343　FAX 03-5281-8091
営 業 部　電話 03-6778-7278　FAX 03-5281-8092
振　　替　00180-7-96823
U　R　L　https://www.toyokan.co.jp

印刷・製本：藤原印刷株式会社

装丁デザイン：小口翔＋岩永香穂（tobufune）
本文デザイン：藤原印刷株式会社
イラスト・図版：森田祐介（株式会社森友社）
写真・図版提供：毎日新聞社、株式会社アート工房
DVD 制作：秋山　広光（ビジュアルツールコンサルティング）
株式会社オセロ

ISBN978-4-491-04001-1　Printed in Japan